行业展风采 文博展作为

行业博物馆科普课程集锦

HANGYE BOWUGUAN KEPU KECHENG JIJIN

行业博物馆专委会　编

人民交通出版社股份有限公司

北　京

内 容 提 要

本书收集了一批特色突出、形式新颖、示范带动性强、公众评价高、科学普及效果好的科普课程案例，共计32家行业博物馆57个精品科普课程，涉及交通、航天、中医、历史、文化等专业领域，并通过馆藏展品、现场授课、主题策划等，面向广大青少年群体以及大众普及科学技术知识，寓教于乐。

本书可供从事博物馆科普工作者参考，可作为中小学生课外读物，亦可作为大众了解行业博物馆的参考读物。

图书在版编目（CIP）数据

行业博物馆科普课程集锦 / 行业博物馆专委会编
．—北京：人民交通出版社股份有限公司，2020.7
ISBN 978-7-114-16501-6

Ⅰ．①行…　Ⅱ．①行…　Ⅲ．①博物馆—科学普及—普及教育—教案（教育）—中国　Ⅳ．① G266 ② G322

中国版本图书馆 CIP 数据核字（2020）第 077253 号

行业展风采　文博展作为
书　　名：行业博物馆科普课程集锦
著 作 者：行业博物馆专委会
责任编辑：谢海龙
编辑审校：于　湘　姜冬青　吴　千
责任校对：孙国靖　魏佳宁
责任印制：刘高彤
出版发行：人民交通出版社股份有限公司
地　　址：（100011）北京市朝阳区安定门外外馆斜街3号
网　　址：http://www.ccpcl.com.cn
销售电话：（010）59757973
总 经 销：人民交通出版社股份有限公司发行部
经　　销：各地新华书店
印　　刷：北京印匠彩色印刷有限公司
开　　本：787×1092　1/16
印　　张：16.25
字　　数：365千
版　　次：2020年7月　第1版
印　　次：2020年7月　第1次印刷
书　　号：ISBN 978-7-114-16501-6
定　　价：48.00元
（有印刷、装订质量问题的图书由本公司负责调换）

编 委 会

序　言

历经了一个不平凡的冬天和一个惊心动魄的春天，奋力克服新冠肺炎疫情带来的各种难题之后，经过北京市文物局、北京博物馆学会、中国自然科学博物馆学会的悉心指导，在2020年“国际博物馆日”到来之际，《行业博物馆科普课程集锦》如约与大家见面了。

早在去年五六月份，北京博物馆学会行业博物馆专业委员会、中国自然科学博物馆学会专业科技博物馆专委会（以下通俗简称为“两个专委会”），在联合其他兄弟单位，共同举办2019年“国际博物馆日”行业博物馆系列展示活动，并获得诸多赞誉之后，两个专委会秘书处（均设在中国铁道博物馆）的同志们就在思考一个问题：明年的“国际博物馆日”做些什么、又该如何创新？

为深入学习贯彻习近平总书记关于文博工作的一系列重要指示精神，进一步提升两个专委会各委员单位社会教育、公共服务能力，构建优质科普资源共享平台，促进各家科普工作交流互鉴，在与各委员单位反复深入沟通，经过北京市文物局的初步审核，并获得北京博物馆学会、中国自然科学博物馆学会同意后，两个专委会计划在2020年国际博物馆日前夕召开“行业博物馆科普课程展示交流会”，广泛征集各行业博物馆优秀精品课程案例，并将优秀案例进行汇编和展示，同时举行《行业博物馆科普课程集锦》新书发布仪式，扩大行业博物馆影响力。

通知发出后，两个专委会各委员单位积极响应，踊跃提供精彩的科普课程案例，参与精品课程的编撰。专委会秘书处反复联络、统筹汇编，收集了一批特色突出、形式新颖、示范带动性强、公众评价高、科学普及效果好的课程案例，并精选出57个精品课程案例汇集成册。

一段时间以来，特别是受到突如其来的新冠肺炎疫情严重冲击之后，许多博物馆界同仁都发出这样的疑问：后疫情时代，博物馆向何处去？博物馆的社教工作该如何做？

当前，虽然我国在应对新冠肺炎疫情方面得到有效控制，但新冠肺炎疫情在全世界仍在肆虐。其对经济社会发展，特别是对博物馆行业发展所带来的影响还有待进一步观察。诞生于抗击新冠肺炎疫情期间的《行业博物馆科普课程集锦》，虽不能完全回答上述问题，但希望通过这本书，能够分享各委员单位成功课程案例，交流行业博物馆、专业科技类博物馆社教优秀经验，促进各相关单位教育质量的普遍提升。

李春冀

2020 年 6 月

（作者系北京博物馆学会行业博物馆专业委员会主任委员、中国自然科学博物馆学会专业科技博物馆专委会主任委员）

目　录

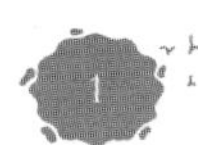

“公安历史和文化”探秘之旅

北京警察博物馆

一、课程背景

北京警察博物馆作为市、区爱国主义教育基地和市青少年学生校外活动基地、市中小学生社会大课堂资源单位，多年来充分发挥基地作用，深挖资源，扩大教育覆盖面，提升宣传教育吸引力和感染力。北京警察博物馆以独有的公安特色文化，吸引着越来越多的青少年。博物馆内存有汉代至今和警务历史相关的中外藏品 1.2 万余件，陈列展出 2000 余件，包括开国大典时使用的礼炮，公安人员在天安门城楼担任警卫工作时佩戴的“工作人员”佩条，民国时期京师警察厅编印的《京师警察法令汇纂》等国家一级文物。在北京警察博物馆开启“公安历史和文化”探秘之旅科普课程，旨在寓教于乐，让学习“活”起来，让青少年通过参观学习文物藏品背后蕴含意义深邃的公安历史与文化，知悉前辈的英雄事迹，感受公安走过的不凡历程。

二、课程目标

创新青少年的学习方式和观念，将素质教育与学科实践紧密关联，让青少年在北京警察博物馆的探秘之旅中，树立爱国主义情怀和惩恶扬善、不畏危难、挺身而出的匡扶正义精神。

三、授课对象

广大青少年。

四、涉及学科

涉及法制、历史、科学等。

五、设计思路

青少年通过现场参观、聆听讲解，在北京警察博物馆探秘手册上记录文物藏品知识，集盖警察卡通印章，书写真诚感悟，探索与警察有关的历史和文化内涵，带着收获满满的探秘手册回家，感受快乐的学习方式。

六、课程内容

青少年作为小探秘员，在参观聆听讲解中，手持探秘手册开启公安知识的探秘之旅。

在第一层，参观大厅中央标志性青铜雕塑——警魂柱。它以剑和盾为主体造型，高 6 米、宽 1.8 米、重 5 吨，寓意着人民警察是和平年代捍卫国家安全和社会安宁的坚实立柱，体现人民警察对党的绝对忠诚。在警魂柱的左侧祥云之上端坐着一只独角兽，传说它是一只神兽，象征着法律的正义和尊严。让小探秘员写下它的名字“獬豸”和它代表的深刻含义，并怀着对正义和忠诚的无限赞许与崇敬之情，参观首都公安从孕育、诞生、成长、壮大直至今日的发展史展览。

在第二层，古代史展厅，学习警察的历史沿革。让小探秘员寻找一对唐朝官员的“身份证”——嘉德门内巡鱼符。在唐代，鱼符按用途分为三类：用于调动军队的铜鱼符，表明官员身份的随身鱼符，以及出入、开关宫门的交鱼符、巡鱼符。嘉德门内巡鱼符分左右两半，每半各刻一字，合在一起才能组成完整的“合同”一词，专为查验之用。让小探秘员在探秘手册上填写“合同”一词，知晓“合同”由来的历史。

警魂柱

嘉德门内巡鱼符

在刑侦专题展厅，参观专用器材，了解先进技术在侦查破案中发挥的重要作用。对照实物，在探秘手册上找到显现指纹的工具，集盖卡通印章。

竹背心

在第三层，参观馆内标志性浮雕——英烈纪念墙。这座英烈纪念墙高 8 米、长 18 米、重 26 吨，是用 400 余块寓意为烈士鲜血染成的红砂岩雕刻而成。上面的每一双眼睛、每一种手型、每一件警用械具都是依照原型雕刻而成。浮雕两侧是交相辉映的日月星辰，象征英烈与高山同在，与日月同辉。小探秘员在英烈纪念墙前，缅怀用热血铸就忠诚、用生命守护平安的首都公安英雄，在探秘手册上写下自己最真诚的感悟。

在交通管理展厅，了解新中国成立后六代机动车牌照的变迁及 20 世纪 50 年代交通民警内穿竹背心的原因。通过聆听讲解，小探秘员在探秘手册上选出正确的答案。

在第四层，警务装备厅展出了清末、民国时期和新中国成立后历次改革的警察制服，记录了我国人民警察队伍的建设历程。警务交流展区还集中展示了北京市公安局与各国、各地区警方进行友好交流的珍贵藏品。在最亮眼的枪支展厅，展出的警用枪械数量和种类都居全国前列。小探秘员仔细聆听讲解员的介绍，记录下最珍贵的信息。

至此，小探秘员的“公安历史和文化”探秘之旅结束。

七、课程特点

1. 依托丰富的馆藏资源，突显警察行业特点，向青少年更为直观地展现公安历史和文化，扩展青少年知识领域。

2. 充分发挥北京警察博物馆教育基地作用，与中小学校外课堂对接，向青少年传播红色基因，弘扬公安文化，有效促进青少年综合素质的提升。

3. 采取灵活多样的教学方式，创新教学方案，让青少年在情境教学中培养探索的兴趣，激发学习的潜能。

八、课程效果

北京警察博物馆开展的“公安历史和文化”探秘之旅科普课程，通过北京市公安局官网发布信息，刊载活动现场趣味照片，让更多的青少年走进北京警察博物馆参与活动，享受乐趣，让学习“活”起来。

“汽车动物园”——北京汽车博物馆探秘

北京汽车博物馆

一、课程背景

汽车车标作为汽车企业品牌的形象展示，具有视觉冲击力，体现了车企的企业文化与精神。在汽车走进千家万户的今天，引导小学生正确识别车标，了解车标由来及内涵，对激发小学生想象力，培养其创造性思维和增强其观察能力具有良好效果。课程分成游戏、教学、探索、总结四个部分，结合动画片《疯狂动物城》中生动丰富的动物形象链接汽车品牌的动物形象，使知识不再刻板并更容易联想。

二、课程目标

1. 知识与技能：学习掌握 3 ～ 5 种汽车品牌车标的样式以及了解汽车品牌文化，结合有趣的动画片提高学生对于学习科学知识的兴趣。

2. 过程与方法：通过互动游戏准确捕捉动物的体貌特征，可以让学生直观地了解科学知识如何应用在人们的生活之中，激发他们学习的热情和积极性。并通过游戏中的描述和模仿提高小学低年级学生的语言表达和肢体表现能力。

3. 情感态度与价值观：培养团队精神，丰富想象力。很多环节以团队合作的形式完成，通过相互的交流、讨论、合作，让学生们亲身体验团队的力量，进一步开阔视野，启发思维，培养多角度看待问题的能力。

三、授课对象

1～3年级学生。

四、涉及学科

1. 结合小学美术课课标（小学4年级上册 第14课“假如我是汽车设计师”）增设题目：为动物们设计一个交通标志。

2. 结合小学数学课课标（乘法运算）增设题目：了解成语“千乘之国”中“乘”的含义，计算博物馆中的“乘”可以组建多少人的军队？

3. 结合小学语文课课标（语言表达能力）增设题目：概括东风金龙汽车的外形特点。

五、课程实施

1. 游戏——课程导入（5～8分钟）：运用“我来比画你来猜”的形式，在大屏幕上展示动物的剪影，学生首先要通过自己的判断确定这种动物的名称，在不说出动物名字的基础上，用自己的描述来告诉同伴或老师这种动物的特征，让竞猜的人说出正确答案。

2. 教学——课程内容（10分钟）：对比真实动物形象和汽车车标中隐藏的动物元素（福特车标与兔子、兰博基尼与牛、法拉利与马等），观察车标，由老师讲解汽车品牌背后的故事和相应的知识。

3. 探索——自主学习（30分钟）：使用博物馆自主开发的学习单在展厅内搜寻相应展品、展项→阅读图文板→找寻正确答案，巩固课程内容。题目设计类型包括文字填空、连线、涂鸦等形式，让知识获取和参观过程更有趣。

4. 总结：以小组为单位，针对学生在探索游戏中出现的问题进行解答，以鼓励、表扬的形式增强小学生自信心，巩固学习效果。

《疯狂动物城》对应车标教案

六、课程特点

1. 通过结合日常生活中对于动物的认知，准确捕捉动物体貌特征，培养并训练学生们的

教学现场

观察能力和语言表述能力。

2. 授课定位于普适的汽车品牌文化教育，搜集常见的带有明显动物形象的车标，利用动物形态与车标动物元素进行对比，让学生更多地了解汽车，并引导学生开阔思路，发现更多以动物形态为元素的汽车设计。

3. 通过参观和自主研究，使学生走进汽车品牌文化，了解汽车中的动物元素，体会汽车设计对于汽车品牌的重要性。同时，结合美术设计应用领域的内容，针对欣赏的车标进行创新。

七、课程效果

1. 通过课程学习，激发了学生想象力，启发思维，对提高学生的观察能力、判断能力、语言表达能力具有良好效果。

2. 小组活动加深了小学生对团队合作精神的认识，使他们通过小组互动体验的形式分享学习带来的快乐。分工明确、合作意识强的小组在完成探索任务时具有明显优势。

3. 将动物形象、动画影片、游戏贯穿课程中，借助博物馆资源优势进行课程开发，使博物馆课程与学校所学科目相结合，摆脱了枯燥的知识传授，让小学生在喜闻乐见的游戏、互动体验中完成知识的传递，取得一举多得的效果。

4. 填补学校课本中的空缺，让学生们可以一次性完成学习、欣赏、启发、创作的全过程。让博物馆像磁石一般吸引学生去求知和探索，引导学生去思考、去体验、去发现，这也是博物馆针对青少年群体履行社会教育职责的重要任务。

课程策划及实施团队

姓名	性别	工作单位 / 部门	职务 / 职称	活动分工
郭丹	女	北京汽车博物馆 / 公众教育部	科教专员	全面负责项目开发实施
汤光磊	男	北京汽车博物馆 / 公众教育部	科教专员	现场授课

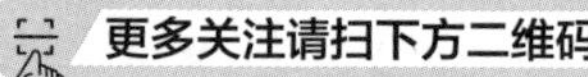

微信公众号
北京汽车博物馆

官方微博
北京汽车博物馆

助力快乐成长，畅游艺术殿堂——话剧探秘之旅

北京人民艺术剧院戏剧博物馆

世界上的每个人都是独一无二的存在，他们以充满生命力的态度独立思考，且拥有自由自在的创造力与想象力。就当前我国国家发展和教育变革的需要而言，促进学生的个性化发展将成为我国教育改革中应特别重视的时代使命，而戏剧恰好具备了引导和开发学生自由创作的属性。

人生如戏，戏如人生，把戏剧创作的各个环节加以融合链接，引导少年儿童，保护并开发他们“创作”的可感天性，让戏剧教育课程助力快乐成长。

一、课程背景

北京人民艺术剧院戏剧博物馆隶属于北京人民艺术剧院（下简称“北京人艺”），是中国首家介绍话剧表演艺术的行业博物馆。博物馆利用其得天独厚的优势：拥有60余年历史的首都剧场，众多经演不衰的经典剧目资料，大量弥足珍贵的艺术创作手稿，凝聚几代人艺人的人艺精神，兼收并蓄的舞台美术等资源，开展“助力”课程。

戏剧是一门综合性艺术，很多没有接触过戏剧的人会觉得戏剧遥不可及。为了破除戏剧曲高和寡的假象，面对戏剧零体验的观众群体，设计了本课程。课程采取走进首都剧场、

普及话剧知识、探访人艺后台、解密舞台未知、置身话剧舞台、体验戏剧人生等多种形式，为学员打开一扇寻找自我、发现自我的艺术创作之门。

二、课程目标

1. 知识与技能：了解戏剧的构成、首都剧场历史、北京人艺发展史；学习剧场礼仪；知悉经典剧目，认识德艺双馨的艺术家以及通过戏剧表演初体验，了解简单的表演知识。

2. 过程和方法：通过参观、讲解、问答、讨论、分组体验和集中展演等方式，普及戏剧知识，解放天性，调动学员主动参与的积极性，引导学员主动思考、积极创作、大胆地在公众面前表达自己。

3. 情感态度与价值观：培养学员的综合艺术素质，力求为学员建立起对戏剧乃至对艺术的兴趣；通过学习老艺术家德艺双馨、严谨务实的精神，使学员树立正确的学习态度，传承精益求精的匠人精神；在戏剧体验中，让学员发现自己和别人的优点，建立自信，勇于在陌生人面前表达自己，学会赞美他人；在戏剧分组展示的过程中，学会团队协作，建立团队意识。

三、授课对象

5 ～ 15 岁青少年。

四、涉及学科

涉及文学、戏剧、美术、建筑、音乐、历史。

五、课程实施

（一）授课方式

身临其境：参观 + 讲解 + 探秘 + 戏剧初体验。

（二）授课地点及流程

1. 博物馆展厅（60 分钟）

由课程教师带领学员参观并提供专题讲解。学习老艺术家们做人从艺无私敬业、踏实钻研的品质；学习“龙马风神、骆驼坦步”的人艺精神；学习领悟“民族的才是世界的”的真谛，为今后的生活点亮一盏明灯。

设计思路：博物馆位于首都剧场四层，展陈面积 1400 方平米左右，剧院创始人之一、博物馆名誉馆长欧阳山尊先生题写的馆名在进门处抬头可见。走进这道门，便走进了北京人艺一个甲子的厚重历史之中。

博物馆共有10个展陈部分，包括序厅、艺术家长廊、历史厅、人物厅、演员墙、剧目厅、舞美厅、编剧墙、学术厅以及理论与教学厅。丰富的图片、文稿以及舞台美术模型、服装、道具构成展陈主体，集中展示了北京人艺60余年的建院历史，以及曹禺、焦菊隐等剧院奠基人的生平和艺术成就，重点介绍了北京人艺所排演的近300部作品中的经典剧目、舞台美术、剧院与观众、理论建设等内容。

课程将以展陈为依托，着重介绍艺术家们"台上一分钟、台下十年功"的严谨与执着。

2. 首都剧场（40分钟）

参观从剧场前广场开始。抬头仰望"首都剧场"四个鲜活的大字，一座雄伟肃穆的中西合璧式建筑屹立在面前。随着解说员讲解，学员们正衣冠、宁气息，一步一个台阶地走进剧场前厅。

前厅主要介绍首都剧场历史，并和学员共同探讨中西建筑特色。辩论式教学总结出剧场礼仪并延展到其他一些公共场合需要注意的礼仪，激发学员们积极思考、主动参与。

请学员自我对照检查，注意仪容仪表，再进入剧场内部。学员可以直观地看到舞台布景以及台上的舞美装置，通过观察和讨论，总结出戏剧创作的构成。

设计思路：首都剧场建造于20世纪50年代，占地7000余平方米，是国内首座以欧洲大陆体系为蓝本，安装了完备舞台机械的专业剧场，同时入编英国权威世界建筑通史《弗莱彻建筑史》。六十多年来，她已不仅仅是一个演出场所，还具有一种神奇的魔力。当学员置身于座席，就能被剧场庄严与肃穆的气氛所感染；身临其境地了解舞台的真实与虚幻，聆听戏剧创作过程的构成，了解剧场礼仪并检视自己的礼仪风范。

博物馆展陈

首都剧场

3. 北京人艺排练厅（20分钟）

北京人艺排练厅是排演剧目的场所，不对外开放。本课程特别加入"探秘后台"的环节。根据活动当天排练厅排演剧目情况，在不打扰排练的前提下，安排学员进入排练厅，走进排练现场，了解舞台背后的故事。

设计思路：有很多观众在剧场里看过演出，但幕后的排练对大多数人来说还是具有神秘色彩，探班排练厅会让观众有种剥丝抽茧的感觉，能近距离亲身感受话剧在舞台背后的创作过程。

4. 博物馆序厅（90 分钟）

（1）戏剧初体验。在了解了戏剧的一些常识并且探班演员们排练厅排练的情况后，由博物馆专业戏剧引导员带领学员进行表演练习的初体验。内容涉及破冰热身、解放天性、戏剧游戏、声台形表训练、即兴戏剧以及与戏剧有关的其他活动等。

（2）成果展示。展示照片、视频，并集合成册。

设计思路：戏剧最基本的三要素就是演员、观众以及演员与观众共处的空间（舞台）。这一环节就是让学员们在舞台上进行表演练习，在观众区共同参与创作，并最终与同伴共同完成一个戏剧活动的呈现。

5. 合影留念

此环节中发放调查问卷，接收学员反馈并对课程内容和质量进行及时的修正补充。

北京人艺排练厅

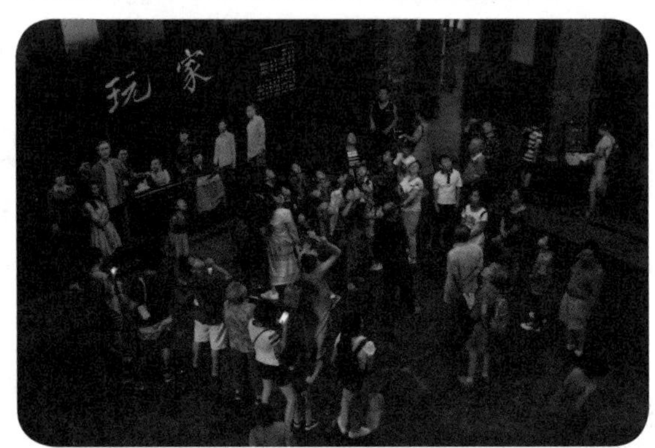

博物馆序厅

（三）课程举办时间

本课程一般安排在寒暑假期间，每次课程需 210 分钟。

六、课程特点

1. 动静结合，有聆听、有思考、有辩论、有实操。
2. 本课程设计讲究代入感，让学员身临其境、寓教于乐。
3. 走进剧场、走近戏剧，运用戏剧的表演手段真听真看真感受，解密舞台背后的故事。
4. 在课程中激发学员主动性，重在引导和开发学员观察、思考以及创作的能力。

七、课程效果

1. 通过此课程对学员进行戏剧通识教育，使其基本了解戏剧的历史、构成以及剧场礼仪。

2. 普及戏剧知识，为话剧艺术培养后备力量。

3. 调动学员积极性，引导其发现自己和他人的美、发现自己的优势和对艺术的感悟，学会赞美和欣赏他人。

4. 解放天性，锻炼学员观察、模仿、创造、想象、表达、领导和团结协作等方面的能力。

5. 课程现场气氛活跃，学员均会有不同的收获。正如“一千个观众眼里就有一千个哈姆雷特”，每一位学员都会通过本课程拥有自己的收获。

八、课程评价

戏剧课程是一个没有标准答案的课程，所以博物馆都会依据本期报名的学员年龄、受教育程度及人数在固有流程的基础上加入或修改教案。

每次课程结束，都会有很多的学员留下来继续与戏剧课程老师探讨，其中很多人都表达了他们的发现：原来戏剧并不是遥不可及，原来自己还有这方面的潜力，原来“我的孩子”也可以成为“别人家的孩子”，原来我的爸爸还是个文艺青年……像这样的“原来”还有很多，这正是我们生活中忽略或者遗忘了的那些感受。

通过戏剧的形式，让参与者在匆忙的生活中停一停、等一等、看一看、听一听，听听自己心里的声音，看看身边人的变化，等等孩子的成长。让学员通过课程学会倾听、学会感恩、学会交流、学会去爱；也让许多家庭成了戏剧观众，感受到戏剧的魅力，开始走进剧场，体味舞台上丰富人生。

本课程从 2015 年开始至今已经开设了 6 年，每年寒暑假还没开始就有很多观众咨询课程时间。只要课程一经发布，立刻满员。作为课程的设计单位，北京人民艺术剧院戏剧博物馆将再接再厉，力求课程更加完美。

课程策划及实施团队

姓名	性别	工作单位 / 部门	职务 / 职称	活 动 分 工
陈利	女	北京人民艺术剧院戏剧博物馆	副研究馆员	策划设计、执行、案例执笔
王谷川	男	北京人民艺术剧院戏剧博物馆	馆员	执行
高新珍	女	北京人民艺术剧院戏剧博物馆	助理馆员	执行

更多关注请扫下方二维码

微信公众号
北京人民艺术剧院戏剧博物馆

中国古代弩机的奥秘——“厉害了！我的武器　古代军事器械模型拼装”系列课程

北京市古代钱币展览馆

一、课程背景

北京市古代钱币展览馆坐落于北京德胜门箭楼，其中“德胜门军事城防文化展”常年向公众展出，系统介绍了明清北京城的营建、城防、攻守城武器等。

为了使公众进一步了解中国古代军事武器的产生发展过程及使用原理，结合“军门”德胜门的城防功能和人的认知特点，设计推出了“厉害了！我的武器——古代军事器械模型拼装”系列课程，模型开发严格以古书为蓝图范本，最大限度地按比例再现古代军事器械原貌。通过讲解这些古代军事器械的历史演变，在亲手制作过程中让公众了解古代历史的同时，提高动手实操能力，达到素质教育的教学目标。

二、课程目标

1. 知识与技能：了解弩机的概念和作用，学习弩机的组成部分和发射原理，了解古代机械武器简单的物理知识，扩展认知古代攻守城武器的类别，学会安全的操作弩机发射。

2. 过程和方法：通过观察、讲解、分组讨论和亲子共同探究等方式，激发学生对古代武器的兴趣和求知欲，引导学生主动探索，亲自动手操作。

3. 情感态度与价值观：通过课程学习，让学生了解我国古代优秀的科技文化历史，激发强烈的民族自豪感，并建立严谨的科学思维和对科技不断探索的求知心，同时能够提供亲子学习机会，促进孩子与家长进行良好的沟通。

三、授课对象

小学中年级以上可独立操作，低年级须由家长配合学习。

四、涉及学科

涉及中国古代历史、中外武器史、物理、数学。

五、课程内容

1. 模型开发：模型制作要在准确严谨的前提下开展，因此前期要大量搜集相关学科资料，进行整理提炼。在对《武经总要》等古代兵书中相关武器研究的基础上，寻找模型设计制作公司进行研发，经过反复试验调整，直到符合教学的安全性、可操作性等要求后，开始生产制作。

2. 课程开发：研发教师根据学生的认知特点、理解程度等需求，开始制作课程课件；设计研发课程学习单；通过实践，分解模型制作过程，发现操作中的重点、难点，进一步制作分解步骤演示课件，并突出重点、难点步骤。

3. 课堂实施：设置知识理论和动手实践两个步骤。

步骤一、知识理论

邀请军事武器专家授课，结合中外武器发展历史，对我国弩机的发展历史和演变进行梳理，讲解其结构原理，带领学生分析构造变化和形成的结果，并结合课程学习单提出问题，让学生带着思考学习。

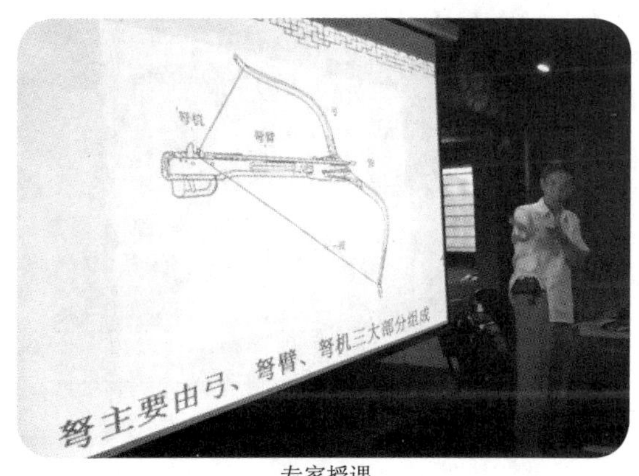

专家授课

步骤二、动手实践

展示制作好的模型成品，结合制作步骤图示，讲解工具的使用方法和制作中的重点注意事项，强调动手过程中的安全性。低年级学生须在家长监护下完成制作。

由指导老师带领学生动手制作弩机模型。制作完成后，进行课题总结，完成学习单的思考题，随后让每个人说说自己的想法和体会。最后全体学生及家长一起展示模型成果。

动手实践

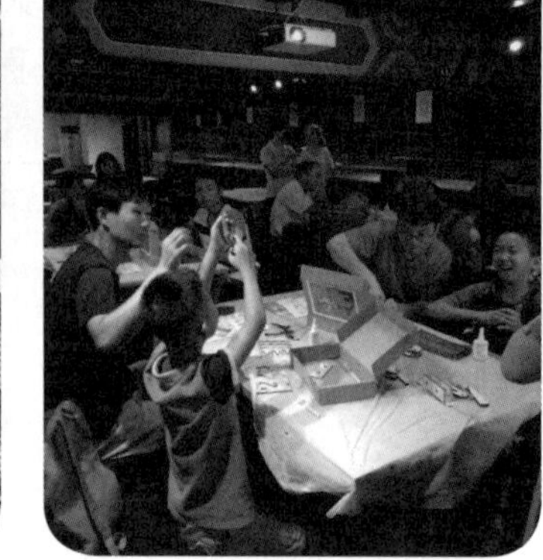

成果展示

六、课程特点及亮点

特点：本课程深入挖掘了中国古代军事城防武器文化资源，结合中国古代武器资料，按照比例真实还原武器结构，投入大量时间和经费研发课程，专门定制开发模型，尊重科学、还原古法、复兴古代优秀科技成果是本课程的根本性原则。

亮点：本课程在还原古代武器模型的同时，着力研究制作的可操作性，尽量降低制作成本，以符合学生学习的安全性、环保性以及可操作性，模型仿真度极高，趣味性和观赏性兼具。

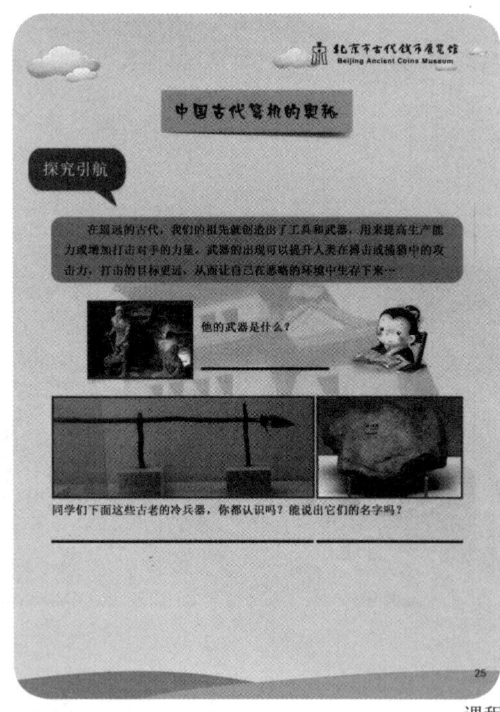

北京市古代钱币展览馆
Beijing Ancient Coins Museum

中国古代弩机的奥秘

探究引航

在遥远的古代，我们的祖先就创造出了工具和武器，用来提高生产能力或增加打击对手的力量。武器的出现可以提升人类在搏击或捕猎中的攻击力，打击的目标更远，从而让自己在恶略的环境中生存下来…

他的武器是什么？

同学们下面这些古老的冷兵器，你都认识吗？能说出它们的名字吗？

25

探究学习

1 中国古代铜钱的制作材料

中国有悠久的青铜器铸造历史，具有高超的青铜器铸造技术，这些为古代钱币的铸造提供技术和丰富经验。

中国古代钱币分两大类，青铜钱币和黄铜钱币。

请同学们找出青铜、黄铜钱币分别有哪些金属制成的（图中连线）？

铜
锡
铅
锌
青铜钱币
黄铜钱币

18

课程学习单

七、课程效果

本课程适于青少年学生，同时也适用于亲子家庭操作，一经推出受到了学生和家长的一致好评，对于提高广大青少年动手动脑能力、提升亲子家庭和谐、弘扬我国优秀的传统文化都起到显著作用。同时，本课程作为博物馆参观展陈的补充与延展，对提升博物馆的知名度与影响力起到了持续有效的作用。

课程策划及实施团队

姓名	性别	工作单位 / 部门	职务 / 职称	活动分工
顾莹	女	北京市古代钱币展览馆	副馆长	全面负责课程开发、实施
高飞	男	昆明尧丰文化传播有限公司	一级教师	模型设计、开发、讲授
周博	女	北京市古代钱币展览馆	馆员	课程实施、案例执笔

更多关注请扫下方二维码

微信公众号
北京市古代钱币展览馆

中国古代炮车的奥秘——“厉害了！我的武器　古代军事器械模型拼装”系列课程

北京市古代钱币展览馆

一、课程背景

为了使公众进一步了解中国古代军事武器的产生发展过程及使用原理，结合“军门”德胜门的城防功能和人的认知特点，设计推出了“厉害了！我的武器——古代军事器械模型拼装”系列课程，模型开发严格以古书为蓝图范本，最大限度地按比例再现古代军事器械原貌。通过讲解这些古代军事器械的历史演变，在亲手制作过程中让公众了解古代历史的同时，提高动手实操能力，达到素质教育的教学目标。

二、课程目标

1. 知识与技能：了解炮车的概念和种类，学习火药的产生和应用历史，了解中外火炮的发展史，火炮的组成部分和发射原理以及对现代战争的影响。扩展认知古代攻守城武器的类别，从理论上学习火炮的发射过程。

2. 过程和方法：通过观察、讲解、分组讨论和亲子共同探究等方式，激发学生对古代武器的兴趣和求知欲，引导学生主动探索，亲自动手操作。

3. 情感态度与价值观：通过课程学习，让学生了解我国古代优秀的科技文化历史，激发强烈的民族自豪感，并建立严谨的科学思维和对科技不断探索的求知心，同时能够提供亲子学习机会，促进孩子与家长进行良好的沟通。

三、授课对象

小学中年级以上可独立操作，低年级须由家长配合学习。

四、涉及学科

涉及中国古代历史、中外武器史、物理、数学。

五、课程内容

1. 模型开发：模型制作要在准确严谨的前提下开展，因此前期要大量搜集相关学科资料，进行整理提炼。在对《武经总要》等古代兵书中相关武器研究的基础上，寻找模型设计制作公司进行研发，经过反复试验调整，直到符合教学的安全性、可操作性等要求后，开始生产制作。

中国古代炮车

2. 课程开发：研发教师根据学生的认知特点、理解程度等需求，开始制作课程课件；设计研发课程学习单；通过实践，分解模型制作过程，发现操作中的重点、难点，进一步制作分解步骤演示课件，并突出重点、难点步骤。

3. 课堂实施：设置知识理论和动手实践两个步骤。

步骤一、知识理论

邀请军事武器专家授课，结合中外武器发展历史，对我国火炮的发展历史和演变进行梳理，讲解其结构原理，带领学生分析构造变化和形成的结果，并结合课程学习单提出问题，让学生带着思考学习。

步骤二、动手实践

展示制作好的模型成品，结合制作步骤图示，讲解工具的使用方法和制作中的重点注意事项，强调动手过程中的安全性。低年级学生须在家长监护下完成制作。

由指导老师带领学生动手制作一个炮车模型。制作完成后，进行课题总结，完成学习单的思考题，随后让每个人说说自己的想法和体会，最后全体学生及家长一起展示模型成果。

六、课程特点及亮点

特点：本课程深入挖掘了中国古代军事城防武器文化资源，结合中国古代武器资料，按照比例真实还原武器结构，投入大量时间和经费研发课程，专门定制开发模型，尊重科学、还原古法、复兴古代优秀科技成果是本课程的根本性原则。

亮点：本课程在还原古代武器模型的同时，着力研究制作的可操作性，尽量降低制作成本，以符合学生学习的安全性、环保性以及可操作性，模型仿真度极高，趣味性和观赏性兼具。

课程学习单

七、课程效果

本课程适于青少年学生，同时也适用于亲子家庭操作，一经推出受到了学生和家长的一致好评，对提高广大青少年动手动脑能力、提升亲子家庭和谐、弘扬我国优秀的传统文化都起到显著作用。同时，本课程作为博物馆参观展陈的补充与延展，对提升博物馆的知名度与影响力起到了持续有效的作用。

课程策划及实施团队

姓名	性别	工作单位／部门	职务／职称	活动分工
顾莹	女	北京市古代钱币展览馆	副馆长	全面负责课程开发、实施
高飞	男	昆明尧丰文化传播有限公司	一级教师	模型设计、开发、讲授
周博	女	北京市古代钱币展览馆	馆员	课程实施、案例执笔

块范法铸币——中国古代钱币铸造技术

北京市古代钱币展览馆

一、课程背景

北京市古代钱币展览馆是北京地区钱币类专题博物馆，常设展览有“中华货币四千年”“流连方寸间——中国民俗钱币展”等，系统展示和介绍了我国古代钱币发展历程。本馆收藏较多珍贵的钱币类文物，涵盖了自先秦时期至近现代各个时期的货币，是集钱币收藏、展览、社会教育于一体的专业性博物馆。

为丰富青少年古代钱币文化知识，加强对中国古代科技传统文化的认知，北京市古代钱币展览馆结合馆藏文物特色，设计出了“块范法铸币——中国古代钱币铸造技术”课程，并开发了辅助教学工具。在课程实施中，采用专家讲解和学生制作“巧克力钱币”相结合的教学方法，并辅以图片、影像、钱币实物等，让学生在实践活动中了解中国古代钱币的制作方法，提高观察、思考和动手操作能力，达到素质教育的教学目标。

二、课程目标

1. 知识目标：了解中国古代钱币形制、名称及造币原料；了解古代钱币铸造技术之一——块范法铸币。

2. 能力目标：利用模具“钱范”模型制作巧克力“钱币”，培养学生动手操作能力；培养学生观察及分析能力。

3. 情感态度目标：通过对传统钱币文化及高超造币技艺的学习，培养学生独立思考的习惯和对科技探索的兴趣，同时激发民族自豪感和自信心。

三、授课对象

小学 3 年级及以上，具备独立动手操作能力，且对古代科技及历史有兴趣的学生。

四、设计思路

根据受众群体特点，设计图文并茂的课件。在教学设计上从古代钱币的种类及名称入手，通过专家讲授引导学生对古代钱币形制、造币材料有一个大致的了解。辅以古代钱币铸造技术影像材料，让学生对造币过程有一个直观的认识。在此基础上，指导学生仿照古代铸币技术，以巧克力为原料“铸造钱币”，培养其动手能力，激发其学习兴趣。

五、课程内容

1. 模具的设计与制作：块范法铸币需要钱范，即本课程提前制作浇铸巧克力“钱币”的模具。为了兼顾安全性和可操作性，选择无毒无害的硅胶作为模具材料，设计出各种图案的“钱币”模具。随后，选择合适的制作公司研发和试制样品，该样品经反复试制巧克力“钱币”成功后，最后做出符合课程要求的钱币模具。

2. 课程开发：结合学生的认知习惯及理解能力，制作中国古代铸钱工艺课件，设计相应的课程学习单。以直观的图片和形象化的影像材料突破课程的重点和难点，最后通过动手制作巧克力“钱币”，加深学生对古代铸币技术的认识。

3. 课堂实施：设置专家知识讲解、观看动画视频和学生动手制作“钱币”三个步骤。

步骤一、专家知识讲解

邀请古代钱币及造币史研究专家授课。通过对我国古代钱币形制、造币材料及演变过程的梳理，引导学生对古代钱币及相关知识有一个初步的认识。结合出土钱币、钱范及文献资料，讲解古代铸钱工艺——块范法。带领学生总结出古代钱币铸造的步骤及可能出现的问题，培养学生的思考能力。

步骤二、观看动画视频

播放古代钱币铸造工艺的动画视频，让学生对铸币过程有一个较为直观的认识，加深对已学知识的理解。介绍钱币模具及用法，强调动手制作“钱币”的要点及注意的事项，尤其提醒学生注意操作安全。

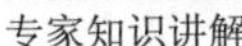

专家知识讲解

学生动手制作“钱币”

步骤三、学生动手制作“钱币”

指导学生动手制作巧克力“钱币”。制作完成后，总结实验的经验及不足，并完成课程学习单。最后，学生展示制作成果。

课程学习单

六、课程特点及亮点

特点：本课程结合考古材料、文献及研究成果，介绍古代钱币、币材及造币技术等知识。在古代钱币及技术史专家的指导下，制作了古代铸币技术——块范法铸币的动画视频，兼顾了知识性和趣味性。制作符合学生年龄特点的模具，以巧克力为材料仿造“钱币”，易于操作、安全性高。同时，模具经清洗后可重复使用，降低了成本，巧克力“钱币”也是学生喜欢的实验成果，达到了寓教于乐的目的。

亮点：本课程以形象生动的动画讲述了中国古代铸钱工艺——块范法的铸币过程。以巧克力作为铸钱材料，制作外观精美、又可食用的巧克力“钱币”，学习形式新颖，课堂气氛轻松活跃，激发学生学习的兴趣。

七、课程效果

本课程主要介绍了中国古代钱币的制作材料及块范法铸钱工艺。从多次授课效果看，该课程内容丰富，形式多样，受到学生的广泛欢迎。此外，该课程也可作为亲子课程，由家长与孩子一起完成巧克力“钱币”的制作。孩子在学习知识和培养能力的同时，提升家庭的幸福感。同时，该课程走向课堂，也是博物馆社会教育推广方式之一。

课程策划及实施团队

姓名	性别	工作单位 / 部门	职务 / 职称	活动分工
顾莹	女	北京市古代钱币展览馆	副馆长	全面负责课程开发、设计、实施
王显国	男	首都博物馆 / 保管部	副研究馆员	负责课程讲授
周博	女	北京市古代钱币展览馆	馆员	课程实施助手

月球漫步——“宇宙少年团”系列课程

北京天文馆

一、课程背景

本课程属于北京天文馆“宇宙少年团”系列活动，对接《义务教育小学科学课程标准》中月球相关知识，结合我国探月工程的最新进展情况，综合利用馆内相关展览展项、科普节目和天文教室等教学资源，融合天文、地理、物理等多学科知识。

二、课程目标

科学知识：认知“月球围绕地球运动，是地球的卫星”这一概念；认识月球的特点及表面特征；了解我国探月工程的最新发展；扩展了解日、地、月的运动。

科学探究：了解并体验科学探索的一般过程；通过观察、分析、归纳、手工制作得出结论，分享交流并有所反思。

科学态度：对宇宙保持好奇心和探究热情，有勇于发现探索的科学精神；树立民族自豪感与自信心；学会尊重他人，懂得合作与分享。

科学、技术、社会与环境：了解人类的发现探索是科学技术发展的动力，科学技术的发展有利于人类社会，人类与环境相互影响，相互依存。

三、活动对象

针对小学 3 ～ 4 年级学生。考虑到活动开展期间展厅内观众较多，为保障活动效果，单次活动适宜受众人数为 20 人左右。

本学段的学生已经通过日常观察积累、新闻电视等渠道间接认识到"月球是地球唯一的天然卫星"，且对我国探月工程有一定的了解。善于用五感体验周围的事物，想象力丰富，有一定的联想能力，但在认知形成上对教师和家长的依赖程度高，缺少自主归纳总结知识的能力。

四、活动过程

（一）第一阶段：引入

阶段目标：通过讲故事、参观展览展项的方式，引导观众对月球的特点及运动形成初步认识，导入问题，制造认知冲突，激发学生探究兴趣，进行探究式学习。

设计意图：引导学生通过参观展览展项，观察、操作、体验、比较、思考，对月球的特点、月球的运动形成初步认识。

学情分析：学生已经通过课本、电视等方式获得间接经验，对月球充满好奇，通过轻松有趣的展览展项体验，获得直接经验，也乐于表达自己的想法。

教学策略：通过讲故事及参观体验展览展项，吸引学生注意力，引导学生观察思考，导入问题，激发学生探究兴趣。

教师活动：(1)讲述嫦娥奔月的故事，引导学生参观体验展览展项；(2)提问学生月球与地球的区别是什么？嫦娥奔月的传说会是真实发生过的吗？

学生活动：(1)参观月球模型及月岩展项，体验月面行走展项，获得对于月球特点的直接经验；(2)参观地月运动模型的展项，分享表达自己对月球运动的认识；(3)思考月球不同于地球的特点，及由此产生的影响，表达自己的观点。

（二）第二阶段：探究

阶段目标：通过游戏、创设情境等环节，引导学生自主探究月球的特点及运动方式，锻炼学生逻辑思维和空间想象力、保持好奇心和勇于探索的热情，懂得合作与分享。

设计意图：通过做游戏及创设情境的方式，引导学生思考、体验、分析月球的特点及自转与公转，引导学生自行归纳知识。

学情分析：学生想象力丰富，通过小组合作讨论，设计房屋的选址、材料、功能，以适应月球环境。

教学策略：可借助简单的材料，让学生动手操作，应注意引导学生发挥想象力，讨论环节

尽量让每名学生参与，游戏环节可选定学生进行示范，注意维护活动秩序。可借助动画视频等方式，更直观地向学生演示，便于学生理解。

教师活动：准备词语卡片，每组卡片设置多张与月球相关的名词，和 1 张与之类似的地球或其他相关名词，引导学生按 4 ～ 5 人分组，每组发放词语卡片，说明“谁是卧底”游戏规则，分组组织游戏。

“谁是卧底”游戏环节

学生活动：描述所拿到的词语，每人每轮用一句话描述自己的词语，但不能有这个词。每轮描述完毕后，投票选出疑似卧底的人，票多者出局。

教师活动：创设情境——假如你是一名建筑师，要在月球上搭建房屋供人类居住，你会如何选址？考虑哪些方面？为什么？

学生活动：分组讨论并分享看法，自主归纳月球的环境特征。

（三）第三阶段：解释

阶段目标：针对学生探究结果，总结月球的特点及运动等知识，通过观看科普节目，回顾相关知识点，了解我国月球探测计划。

设计意图：帮助学生学会归纳、总结、交流、思考，通过观看影片培养学生民族自豪感与自信心。

学情分析：因学生年龄偏低，注意力很难长时间集中，通过穿插不同活动形式，达到吸引注意力的效果。

教学策略：通过观看科普节目这一活动形式，调动学生积极性，吸引学生注意力。

教师活动：（1）组织学生分享探究结果，归纳总结月球的特点及运动知识点；（2）组织学生观看北京天文馆自制 3D 科普节目《奔向月球》，聚焦我国月球探测计划的过去、现在和未来，对我国月球探测计划的探月、登月、驻月三个部分进行了全面的展示。

学生活动：交流分享观看感受。

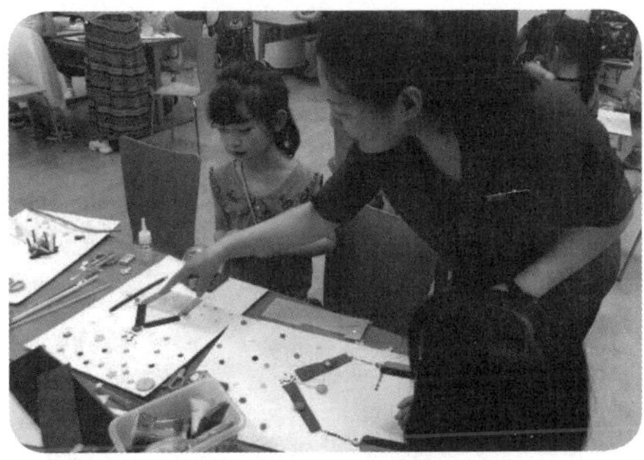

月球房屋搭建环节

（四）第四阶段：知识扩展

阶段目标：知识扩展，通过做手工，了解月球、地球和太阳的相对大小和相对运动方式，锻炼学生空间想象、模型思维能力。

设计意图：以问题导入引发思考，通过动手操作、观察、描述、思考，提出问题，激发探究兴趣，扩展知识内容。

学情分析：学生在生活中已经对日地月的关系有了一定的了解，但不够全面，通过教师适当的引导，能扩展知识层面至月相的成因、日月食的成因等。

教学策略：通过手工，直接观察到日地月的相对大小及运动关系，获得直接经验。

电动三球仪手工制作

教师活动：（1）问题导入——通过之前的学习，大家已经知道地球在自转的同时围绕太阳进行公转，月球在自转的同时围绕地球进行公转，那么日、地、月三者的关系是什么样的？（2）结合科普节目及展项模型所展示的日地月相对关系，引导学生观察后自行动手制作模型。

学生活动：按照步骤完成日地月模型安装并进行装饰，通过转动模型，观察、描述所看到的现象，思考并提出问题。

（五）第五阶段：评价

阶段目标：了解学生对知识的掌握及应用能力，检测学习效果。

设计意图：通过交流、分享、完成任务单问题，对学生掌握情况进行了解。

学情分析：学生在自我评价中可能会较多关注自己做得好的地方，忽略不足。

教学策略：巩固学习的知识点，发现不足。

教师活动：（1）问题导入——通过今天的学习，大家学到了哪些知识？随机邀请学生分享自己的学习成果，教师对其进行评价；（2）引导学生完成任务单，根据完成情况，检测学习效果。

学生活动：交流、分享所学知识，完成任务单。

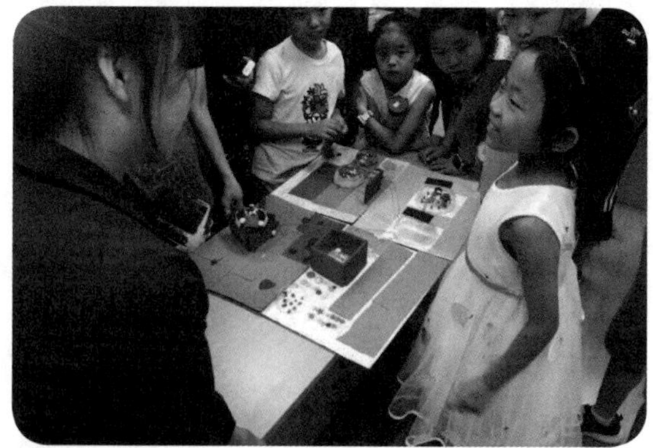

交流分享环节

五、活动实施效果评估

1. 实施情况

北京天文馆“宇宙少年团”系列课程自 2019 年 3 月起开始实施，截至目前，参与“月球漫步”主题活动达 200 余人次。

2. 学生反馈

学生能通过自己的观察、感受，进行描述，并通过教师的引导尝试自己归纳总结知识点；在探究过程中，能够发表自己的意见及看法，并在小组合作交流环节中围绕共同的学习目标与小组成员展开讨论；在分享交流环节，能较认真聆听其他小组的成果分享，并进行思考。学生认为，活动内容设置新颖有趣，既学习知识又锻炼动手能力。

3. 教师及家长反馈

通过反馈单的形式调查随行教师及家长对活动的满意度及建议或意见。本活动满意度达 99%，教师及家长普遍认为，科普节目观看、角色扮演、手工制作等环节，丰富了课堂的学习方式，很好的调动学生的积极性，活动互动效果较好。

“月球漫步”活动反馈单

4. 活动反思

活动中应充分考虑学生年龄及认知程度，充分注意时间把控，手工环节督促学生注意时间，避免超出预估时间；依据活动效果，调整活动内容设置，更好地实现过渡；针对教师及家长反馈的活动安排时间问题，对活动安排进行调整，从原本固定在每周周六，改为以半月为周期，前两周为周六后两周为周日，为教师及家长组织学生参与活动提供便利。

课程策划及实施团队

姓名	性别	工作单位 / 部门	职务 / 职称	活 动 分 工
张霁雪	女	北京天文馆	展览活动策划	课程总策划
李慧	女	北京天文馆	科技辅导员	课程推广执行
赵婷婷	女	北京天文馆	科技辅导员	课程推广执行

更多关注请扫下方二维码

北京天文馆

微信公众号
官方网站

月之阴晴圆缺——“宇宙少年团”系列课程

北京天文馆

一、课程背景

每个人对时刻陪伴在地球左右的月球都充满着好奇和幻想，人们很早就开始了对月球的观测，发现月亮有阴晴圆缺的变化，并以此编制时间历法，指导人们安排生活、生产。月相变化是常见的天文现象，和人们的生活息息相关，而且月相观测简单易操作，不受地域和设备的限制，人人均可观测，非常适合作为观测入门课程。

二、课程目标

1. 知识与技能：熟悉月相的概念和月相变化成因，了解月相对人类生活的影响，通过观测和记录来探索月相变化规律。

2. 过程和方法：通过调研、讲解、分组讨论和观测探究等方式，激发参与者对主题内容的兴趣和求知欲，引导参与者主动探索、积极参与和分享。

3. 情感态度与价值观：参与者通过长期连续的观测，磨炼自身意志，建立严谨的科学思维和坚持不懈的科学态度，保持对自然现象的好奇心和求知欲。

三、授课对象

8 ～ 12 岁青少年。

四、课程实施

1. 前期调研

（1）阶段目标：通过自主搜集资料调动参与者的学习热情，使其对课程主题有初步的了解。

（2）活动前期准备：报名结束后，向参与活动的成员发布主题调研任务。

（3）活动脚本：古往今来，人们观月赏月，以月亮为题抒情感怀的文人墨客数不胜数。请搜集关于“月亮”的诗词，并思考其含义，从中选取一首与大家分享。

（4）设计思路：以课前调研的形式向参与者发布小任务，提前预热，使参与者明确活动主题，带着探索、解惑和分享的心情积极参与。

2. 观测培训

（1）阶段目标：熟悉月相的概念和月相变化成因，以分组讨论的形式探索进行月相观测和记录时需要注意的问题。

（2）活动前期准备：布置教室，准备纸、笔、剪刀等工具。

（3）活动脚本：辅导老师现场讲解。

欢迎大家参与本次“月之阴晴圆缺”天文观测活动。还记得发布的任务吗？搜集关于“月亮”的诗词，谁想主动分享一下？（引导大家分享诗词，给以肯定和鼓励。）

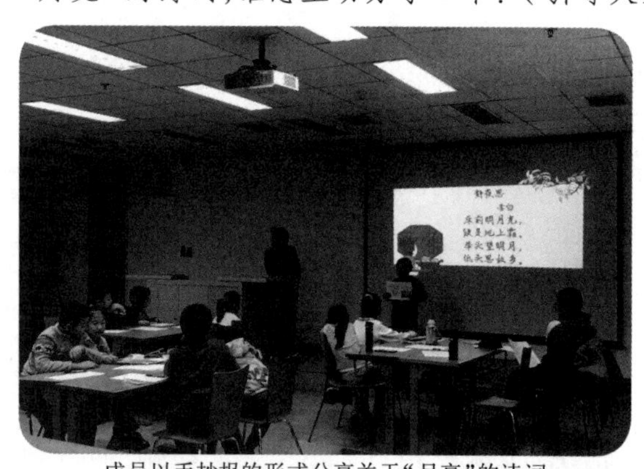
成员以手抄报的形式分享关于“月亮”的诗词

古人观月寄托思念、抒发情怀，才有了这些美好的诗句。相信大家同古人一样，也都有过观赏月亮的经历。我们每天晚上都可以看到月亮吗？我们在地球上看到的月亮是什么样子的呢？（鼓励大家回答问题，展示包含月亮元素的风景照片。）

没错，月亮并不是每夜都会出现，也不总是如圆盘状。大文学家苏轼曾写道“人有悲欢离合，月有阴晴圆缺”，可见人们早就注意到了月之阴晴圆缺的变化，这指的便是月相变化。月亮本身不发光，只能靠反射太阳光发亮，在地球上看到的月球被太阳照亮的部分便被称为月相。在月球围绕地球公转的同时地球也在围绕太阳公转。当太阳、地球和月球三者之间的位置发生变化时，我们会看到月球被照亮的部分发生周期性的变化，称为月相变化。

月相变化大体上分为朔、蛾眉月、上弦、望、下弦、残月等几个阶段。

朔：当月球运行至地球和太阳之间时，月球以它黑暗的半球对着地球，地球上的人们看不到它，这种月相称为“朔”。

蛾眉月：当月球在天球上的位置位于太阳以东不远时，在黄昏太阳下落后不久，会在西边天空看到状如眉毛的弯弯月牙，被称为“蛾眉月”。

上弦：当月球在天球上的位置位于太阳东侧90° 时，朝向地球的月面的西半侧会被照亮，在上半夜的西方天空可以看到近似半圆状的“上弦月”。

望：当月球运行至背离太阳的一侧时，整个月面都会被照亮。在夜晚，圆月高悬于南方天空，这时的月相称为“望”，又称“满月”。

下弦：当月球在天球上的位置位于太阳西侧90° 时，朝向地球的月面的东半侧会被照亮，在下半夜的东方天空可以看到近似半圆状的“下弦月”。

残月：当月球在天球上的位置位于太阳以西不远时，黎明时分可以在东方天空看到“残月”，像字母“C”。

刚刚大家分享的有关“月亮”的诗词还记得吗？有些诗词中所描写的月亮其实就是上述月相中的一种。下面我会给出一些诗词，大家猜猜看是哪种月相。

“今宵酒醒何处？杨柳岸、晓风残月。”——残月

“可怜九月初三夜，露似珍珠月似弓。”——蛾眉月

“海上生明月，天涯共此时。”——望

“月上柳梢头，人约黄昏后。”——望

“月落乌啼霜满天，江枫渔火对愁眠。”——上弦月

现在我们知道了，月相有“朔、望、蛾眉月、残月和上、下弦月”，那么月相变化有没有规律呢？这就需要每位成员每天抬头看看月亮，记录下月相，去寻找月相变化的奥秘。

为了月相观测可以顺利进行，我们要先思考一下，在进行月相观测时有哪些需要注意的问题，应该如何更科学更方便地观测和记录月相。请各小组参考下列问题进行讨论：

①如何选取观测地点？

②如何选择观测时间？

③需要记录哪些信息？

④怎样记录更方便高效？

⑤其他注意事项。

（在讨论过程中，辅导老师需要注意引导，适当给出提示，并鼓励大家发散思维。在分享阶段，辅导老师需要鼓励大家上台分享讨论成果，并给出正面评价。最终总结各组的可取之处，给出科学建议，保证观测任务可以科学顺利地进行。）

成员分组讨论

（4）设计思路：以讲解互动和多学科相结合的形式介绍月相的概念和月相变化成因，

以分组讨论的形式引导参与者主动探究在进行月相观测和记录时需要注意的问题，为月相观测做好前期准备。

3. 实操培训

(1)阶段目标：了解望远镜的结构、操作方法和月球表面环境等，实际操作望远镜观测月球。

(2)活动前期准备：查询天气情况，确保晴朗无云，适合观测。提前打开并调试望远镜。

(3)活动脚本：辅导老师现场讲解，指导观测。(略)

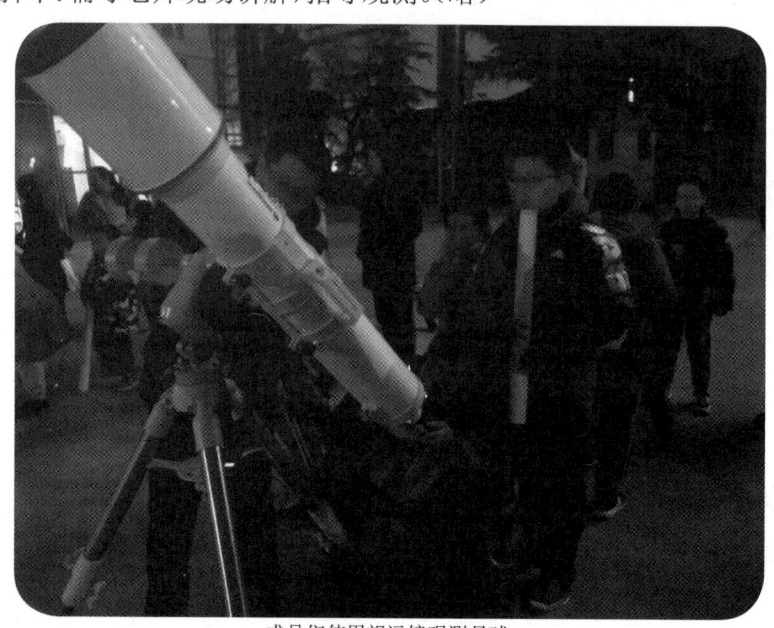

成员们使用望远镜观测月球

(4)设计思路：通过动手操作望远镜观测月球，进一步加深参与者对月相观测的认识，持续激发参与者的观测兴趣，保证后续月相观测可以顺利进行。

4. 月相观测

参与者连续两个月观测月亮，记录观测时间、地点，绘制月相，记录感受，完成月相观测日志。月相观测日志的格式可参考辅导老师提供的模板，或自行设计。

5. 观测记录分享和展示

(1)阶段目标：展示月相观测日志，分享观测感悟或趣事等，了解月相变化对于人们生活的影响，评选出优秀作品。

(2)活动前期准备：提前设置奖项，准备颁奖证书。如果参与者有音频展示的需求，协助其提前将音频文件拷贝至计算机，确保可以正常演示。提前布置教室。

(3)活动脚本：辅导老师现场引导讨论，总结分享。

欢迎大家带着各自的作品再次回到我们的活动教室。经过两个月的观测，相信大家都有了满满的收获。下面就请大家上台分享自己的作品，讲述属于你的月相观测故事。(引导大家分享作品和观测经历，给予肯定和鼓励，简单点评作品。)

刚刚的分享，大家是不是意犹未尽？有没有对哪位同学的作品很感兴趣？接下来是自由分享时间，大家可以找到感兴趣的作品与它的作者交流。另外，有个问题需要大家思考一下，月相变化对我们的生活有没有影响？（参与者自由交流，辅导老师评选优秀作品。）

好啦，上述的问题有答案了吗？（鼓励参与者作答。）

通过观测，我们发现月相变化现象十分显著，月相变化的周期为连续两次“朔”或者“望”的时间间隔，大约是29天，这一周期又称为“朔望月”。自古以来“朔望月”就被取为编制太阴历的单位，例如我国的农历就严格地取朔日作为每月的第一日，所以月相变化与时间历法的建立有着直接关系。而时间又与我们的生活息息相关，古人就常常通过月相来分辨时间，进而安排生活、生产。通过这次活动，相信大家以后看看月亮就大概能知道日期了。

下面就到了最后一个环节，颁奖环节！（颁发奖项，组织合影。）

（4）设计思路：以分享、展示的形式总结回顾本次活动，加深参与者对于月相观测经历的记忆。通过评选优秀作品肯定参与者的付出，使其保持对天文观测的兴趣。

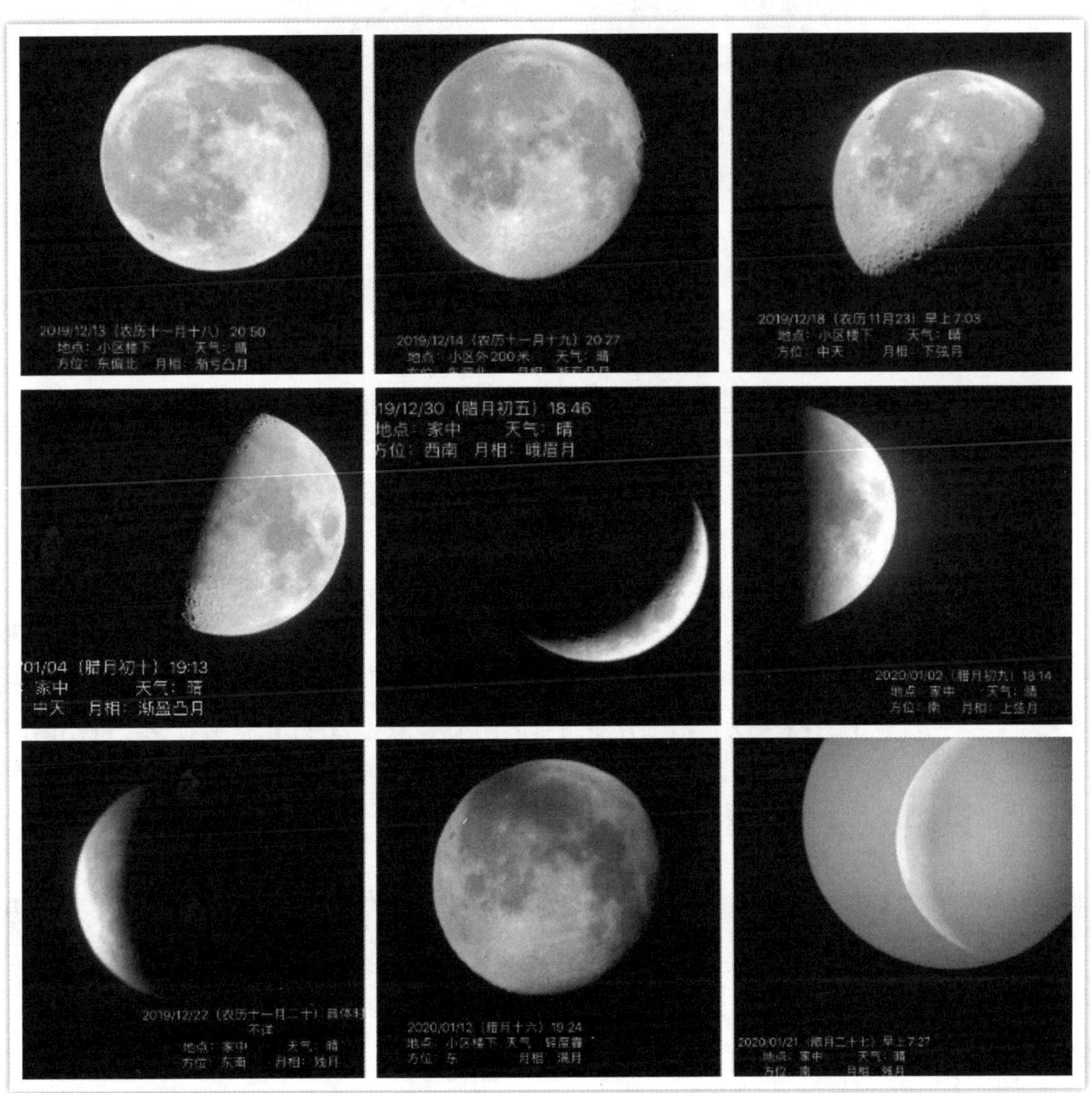

月相观测记录展示

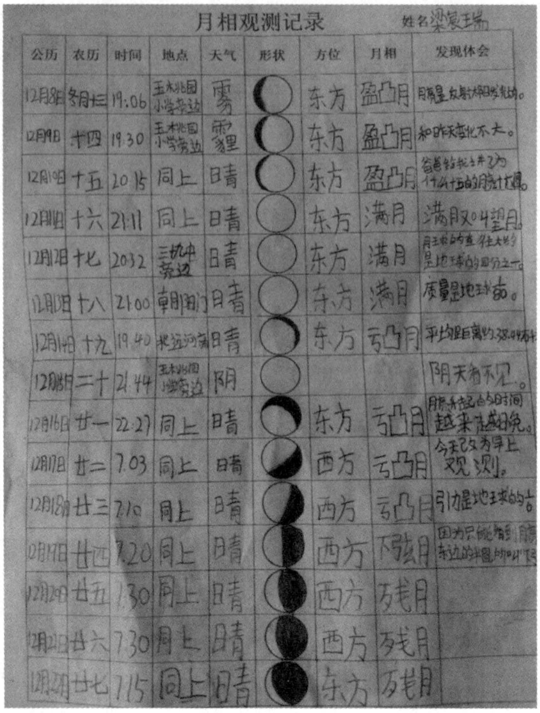

月相观测记录　姓名[illegible]

公历	农历	时间	地点	天气	形状	方位	月相	发现体会
12月8日	冬月十三	19:06	玉[illegible]园小学旁边	雾		东方	盈凸月	月亮是反射太阳光发光的。
12月9日	十四	19:30	玉[illegible]园小学旁边	雾霾		东方	盈凸月	和昨天变化不大。
12月10日	十五	20:15	同上	晴		东方	盈凸月	爸爸给我讲了为什么十五的月亮十六圆。
12月11日	十六	21:11	同上	晴		东方	满月	满月又叫望月。
12月12日	十七	20:32	三[illegible]中旁边	晴		东方	满月	月球的直径大约是地球的四分之一。
12月13日	十八	21:00	朝阳门	晴		东方	满月	质量是地球的[illegible]。
12月14日	十九	19:40	[illegible]	晴		东方	亏凸月	平均距离约38.4万[illegible]
12月15日	二十	21:44	玉[illegible]园小学旁边	阴				阴天看不见。
12月16日	廿一	22:27	同上	晴		东方	亏凸月	月亮升起的时间越来越晚。
12月17日	廿二	7:03	同上	晴		西方	亏凸月	今天改为早上观测。
12月18日	廿三	7:10	同上	晴		西方	亏凸月	引力是地球的[illegible]
12月19日	廿四	7:20	同上	晴		西方	下弦月	因为只能看到月亮东边的半圆所以叫[illegible]
12月20日	廿五	7:30	同上	晴		西方	残月	
12月21日	廿六	7:30	同上	晴		西方	残月	
12月22日	廿七	7:15	同上	晴		东方	残月	

月相观测记录展示

五、课程效果

本课程属于长期观测活动，效果极佳。前期调研完成度很高，参与者分别以朗诵、背诵、绘制手抄报等多种形式展示学习成果，超出预期。在观测培训环节，参与者回答问题积极踊跃，可以跟着辅导老师的引导很好地理解知识内容。在分组讨论环节，每个参与者都积极参与，分享各自的观点，在辅导老师的帮助下，各小组顺利完成观测前期准备。在实操培训环节，参与者均惊叹于望远镜的强大能力，兴趣十足。在月相观测环节，参与者在微信群积极讨论观测过程中遇到的问题，分享观测感受，参与热情高昂。科技辅导员积极跟进月相观测情况，随时解答参与者提出的问题，并及时发布有关月亮的天象预告，帮助参与者更好地完成记录。长期连续的观测实践非常考验参与者的耐心和意志力，好在参与者在坚持不懈的努力和父母的大力支持下顺利完成了观测实践，并通过实际观察发现了月相变化的奥秘，在此过程中也增进了亲子关系。

课程策划及实施团队

姓名	性别	工作单位／部门	职务／职称	活动分工
杨冰	女	北京天文馆	天文课程开发	课程总策划
赵婷婷	女	北京天文馆	科技辅导员	课程执行
单月	女	北京天文馆	科技辅导员	课程执行

中国古代天文观测——“宇宙少年团”系列课程

北京天文馆

一、课程背景

两千年前，屈原的《天问》曾发出感叹：“遂古之初，谁传道之？上下未形，何由考之？”宇宙究竟从何而来，又将归于何处？这个问题一直困扰着我们。从古至今，人类从未停下过探索宇宙的脚步。

天文学是最古老的自然学科之一。在我国悠久的历史中，人们创造出许多杰出的天文观测仪器。最古老的天文仪器当属圭表和日晷，是以太阳为观测对象的计时仪器，虽然结构简单，但是用途很多，古人常用其定方向、定时刻、定地域等。随着天文观测和制作工艺的发展，天体仪、赤道经纬仪、黄道经纬仪等天文观测仪器陆续被研制出来。这些古代天文观测仪器（下简称“古仪”）见证了我国古代天文观测的发展历程，象征着古人对于未知宇宙的不断追寻和探索，承载着古人的天文梦。

北京天文馆设有日晷、清制天文仪器模型等特色展项，资源丰富，非常适合开展古代天文观测相关活动。“中国古代天文观测”主题课程主要介绍我国古天文仪器的构造和用途，带领大家了解古代中外宇宙观，领略古人超凡的智慧和对宇宙的向往。

二、课程目标

1. 知识与技能：了解我国古代中外宇宙观的异同，熟悉古天文仪器的构造和用途，独立完成古仪模型的制作，并掌握简单操作。

2. 过程和方法：通过展项讲解、影片赏析和动手制作等方式，激发参与者对主题内容的兴趣和求知欲，引导参与者主动探索、积极参与和分享。

3. 情感态度与价值观：感受天文学的魅力和乐趣，领略我国古人超凡的智慧和不懈探索未知宇宙的精神，体会天文观测对于人类认识宇宙和人类文明发展的重要性，建立科学的宇宙观、世界观。

三、授课对象和时长

活动面向社会，针对年龄在 8 ～ 12 岁之间的青少年，每名青少年需由一名家长陪同，限 15 个家庭。

活动时长 2 ～ 2.5 小时。

四、涉及学科

涉及天文、物理、地理、艺术等。

五、课程实施

1. 活动引入

（1）设计思路：以长期困扰着人们的宇宙问题激发大家的探索欲，以人们熟悉的望远镜引发大家思考古人是如何进行观测的，让大家带着思考和探索欲参与到活动中。

（2）活动脚本：科技辅导员讲解。

宇宙，广袤而神秘。古往今来，抬头仰望星空，满天的繁星都会引发人们无限的遐想。宇宙究竟从何而来，又将归于何处？宇宙是由什么组成呢？我们人类在宇宙中是孤独的吗？这些问题一直困扰着我们，同时也促使我们不停探索宇宙。

在信息传播速度极快的现代，大家可以在各种媒介上看到关于中国大型望远镜新发现的报道，显而易见，望远镜是天文学家探索宇宙最重要的工具。不过，天文望远镜却只有四百多年的历史，在人类文明的历史长河中只占据了十几分之一的时间。那在望远镜还没有被发明出来的时候，人们是如何观测璀璨星空、探索神秘宇宙的呢？接下来，就让我们一起穿越到古代，看看古人是如何进行天文观测的。（略）

2. 展项讲解

（1）设计思路：从只能用眼睛观测，到使用日晷和圭表，再到明清时代的古仪，按照时代

发展的顺序，由简入繁，由浅入深，结合展项详细介绍我国古代天文观测。

（2）活动脚本：科技辅导员讲解。

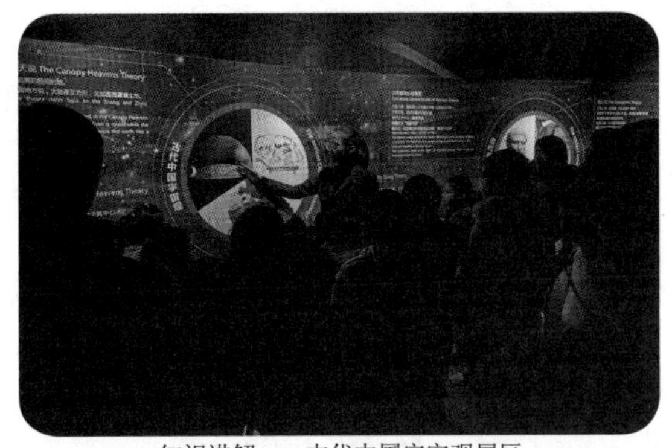

知识讲解——古代中国宇宙观展区

在远古时代，人们没有先进的技术和设备，只能利用最朴素的观测工具来观察星空。人们用自己的眼睛看日升日落、月圆月缺和四季星空的变幻，并且将眼之所见详细记录下来，经年累月，总结出星空的变化规律，以此指导人们的生活和生产。

古人将看到的自然景象与神话掺杂在一起，构成了最初的宇宙观念，比如神话故事“开天辟地”。到了公元前6世纪前后，人们开始对宇宙和世界进行客观理性的思考。殷末周初出现了“盖天说”，即天在上，地在下，天为一个半球形的大罩子。南北朝的《敕勒歌》中有一句“天似穹庐，笼盖四野”，便蕴含着天圆地方的观念。这一观念在中国的建筑史上也有所体现，比如天坛和地坛就分别对应着“天圆”和“地方”的思想观念。古代的铜钱外圆内方，也是受其影响。（略）

3. 影片赏析

（1）设计思路：北京天文馆拥有特色球幕影院，以观看影片的形式介绍古玛雅人在天文观测上的成就，引导大家对比古代中外在宇宙观和天文观测的异同，加深大家对于中国古代天文观测的认识。活动形式的转换也可以激发大家的参与热情，寓教于乐。

（2）活动脚本：科技辅导员引导观看影片。

为了更好地认识古代人的宇宙观和观测史，让我们一起欣赏科普影片《古玛雅的天文·宇宙的观测员》。影片是从墨西哥科苏梅尔天文馆引进的球幕节目，内容充满异域元素，展示了古老神秘的玛雅文明，介绍古玛雅人在天文、历法、建筑等方面所取得的辉煌成就。在观看影片的同时，不妨对比一下古代中外在宇宙观和天文观测上的异同，感受古天文的独特魅力。

4. 手工制作

（1）设计思路：首先通过提问回顾知识点，加深印象。然后以制作古仪模型的方式锻炼参与者的动手能力，让大家在“做中学”，更好地理解古仪的构造和用途。

（2）活动脚本：科技辅导员引导制作古仪。

相信大家对于几架精致的古仪印象都很深刻，还记得这架古仪叫什么吗？它可以用来观测什么？（展示几架古仪的图片，结合图片引导大家回答问题，回顾古仪的构造和用途。）

下面一个环节就是制作古仪模型。随机分配给大家一个材料包，将材料包中的木制零件正确拼装在一起，就可以得到一架古仪了。开始动手制作属于你的古仪模型吧。

5. 活动分享

（1）设计思路：鼓励参与者展示手工作品并分享活动收获，锻炼其表达能力，培养自信心。

（2）活动脚本：科技辅导员鼓励参与者展示作品、分享感受。

请大家上台展示自己制作的古仪模型，介绍一下你制作的是哪架古仪，以及它的特点。分享一下参与本次活动的收获和感受吧。

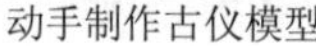

动手制作古仪模型

手工成品展示

六、课程特点

课程以中国古代天文观测为主题，综合利用场馆展览展项、球幕科普剧场、天文教室等教学资源，以多感官学习和“玩中学、做中学”为主要教学方法，以结合古仪等文物的知识讲解、科普影片赏析和动手制作为主要活动形式，以引导、启发、探究式学习为教学理念，循序渐进，由浅入深，内容丰富，形式多样。从最朴素、最亲切的观测工具——眼睛入手，再引出体现古人智慧的古仪，赋予冷冰冰的古仪以温度，使其鲜活生动起来，引导参与者探索古仪的构造、用途及其所蕴含的时代特征，深刻理解我国古代天文观测的发展史和杰出成就，再与古代西方的宇宙观进行对比，多角度探究，全面认识古人对于宇宙的想象和探索。动手制作环节则是将“学”与“做”有效地结合起来，学以致用，寓教于乐。

七、课程效果

“中国古代天文观测”主题课程已开展 8 次，为保证课程效果，每期限制 15 个家庭。课程进行过程中，成员参与度很高，回答问题积极踊跃，可以跟着辅导老师的引导很好地理解知识内容，顺利完成古仪模型的制作，积极分享个人对于古代天文观测的独到见解和参与课程的收获与感受。

课程策划及实施团队

姓名	性别	工作单位 / 部门	职务 / 职称	活动分工
杨冰	女	北京天文馆	天文课程开发	课程总策划
周雯	女	北京天文馆	辅导员	课程执行

我是小小讲解员

北京自来水博物馆

一、课程背景

北京自来水博物馆作为北京市自来水集团具有水行业特色和科普功能的博物馆，把科普自来水知识、宣传珍惜水资源和增强节水意识作为义不容辞的责任和义务，广泛开展了以青少年为主体的思想道德教育特色实践活动，为青少年提供了丰富多彩的校外活动，培养了一批又一批“惜水节水的新时代好少年”。

“思想道德建设是教育与实践相结合的过程”，北京自来水博物馆开展的“我是小小讲解员”课程就是精神文明和校外教育的有机结合。此项课程作为博物馆的三大品牌科普活动之一，充分发挥了科普教育基地、节水宣传教育基地和节水护水志愿服务站的作用，积极配合学校开展素质教育活动，为青少年搭建了锻炼自我和文化志愿的服务平台。

二、课程目标

1. 小小讲解员在讲解过程中，自然而然地学习了水资源的重要性以及文物背后的知识，近距离感受自来水的文化魅力。

2. 让青少年在活动中感觉到自己能够发挥作用，从而激发出他们的主体性、责任感。

3. 增强和锻炼了青少年的自信心、语言组织和表达能力，从而提高综合素质，培养节水护水的社会责任感和志愿服务意识。

三、授课对象

参与自来水探秘之旅或自来水科普大讲堂的中小学生。

四、涉及学科

涉及自然科学、地理、历史。

五、设计思路

借助世界水日、中国水周、全国城市节水宣传周等与水相关节日，创新活动模式，增强互动性，通过"请进来"在馆内开展自主性、互动性强的特色活动。招募的"小小讲解员"在经过自来水知识、讲解礼仪、应变技巧等多方面培训和考核后，一是走进展厅，为观众传播自来水科普知识及历史知识；二是开展"节水护水我争先"小小讲解员比赛，以竞赛的机制培养学生对自然科学知识的浓厚兴趣，拓宽他们的知识面，提高他们的语言组织能力、临场应变能力和服务社会能力。同时，也借助此项课程让更多的人走进和了解北京自来水博物馆。

六、课程内容

1. 招募筹备：在参与自来水探秘之旅或自来水科普大讲堂的学生中招募小小讲解员。

2. 讲解培训：分为理论知识讲授和展厅实地指导两部分。理论知识讲授主要围绕讲解内容和讲解礼仪展开，并通过发放培训手册、放映幻灯片、现场演示等多种形式教导礼仪规范。展厅实地指导，先由博物馆教员集中进行正确示范，再一对一地对每位小小讲解员讲解过程中的站姿、走位、手势、表情等肢体语言进行纠正。之后还会根据观察小小讲解员的表现，发掘每个人身上不同的闪光点，并提供相关的讲解建议，确保每个人都可以得到详细和有针对性的培训。

小小讲解员正在接受讲解培训

通过以上的培训学习，为小小讲解员的基本素质奠定了坚实基础。

3. 讲解考核：参加培训的学生想要得到"北京自来水博物馆小小讲解员"证书，必须经过严格的考核。考核老师由博物馆专家、辅导教员和学校老师组成，对小小讲解员进行客观的综合素质评价。

4. 讲解服务：通过考核的小小讲解员在展厅内为观众主动讲解、热情服务、传播知识，成为博物馆一道亮丽的风景线。观众的赞扬和肯定是对他们最好的鼓励。小小讲解员们在博物馆里传递着知识，也传递着志愿精神和希望。

5. 讲解比赛：与多所学校合作，展开学校与学校间的小小讲解员比赛，以赛制促进步。全程包括筹备、培训、初赛和决赛，分别选出“节水小能手”和“节水小卫士”。比赛过程中，小小讲解员们配以丰富的肢体语言，以十足的自信心和极强的感染力赢得在场评委与观众的阵阵掌声，起到了很好的示范作用。

讲解服务

讲解比赛合影

七、课程特点

1. 从招募、培训、考核、服务到比赛，系列流程完整，内容丰富，并配有一定的辅助材料，拓宽知识面。

2. 摆脱了传统课堂以讲授为主，学生被动接受知识的授课方式，引导学生亲自体验和实践，化被动为主动，充分调动他们学习知识的积极性。

3. 使学生学习担当社会责任，将学到的关于水的知识和节水窍门传播给来馆观众和身边的人，成为弘扬社会主义核心价值观、传播节水惜水正能量的新时代好少年。

4. 充分发挥“第二课堂”作用，以寓教于乐的形式为青少年的成长提供更广阔的社会实践平台。

八、课程效果

2019 年度“我是小小讲解员”课程在之前的基础上，围绕“世界水日”创新科普活动形式，举办了第一届“节水护水我争先”小小讲解员比赛，首次与东城区北东学区的西中街小学本部、西中街小学艺美校区、东四十四条小学、史家小学分校、史家实验小学、雍和宫小学 6 所学校同时合作，吸引了 1233 名学生参与活动，反响热烈。

每次活动结束后，我们欣喜地看到参与的学生们的接受能力和进步速度飞快，不仅语言组织和表达能力得到了提高，增长了关于水的科普知识，还进一步增强了自信心和节水护水的社会责任感。有的学生通过活动丰富了课外的精神世界；有的学生的学习热情被激发出来；还有的学生由胆怯害羞变得落落大方；有的学生从内向自卑变得敢于展示自己……成长就是在这样一点一滴的努力、一天一点的变化中逐渐产生的。有很多学生表示："参加活动之后，结交了新的朋友，大家一起互相学习、互相交流、互相帮助，不仅增进了友情，还使自己得到了全面的锻炼。""此次比赛让我学到了很多关于水资源的知识，也看到了其他选手的精彩表现，真是受益匪浅！以后，我会呼吁身边的亲人、朋友一起节约用水，保护水资源。"学生们那一张张自信飞扬的笑脸和观众们对小小讲解员的赞美就是对活动最好的认可。

除了受到学校、家长、社会的一致欢迎和认可外，此项活动还得到了《北京日报》《北京晚报》《新京报》《首都建设报》和千龙网等多家新闻媒体的宣传报道，扩大了博物馆的知名度和辐射范围。

课程策划及实施团队

姓名	性别	工作单位 / 部门	职务 / 职称	活动分工
梁淑云	女	北京自来水博物馆	副馆长	活动总负责人、案例审核及修改
徐辰浩	男	北京自来水博物馆 / 管理办公室	主任助理	活动总指挥、安全管理
陈思羽	女	北京自来水博物馆 / 社教宣传	科员	案例编写及修改、培训教师、微信推送
贺佳琪	女	北京自来水博物馆 / 社教宣传	科员	活动策划、协调
王芮希	女	北京自来水博物馆 / 社教宣传	科员	培训教师、活动宣传
刘潇	女	北京自来水博物馆 / 社教宣传	科员	活动统计、协助
周霁虹	女	北京自来水博物馆 / 安全服务	科员	培训教师、安全管理
闫旭	女	北京自来水博物馆 / 安全服务	科员	培训教师、颁奖礼仪
刘行	男	北京自来水博物馆 / 安全服务	科员	摄影拍照、后期制作
韩立平	女	北京自来水博物馆 / 藏品管理	科员	培训教师
宋可名	男	北京自来水博物馆 / 藏品管理	科员	培训教师、安全管理
徐紫阳	女	北京自来水博物馆 / 藏品管理	科员	培训教师、颁奖礼仪

注：以下"自来水科普大讲堂""自来水探秘之旅"课程策划及实施团队与本表一致。

更多关注请扫下方二维码

微信公众号
北京自来水博物馆

自来水科普大讲堂

北京自来水博物馆

一、课程背景

自来水科普大讲堂是博物馆的三大品牌科普活动之一，博物馆通过“走出去”，到中小学校园、街道社区进行北京自来水科普知识现场授课，普及水与自然、北京自来水制水工艺和科学用水等知识，增强学生规范用水、节约用水的意识和能力。

二、课程目标

1. 在最大程度上调动大家的学习兴趣，力求以一种全新的课堂形式，更好地宣传节水意识和京水文化，让自来水知识在京城流动起来，帮助中小学生树立正确的人生观、价值观和资源观。

2. 让“高冷”的文物与历史知识巧接地气，走进青少年的学习生活，引领孩子们触摸身边的历史。

3. 通过知识性、趣味性和参与性为一体的活动，培养学生对科学的兴趣，锻炼探究、思考、观察和创造的能力，更在动手过程中对历史文化有了更深的认识。

4. 将博物馆资源转化为学校的学习资源，有助于学生开阔思路，让青少年知道博物馆中有很多东西是值得学习的，进而引起其参观博物馆的兴趣。

5. 为社区居民科普自来水的生产过程，让大家喝得放心、用得安心。

三、授课对象

小学、中学、社区居民。

四、涉及学科

涉及自然科学、地理、历史。

五、设计思路

组织专业团队，精准对接课标，研发主题课程，走进学校和社区，面向全体师生、社区居民，精心设计推出特色科普活动，培养学生从小养成节约用水的好习惯，解答居民对于生活中自来水的相关疑问，让“自来水”在京城流动起来。打破以往常规式的课堂氛围，以博物馆的吉祥物小水人“源源”作为线索，使人有种新奇之感，并一步步引导参与人员作为主体走进水世界。

六、课程内容

1. 组织专业团队。2 人分别负责学生、成人活动的策划方案；3 人负责联系教师，精准对接课标，进行授课；1 人负责联系学校、组织学生和教师进行调研、后期课程情况反馈跟踪；2 人负责活动全程的摄像和拍照，并剪辑和留存影像资料；2 人负责制作宣传海报、推送活动微信。全员接受专业培训、研发主题课程、编写课件内容。

2. 有针对性地根据参与人员年龄、需求的不同，将水科普课、水历史课、水实验课三类大课程的难易程度进行调整和划分，小学 1 ～ 3 年级、4 ～ 6 年级、初中、高中、青年、中老年所上课程皆有所差异，各有侧重。与学校、社会教育形成互补，帮助大家完成知识构建。

3. 通过现场教学、同步直播、动画演示（北京地表水和地下水的制水工艺）、实物观察（无烟煤、石英砂、活性炭、超滤膜）、课堂实验、穿越展室、体验互动等丰富多彩的课程形式，带领参与人员探索生活中最常见的自来水背后隐藏的“秘密”。其中，实物观察和动画演示直观地展示了北京自来水的制水工艺流程，让大家可以近距离接触水厂处理净化自来水所用到的相关滤料和所有步骤。在整个教学过程中，博物馆教员十分注重课堂的互动性和学员的自主性，动静交替，有张有弛，使学员们的兴趣越来越浓厚。很多学员经常会问这个“煤”“砂”“碳”跟我们日常看到的有什么不一样？它们为什么会有这么神奇的力量，能让包含多种微生物、细菌和杂质的原水变成我们饮用、不可或缺的自来水？还有的学员当看到

“超滤膜”就会忍不住怀疑，这个像家中挂面的“白条条”如何能作为深度处理工艺中非常重要的一步？当通过讲述、展示、实验，这些谜底被一步步揭开后，大家都忍不住惊叹，原来我们能喝到这么干净、无色无味的自来水都少不了这些“功臣”。“无烟煤”和“石英砂”可以过滤掉原水中的杂质，阻挡“脏东西”；而“活性炭”具有较强的吸附功能，有除色除味的功效；“超滤膜”虽然像挂面但是却可以拦截极其细小的颗粒物，它无数小孔中的一个孔的大小竟然约等于人一根头发丝的千分之一！难怪可以捕捉“漏网之鱼”！实验课则围绕水的特性展开，借助硬币滴水、沙盐入水等有趣的小实验，对水表面的张力、水的溶解性等内容进行分析，让学员们可以亲自动手操作，更是极大地促进了学习的主动性和探秘精神，“知行合一”地巩固了相关知识点。

课堂实验

4. 开展“节水总动员”，让学员在轻松愉快的气氛中充分发挥自己的想象，用不同的方式甚至是艺术形象大胆表达对于水的独特想象和理解，并分享他们的快乐和收获。最后从中选出优秀作品进行展示。同时，博物馆教员对他们在艺术方面的想法和创造表示肯定，更加激发了他们对水知识和水文化的兴趣，引导他们主动去探求。

作品展示

5. 课程结束后，分发北京自来水科普大讲堂调查问卷，对每一堂课的课程形式、难易程度、想了解的扩充知识等情况进行分析。

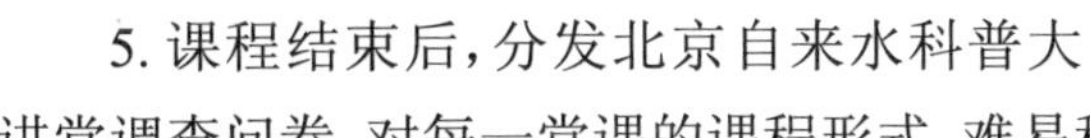

七、课程特点

1. 形式灵活多样：可根据学校、社区的场地、时间、参与人数等灵活选择、组合课程内容。

2. 结合学校教学：与学校的自然课、化学课、地理课内容相结合，使博物馆教育与学校教育相互补充、相互延伸，助推学校课程的实施和学生的学习。

3. 课程内容丰富：包含水与自然、制水工艺、科学用水和京水历史等知识，分为水科普课、水历史课、水实验课三类，极具水教育特色。博物馆还配合课程内容设计制作了“走进水世界”科普知识手册，科学性、可读性和兴趣性极强。

4. 注重“传道授业”：开展教育的过程中，以青少年进行知识和技能的普及为重点，让其在理论与实践相结合的学习过程中，获得全面发展。

5. 专业技术支持：博物馆与北京市自来水集团下属的国家级水质监测中心、营销公司、水厂等单位联合，邀请水处理、水质专家进行课程指导。

6. 课后反馈机制：分发问卷并对结果进行探索，进而继续完善课程内容和活动形式，提高教学和管理水平，更好地为青少年服务。

八、课程效果及评价

2019 年度“自来水科普大讲堂”课程参与人数近 4600 人，这是博物馆充分发挥科普教育平台作用，以“走出去”授课的形式，丰富了广大青少年的文化生活，使学生们从小树立节约用水、珍惜水资源的意识，增强社会责任感，从而也让更多的人懂得水资源的珍贵及重要性。活动结束后，一张张节水小报、一句句节水宣言、一个个坚定的脸庞、一份份节水护水的心意都是对课程最好的评价。

此项科普活动先后获得团市委“2015 年北京市十佳企业志愿服务项目优秀奖”、2015、2016 年度“北京市科普基地优秀教育项目展评三等奖”“第十九届中国北京国际科技产业博览会优秀组织奖”、入选“第二届科普基地优秀活动集录”，并连续 4 年获得 2015—2019 年度“北京阳光少年活动优秀组织奖”，还在 2014、2015、2018 年度被评为“北京市自来水集团优秀团青活动”。随着活动的社会影响力不断扩大，也得到了市教委的大力支持，越来越多的学校主动联系寻求合作。

自来水探秘之旅

北京自来水博物馆

一、课程背景

"自来水探秘之旅"是博物馆的三大品牌科普活动之一，在充分利用自身资源的基础上，通过"探究学习""动脑动手""互动体验""知识抢答""绘画比赛""朗诵宣言""才艺展示""畅谈收获"的活动形式，在馆内开展的一项探秘活动。

二、课程目标

1. 通过直观的实物性知识传播，激发学生探秘自来水的兴趣，并在有限的时间和精力下，有目的、有重点、有体验的参观，亲自感受"自来水不自来，自来水来之不易"的道理。

2. 通过 1+N 的活动形式，侧重于引导、沟通与互动，在激发兴趣的同时，让学生在充满探究和满足的过程中获取知识，从而培养节水护水的意识。

3. 使学生体会到水与生活的关系，利用获取的知识在生活中真正做到节约用水，并传播节水理念，呼吁身边的人一起做一名"节水宣传员"。

三、授课对象

小学、中学、大学。

四、涉及学科

涉及自然科学、地理、历史。

五、设计思路

立足博物馆特色，充分挖掘馆藏资源、文化资源和教育资源，灵活运用各种科技手段和生动形象的多媒体软硬件，根据学生的兴趣特点和知识基础，通过各项丰富有趣的互动环节，有针对性地引导大家开展探究式学习、交流，提供与众不同的学习体验，从而促进越来越多的人在闲暇之余走进博物馆，感受水文化的魅力。

六、课程内容

1. 首先根据参与人员类别，定制特色参观路线，例如师生、亲子、社区等，确保以学生为主体。不同的参观路线各有侧重，其中亲子的方式是让学生通过与家长的配合共同完成活动任务，体验家庭的温馨时刻，这样的教育活动更有益于青少年的身心发展。

2. 在活动开始前，先分发“自来水探秘小地图”，让学生先带着问题思考：“水从哪里来？水资源状况如何？自来水怎么处理？是否珍惜过承载生命的自来水……”

“自来水探秘小地图”分为正反两面，正面是探秘科普馆，反面是探秘通史馆。探秘地图色彩鲜艳、风格活泼，涵盖了大量取自馆内元素的卡通图标，并通过关卡的形式进行闯关，充分激发了学生探秘、学习的兴趣。学生拿着小地图跟随教员在馆内开始活动，每行进到一个部分都会有相关的知识问答题，促使学生更加认真仔细地观看展板内容和倾听教员科普知识，并根据这些知识点主动积极思考，举手回答。在学生参观和答题结束后，通过教员判卷，正确率高的学生还可以领取一份博物馆的文创宣传品作为纪念，小地图也可以拿回家中，达到复习知识的目的，受到了广大学生和学生家长的欢迎。

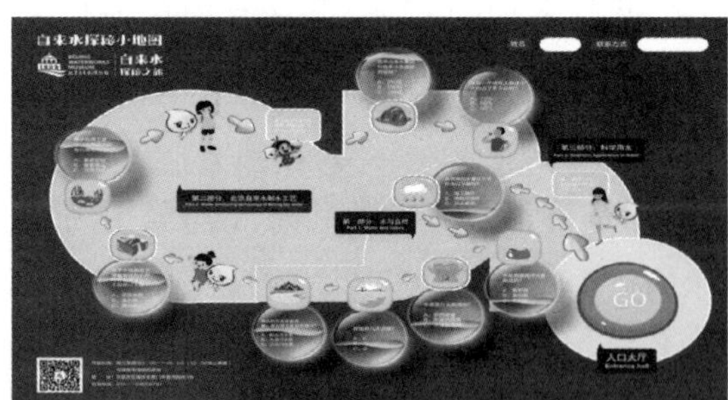

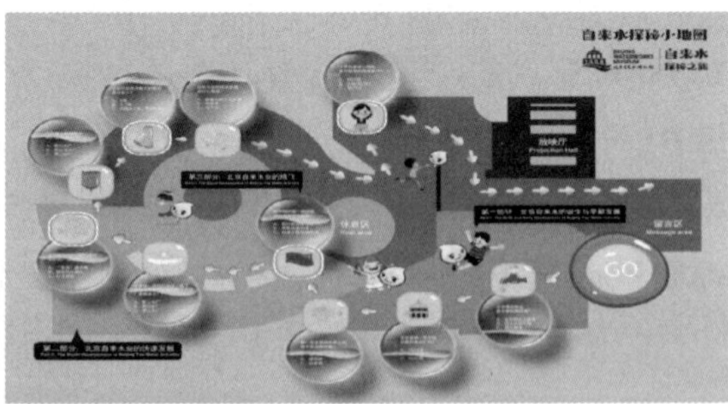

课程学习单

3. 在博物馆教员引导下，通过“探究学习”“动脑动手”“互动体验”“知识抢答”“绘画比赛”“朗诵宣言”“才艺展示”“畅谈收获”的活动形式，参加看展览、听讲解、答地图、排流程（自来水处理工艺）、旋转盘、参问答、领奖品、写留言（“上善若水，甘泉永滋”留言板）、拍合影（小水人吉祥物）等系列流程。科普馆主要围绕水与自然、中国和北京水资源状况、北京自来水制水工艺、从源头到龙头的全过程水质监测、科学用水等重要知识展开活动，更有小水人“源源”趣味引导，让学生了解到水资源的珍贵性、紧缺程度和多种工艺处理后的自来水安全可靠，深刻认识“自来水不自来水，自来水来之不易”的道理；通史馆则主要讲述北京自来水业由小到大、从弱到强的百余年发展历程，其中还包含着许多鲜为人知、趣味横生的小故事，让人耳目一新，从而多角度、立体的认识自来水，解决之前的疑惑，并对核心知识点进行巩固，完成自来水知识构建，达到珍惜水资源、科学用水的宣传效果。

活动现场

在展示环节中，学生们从自己的视角出发，或用小小多彩的画笔在纸上绘制出清澈自然的水世界，或用稚嫩坚定的嗓音朗读节约用水的宣传语，或用天真美好的文字传达水资源的珍贵性……这些无不展示了他们对博物馆的认识和感受，表现出他们对博物馆的无限向往与对水资源的守护决心。

4. 最后分发“满意度调查问卷”并进行分析，以便更好地了解学生、老师、家长对活动的需求和建议，进而完善活动内容和形式。

七、课程特点

1. 利用馆内资源，突出陈列内容的现代性、互动性、生动性和趣味性，满足学生对自来水的文化需求。

2. 受众范围广泛，不限个人或团体，实现年龄上全覆盖、内容上多样性。

3. 时刻以学生为主体，尽可能发挥学生的主观能动性，把传统的参观形式变成一场互动式闯关体验。小地图通过关卡的方式提出了一个个重要的知识点，学生们在这种闯关的形式下兴趣十足。

4.1+N 的活动形式可以更好地激发学生的热情，让其充分融入活动当中，从中感受水、人、自然三者之间的和谐关系。

5. 将“博物馆＋学校＋家庭”有机整合在一起，达到 1+1+1>3 的功效，充分发挥科普教育的力量。

八、课程效果及评价

2019 年度“自来水探秘之旅”课程参与人数近 6000 人，学生们通过一场场探秘之旅，充分激发了学习的主动性，快乐自由地畅游在水世界。活动结束后，许多学生纷纷留言，表达对节约用水的感悟，呼吁身边的人节约用水，守护来之不易的每一滴水。还有来参观的家长表示，“之前不知道北京自来水有这么悠久的历史和有趣的故事，这些都是课本上学不到的知识，开阔眼界，相信对孩子成长非常有帮助。”越来越多的人通过门户网站、相关教育网站、联系电话等方式进行课程预约。

同时，此课程还受到了各大新闻媒体的关注，多次接待《北京日报》《劳动午报》《首都建设报》《法制晚报》《北京青年报》和《新京报》等媒体记者到活动现场进行采访，《法制晚报》《新京报》均以文字配照片的形式进行了报道，另外《首都建设报》和千龙网等媒体也对活动进行了宣传，取得了较好的社会反响，扩大了博物馆和科普活动的社会影响力。

除此之外，还加强了博物馆与学校间的对接，并与北京市西中街小学、史家小学分校、第一六六中学以及中央民族大学、中国地质大学等多所院校开展深入合作，获得了学校师生以及家长的普遍认可。

保健灸及传统艾条的制作

北京中医药大学中医药博物馆

北京中医药大学中医药博物馆于1990年9月建成，是一座收藏丰富、内容系统的专业性博物馆，共有“中国医学史展厅”和“中药综合展厅”两个常设展厅，展出面积共约1500平方米。自建馆以来，博物馆在中医药大学教学、科研、国内外中医药交流、中医药科普宣传以及弘扬传统文化中发挥了重要作用。

一、课程背景

灸法是我国传统针灸(针法和灸法)医学的一个主要部分，它起源于远古时期的用火，早于针法及其他医术。和针刺法不同，灸法是利用艾绒或其他药物放置在体表的穴位或患处进行烧灼、熏熨、贴敷的一种治疗方法。灸法主要借助火的温和热力，刺激身体的一定穴位或患病部位，通过经络的传导，起到温和气血、扶正祛邪、调整人体生理功能平衡的作用。它是中医学中防病治病、养生保健的一种简便易行而又切实有效的方法。

自古以来艾灸即是切实有效的家庭自我保健方法，通过开展中医药知识讲座，进一步宣传中医知识，促进大众体验艾灸的神奇疗效，让中医药文化走进社区，助力百姓健康生活。

二、课程目标

1. 知识与技能：介绍艾草知识，掌握灸法及其作用、常用方法、禁忌证、注意事项等内容。熟悉中医常用保健穴的名称、定位、作用、施灸方法等内容。

2. 过程与方法：通过课件讲演、真人演示、动手制作等方式，激发参与者对主题内容的兴趣和求知欲，引导参与者主动探索，积极参与和分享。

三、授课对象

社会大众、中小学生。

四、设计思路

介绍艾灸知识，引导大众从了解艾草开始，逐步学习艾绒制作、艾灸是什么、灸法及其作用、常用方法、禁忌证、注意事项等内容。在理论学习的基础上，结合中医常用保健穴定位、作用、施灸方法的介绍，让大众理解、记住并学会使用艾灸，进行自我保健，防病。自我动手制作艾条，复习巩固艾灸、穴位相关知识，进行自我保健灸疗。

五、课程内容

1. 进行艾灸相关知识讲座

制作"保健灸及传统艾条的制作"为主题的课件（PPT），内容涉及灸法及其注意事项、保健穴位的介绍以及传统艾条的制作三部分。在"灸法及其注意事项"中主要讲解：①灸法的概念及灸法的作用，让大众了解灸法、并了解其作用，有助于大众熟悉艾灸。②艾灸的材料、艾草的特点，以便大众接受艾灸，并且有助于提升日常保健意识。③日常常用灸法，涉及艾炷灸、艾条灸、温针灸、温灸器灸等，而大众日常可以多采用艾炷灸或者艾条灸进行日常保健，并讲解日常进行艾灸的禁忌证、注意事项及灸后处理等内容，使大众能够明确艾灸的使用及处理，可以提高艾灸的日常生活使用频率，使大众多掌握一种自我保健方法。

艾条制作

2. 人体常用保健穴讲解

人体保健穴位涉及足三里、血海、三阴交等 12 个常用穴位，介绍人体取穴方法、讲解穴位定位并结合真人演示穴位所在位置，指导大众在自身点中穴位。进一步明确穴位功能、穴位主治、穴位的按揉方法，学习艾灸该穴位应采取的常用灸法。

3. 进行艾条制作

大众动手参与，使用艾条机器制作艾条，亲手触摸艾绒，感觉艾绒质地，学会辨别艾绒优劣。在动手的过程中可以进一步复习艾灸的作用，穴位位置，并将制作好的艾条带回家中。

六、课程特点

1. 零基础学习艾灸相关知识

通过深入浅出地讲解艾灸知识，帮助大众了解艾灸、艾灸的方法、艾灸的作用、艾灸的适应证、艾灸的禁忌证，并为大众提供了一种简、便、效、廉的家庭自我保健方法，使全家受益。

2. 重点讲解中医常用保健穴位

穴位，也叫穴道，人体的穴位遍布全身，按正经、奇经将其分类，其中正经穴位有 361 个（309 个双穴，52 个单穴），大多是在两侧肢体或躯干对称分布的。奇经穴位并无准确数据，一般是治疗某些疾病的有效点，经过很多人验证有效后被冠以一个固定的名称。另外有一类穴位叫阿是穴，它没有固定的位置和名称，也可以简单理解为人体上的一些按之酸麻胀痛的点。有些穴位，在我们无病时经常按揉或艾灸，能达到调节机体免疫力、增强抗病能力、预防衰老、养生健体的目的，这些穴位就被称为保健穴位。针对艾灸知识的科普中选择 12 个便于记忆、疗效显著、保健常用穴位，如延年益寿穴足三里、补血养血穴血海等穴位，激发大众兴趣，加深记忆，促进应用。

3. 动手制作艾条

通过亲手制作艾条，大众实际感受艾绒的质地，学会区分优劣艾绒方法，将制作好的艾条带回家中亲自体验艾灸的效果，能够加深对于艾灸的理解，并用所学实际应用于家庭自我保健。

志愿服务合影留念

七、课程效果及评价

在学习健灸及传统艾条的制作的过程中，大众表现出浓厚的兴趣，对于老师讲解的穴位一一尝试，同时在传统艾条的制作中，大家更是兴趣盎然，在老师的指导下自己动手装艾绒、卷艾条，并表示将带着自己制作的艾条回家进行艾灸尝试。课程得到充分的肯定和赞扬，对志愿者和老师的讲解均给予很高的评价。

习近平总书记指出，“中医药学是中国古代科学的瑰宝，也是打开中华文明宝库的钥匙”。我们深切感受到越来越多的百姓对中医中药有了更加广泛的关注和更加深刻的认同。本课程旨在宣传传统中医艾灸知识，将传统灸法普及百姓，让群众从祖国医学中体会到无穷魅力与奇特疗效。

课程策划及实施团队

姓名	性别	工作单位 / 部门	职务 / 职称	活动分工
张艺馨	女	北京中医药大学中医药博物馆 / 医史部	馆员 / 助理研究员	执笔案例
卢颖	女	北京中医药大学中医药博物馆	馆长 / 教授	课程总体统筹
马泽新	男	北京中医药大学中医药博物馆 / 中药部	中药部主任 / 实验师	课程内容设计
韩晓雯	女	北京中医药大学中医药博物馆 / 医史部	医史部主任 / 助理研究员	参与案例活动
潘激扬	女	北京中医药大学中医药博物馆 / 中药部	馆员 / 高级实验师	参与案例活动
韩玉	女	北京中医药大学中医药博物馆 / 中药部	馆员 / 助理研究员	参与案例活动
冯林敏	女	北京中医药大学中医药博物馆 / 中药部	馆员 / 助理研究员	参与案例活动

更多关注请扫下方二维码

微信公众号
北中医博物馆

中华传统养生功法

北京中医药大学中医药博物馆

一、课程背景

“中华传统养生功法”实践课程，实施简便，不受场地和设备的限制，人人均可参与，非常适合作为一种中医药的科普类课程推广，让更多的人感受到中医药这份传统文化的博大精深。

《“健康中国 2030”规划纲要》明确把“共建共享、全民健康”作为建设健康中国的战略主题，其核心就是要以人民健康为中心，根据人们对养生强身、未病先防的迫切需求，从科学的角度利用中医理论进行指导及体验尤为重要。“中华传统养生功法”实践课程，可以让更多的人，通过参与课程实践，进一步认识中医药文化，从内心认同中医药、热爱中医药，让中医药知识真正在日常生活中为人民健康服务。

二、课程目标

1. 知识与技能：了解中华传统养生功法的概念及其发展演变过程；了解习练功法对我们身体产生的影响，并通过亲身实践感受身体的微妙变化，从而进一步认知传统中医药文化。

2. 过程和方法：通过图片、视频观看、讨论、讲解、分组游戏和大家参与习练等方式，激发参与者对主题内容的兴趣和求知欲，引导参与者主动探索，积极参与和分享。

3. 情感态度与价值观：参与者通过课程实践，科学地认知中华传统养生功法，并对其产生兴趣，愿意带领身边的人一起长期习练，建立严谨的科学思维和坚持不懈的科学态度，坚信中华传统养生功法的科学性，从而对中医药文化保有敬畏之心和探索欲望。

三、授课对象

社会大众、中小学生。

四、涉及学科

涉及历史、中医药文化。

五、设计思路

1. 受众对象是成年人的方案：以讲授、引导为主，将中华传统养生功法的发展演化历史用图片、事例、视频资料等方式娓娓道来，并将功法精髓和科学道理一点点分析给学员听，让学员慢慢接受，并通过实地习练，让参与者有切身感受，以达到从接受到喜欢、到愿意把习练功法变成日常锻炼的过程。

2. 受众对象是学生的方案：以讲授、图片、视频、游戏互动以及实践参与习练相结合的方式，让学生们对中华传统养生功法的认知一步步加深，娱乐中有收获，游戏中学知识，近而爱上中医药文化，产生探索的欲望，并可以通过实践课程学习一套功法，把对功法的认知分享给更多的人。

六、课程内容

（一）受众对象是成年人的方案

博物馆老师首先根据大众认知的调查，找到大众认知盲区，编辑一套条理清晰、通俗易懂的中华传统养生功法科普手册，并结合实践课程的需要及人们学习的方便，录制了功法习练的演示视频。

养生功法（一）

课程开始，老师会从原始人简单的舞蹈慢慢引申到这种运动给人们的启发，随即再把大家的目光聚焦到现存最早的一卷保健运动的彩色工笔画上，那就是公元前 3 世纪末（距今两千多年）的作品——马王堆导引图，再为大家解读“导引”的含义，解读“道气令和，引体令柔”的深意。如此一步步将中华传统养生功法的历史沿革娓娓道来，让人们了解几千年以来，有哪些中华传统养生功法，它们是如何一步步发展演变至今的，它们中又包含了哪些中医科学理论，这些功法有着怎样的功效等。

然后根据课程的时间安排，有取舍、有重点地介绍几种传统养生功法，比如马王堆导引术、五禽戏、六字诀、八段锦、易筋经、太极等，还可以简单讲讲课间操、广场舞、民族舞、瑜伽等与传统功法的关联。也可穿插视频资料，让人们先从视觉上感受一下功法的美妙。如果对象是活跃的青年团体，还可以设计成游戏环节，比如屏幕上显示出一种功法的一个式或一种戏，让参与者抢答，答对为小组应得分数；或者请一位学员演示，另一位学员猜的方式；进行演示功法比拼，以演示动作最标准者胜出得分等。通过以上活动可以大大提高参与者的热情，近而增加对功法的喜爱。

最后在专业老师的指导下，带领人们一起习练一套中华传统养生功法，亲身感受一下功法给身体带来的变化。这个环节对于不同年龄的要求是有区别的，老年人不做强行要求。如果有坐轮椅来活动的特殊人群，也不能忽视，可以教他们将功法简化成坐式功法习练，依旧可以保持参与者的热情不减。

活动结束时，可以根据实践课程的表现，以中华传统养生功法的科普手册和演示光盘作为奖励，让参与者可以把在活动中学到的中医药知识进一步巩固，并把学到的功法带回家，影响带动周围的人一起练习，把健康生活理念渗透到人们的生活中。

养生功法（二）

（二）受众对象是学生的方案

课程的前期准备和理论知识讲解与对象是成年人的方案类似，但是课程中会较多地选用图片、视频进行历史解读，也会穿插互动游戏环节，让学生在游戏中对功法加深了解，并在成功的喜悦中收获知识。根据课程时间，还可加入“猜猜猜”竞答游戏环节，让学生们从功法图片猜功法，或猜功法习练的模仿对象等，比如，学生们看到PPT里显示着一个大师，踮起一只脚，一只手托着另一只手的手肘，另一只手有一个反转挡太阳的动作，下面的学生们就可以一起来猜这位大师练的是五禽戏里的哪一戏；抑或者，PPT里显示一个学员俯身向下，用手指在弹拨耳轮，他练的功法是什么等，这样的游戏给答对的小组加分，答错减分，若没有正确答案，老师会公布正确答案，并对题目作出分析。通过游戏互动不仅加深了学生们对功法知识的理解，也增加课程的趣味性。

实践课程也可以穿插“文物坏了我来修”的游戏，这一游戏环节适用于讲解中华传统养生功法之一的“马王堆导引术”。老师将学生分成小组，然后将“马王堆导引图”撕碎，让各小组在规定时间内完成“修复工作”，以速度最快者为胜者，并以快慢不同加不同分值。修复完成后，老师会在PPT中放大“马王堆导引图”，从图中人物的服侍、动作，解读其中的历史背景，以及他们这些动作的名称及功用，从而让学生们加深对此套功法的深刻认知，对古人的智慧怀有崇敬之心。

养生功法（三）

课程中老师可适当穿插各种功法视频资料，比如马王堆导引术、五禽戏、六字诀、八段锦、易筋经、太极拳、太极剑等，还可以讲讲课间操、广场舞、民族舞、瑜伽等与传统功法的关联，让学生们欣赏不同的功法。

随后，专业老师会指导学生们习练一套功法，一般是指导习练传统养生功法——八段锦，让学生们体验传统养生功法打通血脉的神奇力量。

课程最后，老师会对整个实践课程做一个小结，总结所学习到的功法知识，汇总各小组活动分数，奖励获胜小组，奖励表现优秀的学生，将中华传统养生功法科普手册、演示光盘及事先准备的小礼物作为奖品发给学生们，鼓励学生们要继续努力学习中医药知识，让中医药为更多的人服务。

七、课程特点

课程不受地点、时间、受众的限制，实践课程可以随受众要求而随时调整，实践课堂内容丰富、参与形式多样，容易引起参与者的共鸣，让参与者有享受堂课的感觉。通过课程，让参与者收获很多中医药知识以及多种自我保健的方法，进而以点带面影响周围的人向往积极健康的生活。

八、课程效果

健康关系到每一个人，凡是热爱生命的人参与了这个课程，都会感受到一种正能量，会有想习练养身功法的冲动，所以无论成年人和学生都很喜欢这个课程。实践课程曾经在十几家社区和众多小学开展，得到了参与者的交口称赞。

课程策划及实施团队

姓名	性别	工作单位 / 部门	职务 / 职称	活动分工
潘激扬	女	北京中医药大学中医药博物馆 / 中药部	馆员 / 高级实验师	执笔案例，课程主讲
卢颖	女	北京中医药大学中医药博物馆	馆长 / 教授	课程总体统筹
韩晓雯	女	北京中医药大学中医药博物馆 / 医史部	医史部主任 / 助理研究员	参与案例活动
韩玉	女	北京中医药大学中医药博物馆 / 中药部	馆员 / 助理研究员	参与案例活动
张艺馨	女	北京中医药大学中医药博物馆 / 医史部	馆员 / 助理研究员	参与案例活动
冯林敏	女	北京中医药大学中医药博物馆 / 中药部	馆员 / 助理研究员	参与案例活动

我是小中医，中药尝五味

北京中医药大学中医药博物馆

一、课程背景

近年来，随着越来越多的人走进中医药博物馆，了解中医药文化，吸引了众多学生、家长以及学校组织团体前来参观。孩子是祖国的未来，中医药是中国传统文化的组成部分，为了让学生们从小接受中医药文化的熏陶，弘扬中华传统优秀文化，博物馆设置了“我是小中医，中药尝五味”科普课程，利用馆藏优势，从学生的身心特点出发，带领学生参观博物馆、习练传统养生功法、组织科普讲座、品尝中药的味道、制作中药香囊，全方位立体式让学生们感受中医药文化，学习神农不畏艰难险阻、勇于探索和伟大的自我牺牲精神，激发学生们对中医药的热爱与对传统中医药文化的自豪感。

二、课程目标

1. 让学生们了解中医药的起源、发展历史、伟大成就，激发学生们对中医药的热爱与对传统中医药文化的自豪感。

2. 知晓中药的三大来源和中医药的神奇功效，让学生们相信和信任中医药。

3. 通过互动体验，初步了解中药性状与中药性能的关系，收获劳动成果。

三、授课对象

考虑到学生们对中医药传统文化以及中医药知识的接受和感兴趣程度，以及博物馆场馆条件的限制，对参与者要求如下。

年龄：6 ～ 12 岁儿童；年级：一至六年级；人数：一般 15 个家庭（每个家庭限 1 个大人与 1 个儿童），或一个自然班（30 名学生，不含家长）；时长：2.5 小时。

四、涉及学科

涉及人文、医药。

五、设计思路

课程的设计考虑到学生的生理和心理特点，遵循动静结合、互动体验、通俗易懂、安全易行的原则。

1. 利用博物馆自身优势，带领学生们参观中药综合展厅和中国医学史展厅，让学生们对中医药有一个直观的认识。

2. 习练传统养生功法八段锦，让学生们既动脑，又健身，劳逸结合。八段锦简便易学，不受场地限制，学会后也可以长期进行练习，达到持久效果。

3. 带领学生们品尝的中药包括：辛味的干姜、细辛，酸味的乌梅、五味子，甘味的甘草、枸杞子，苦味的黄连、穿心莲，咸味的芒硝。选取的均为常用或药食两用中药材，既体现了中医药就在我们身边，又让学生们更加直观、立体的接触中医药。

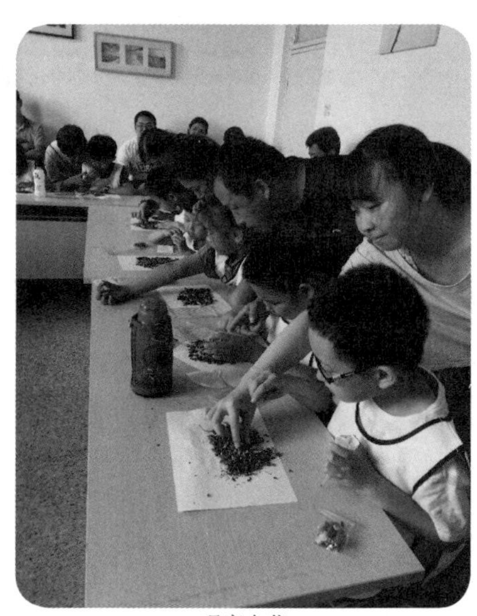

观察中药

4. 制作中药香囊。利用学生们对事物的好奇心、乐于动手的身心特点，带领学生们了解中医中的“衣冠疗法”，具有芳香气味的药物有哪些，制作成的香囊具有什么作用。

六、课程内容

1. 参观中医药博物馆

学生们刚来到博物馆，对中医药充满好奇，所以一定要用生动、通俗的语言以及学生们能够接受的讲解方式，深入浅出地对他们进行中医药知识的讲解，让他们边参观学习边了解中药及中医药的发展历史。

进入中药展厅，先让孩子们观察一下展厅里都有什么类型的标本，哪一类型的标本居

多，从而引出中药的来源组成以及中药为何又称为“本草”。展厅中的镇馆之宝以及最贵重、最有价值的标本是学生们的关注热点，而电视剧中出现的中药如麝香、燕窝、人参、灵芝、雄黄、三七、西红花、石斛等则是讲解的重点。讲解过程中，传说、故事必不可少，如文成公主的特殊嫁妆——铁皮石斛；《白蛇传》中白娘子因喝雄黄酒现蛇形吓昏许仙，白娘子为救许仙盗取仙草——灵芝；三七、百合、辛夷、阿胶等中药名称的由来等。通过传说故事让学生们了解这些药物的某些作用与功效，这些生动有趣的传说故事，拉近了老师与孩子们的距离，摆脱了生硬的说教模式。

进入中国医史展厅，选取一些中医药发展史中闪亮的节点、重要事件或关键人物，如中药与甲骨文的发现；扁鹊起死回生的故事，扁鹊见蔡桓公；长沙马王堆汉墓辛追尸体、药物、医书、导引图；医圣张仲景与坐堂医的由来；华佗与麻沸散、五禽戏、刮骨疗伤；董奉与杏林春暖；葛洪炼丹与屠呦呦获奖；药王孙思邈与《千金要方》、《大医精诚》、“坐虎灸龙”；天下第一针王惟一与针灸铜人；李时珍与《本草纲目》；民国老药店等。选取应所有重点，以故事和趣闻串联起来，在讲故事的过程中，配合互动和体验，例如，可以让孩子们讲或者孩子们来演，知道的典故或故事；提到“导引图”或“五禽戏”时，可以让孩子们模仿图中的造型；讲到针灸铜人上的穴位时，可顺带教孩子们几个好找的穴位；讲民国老药店时，可让孩子们扮演坐堂医、患者、药店伙计等。通过以上互动体验，可以提升学生们的参与感和兴趣度，相关的医药知识与文化在不经意间就印在了学生们的脑海里，寓教于乐。

2. 习练传统健身操

学生们生性活泼好动，注意力容易转移，因此在参观完 2 个展厅、活动开展约 1 小时之后，由老师示范，带领孩子及家长们做一套传统保健体操——八段锦。“八段锦”动作简单易学，八个动作重复进行，老少皆宜，同时不需太大的场地，容易开展。

3. 听讲座，尝五味中药

健身操之后，让学生及家长们坐下来进行一个约 30 分钟的讲座，既是调整休息又是让他们在中医药理论上进一步提升。讲座的内容是“中药的五味”，让学生们了解中药除了有苦味外，还有辛、甘、酸、咸的味道，同时不同的味道具有不同的作用。每讲完一种味道的功效后，让学生们品尝有此味道的中药，如酸味具有收敛、收涩、生津的作用，让孩子们品尝五味子、山茱萸、乌梅、山楂等；甘味有补益、缓急止痛、调和药性的作用，让孩子们品尝甘草、罗汉果、枸杞子、党参等。如此理性知识与感性认识相结合，既能让学生们由衷敬佩神农尝百草的勇敢精神，又能直观地感受中

制作完成的中药香囊

药的性状与性能，通俗易懂，印象深刻。

4. 制作中药香囊

中药香囊源自中医里的“衣冠疗法”，在民间有“戴个香草袋，不怕五虫害”的说法。因此，佩戴中药香囊，是一种民俗，也是一种预防瘟疫，防止蚊虫叮咬的方法。在老师的指导下，孩子们亲自动手捣药、装药，制作一个季节性需要的中药香囊。在这个环节里，学生们既动手又动脑，还收获自己的劳动成果。

七、课程特点

1. 积极响应国家号召，传承中医药文化，为中医药的传承与发展储备人才力量。

2. 弘扬中华传统优秀文化，着重未成年人的思想道德建设。

3. 充分利用博物馆现有资源开发设计，强调互动和体验。

4. 活动内容适合青少年的心理和生理特点，活动形式动静结合，既动手，又动脑，兴趣度和参与度高。

八、课程效果及评价

1. 课程效果

（1）了解传统中医药文化。中医药学凝聚着深邃的哲学智慧和中华民族几千年的健康养生理念及其实践经验，是中国古代科学的瑰宝，也是打开中华文明宝库的钥匙。要传承与弘扬中医药文化，就要从小对学生进行中医药学系统思维的训练，让他们接受中医药文化的熏陶。

（2）学习神农精神。人类赖以生存、繁衍生息的五谷从何而来？解除疾病的医药从何而来？这一切都将追溯到华夏始祖炎帝神农氏的丰功伟绩。神农精神是不畏艰难险阻，勇于探索和自我牺牲的精神，是中华传统优秀文化的一部分。

（3）通过互动体验，初步了解中药性状与中药性能的关系，让学生们信任中医药。通过了解中医药的起源、发展历史、伟大成就和神奇功效，激发学生们对中医药的热爱与对传统中医药文化的自豪感。

2. 课程评价

2012 年至今，本课程已在中医药博物馆已举办百余场，深受中小学生的喜爱与欢迎，最小的观众来自幼儿园，仍然能在栩栩如生的动物标本、色彩艳丽的中草药标本以及医史文物背后的故事中感受中医药的魅力。2016 年“我是小神农，中药尝五味”荣获第二届北京科普基地优秀活动展评二等奖。

课程策划及实施团队

姓名	性别	工作单位 / 部门	职务 / 职称	活 动 分 工
韩玉	女	北京中医药大学中医药博物馆 / 中药部	馆员 / 助理研究员	执笔案例
卢颖	女	北京中医药大学中医药博物馆	馆长 / 教授	课程总体统筹
马泽新	男	北京中医药大学中医药博物馆 / 中药部	中药部主任 / 实验师	课程内容设计
潘激扬	女	北京中医药大学中医药博物馆 / 中药部	馆员 / 高级实验师	参与案例活动
冯林敏	女	北京中医药大学中医药博物馆 / 中药部	馆员 / 助理研究员	参与案例活动
韩晓雯	女	北京中医药大学中医药博物馆 / 医史部	医史部主任 / 助理研究员	参与案例活动
张艺馨	女	北京中医药大学中医药博物馆 / 医史部	馆员 / 助理研究员	参与案例活动

小小博物家

成都理工大学博物馆

一、课程背景

成都理工大学博物馆始建于1960年，馆藏资源丰富，目前拥有古生物、矿物、岩石、矿产、宝玉石和观赏石等标本近6万件，其中世界级、国宝级精品、珍品众多。多年来，博物馆通过开展科普讲座、科普展览和科普研学等活动，致力于地学文化和地学科普的教育与宣传。迄今为止，博物馆共获得全国、四川省、成都市及成华区的科普教育基地、爱国主义教育基地、社科普及教育基地等荣誉称号16个。

成都理工大学是以地学为优势的多学科协调发展的综合性大学，因此，普及地学基本知识是学校博物馆的基础工作之一。面向中小学生开设"小小博物家"科普课程，不仅可以增加中小学生的地学学习体验，增加地球科学知识，还可培养他们热爱科学的情怀。

从地学实习标本的全面性、丰富性来看，博物馆所拥有的实习标本，是其他实习室都不具备的。在博物馆进行科普培训的同时，博物馆的各类标本也可作为思想教育题材，对学生进行唯物主义教育，并增强学生爱专业、爱学校、爱祖国的情感。

成都理工大学博物馆具有担起地球科学知识科普课程的能力。博物馆的教师队伍在古生物学、沉积学、油气田开发与工程等相关专业完成学业，且研究生及以上学历的占多数，并长期从事相关领域研究，博物馆科普教育、公共选修课理论和实践教学等方面的工作。工作经验丰富，在科普教学培训中能够标本结合理论、专业结合生活、研究结合鉴赏，寓教于乐。

二、课程目标

1. 拓宽学生知识面，学习相关古生物、岩石矿物、宝玉石等知识。

2. 提高学生语言表达和应变能力，增加礼仪知识，培养合作精神。

3. 培养学生浓厚的学习兴趣，为学生明确未来发展提供参考。

三、授课对象

主要课程与适应年龄段

适用学生	课程名称
中学生、小学生及幼儿园小朋友（不同年龄段分开开课）	探秘侏罗纪
中学生、小学生及幼儿园小朋友（不同年龄段分开开课）	神奇寒武纪
中学生、小学生（不同年龄段分开开课）	疯狂石头
中学生、小学生及幼儿园小朋友（不同年龄段分开开课）	璀璨宝玉石
中学生、小学生及幼儿园小朋友（不同年龄段分开开课）	恐龙羽化

四、设计思路

1. 由博物馆组织老师进行培训内容的设计和实施。

2. 每期人数：老师 5 人，大学生志愿者 3 人，受培训的中小学生 30 人。

3. 每次培训一个课程。每个课程时长 3 个小时，包含展厅参观、科普讲座、实践动手三个基本环节。

4. 学员在课程系列中自选课程报名、参加。

五、课程内容

结合博物馆现有标本，培训古生物学、矿物学、岩石学和宝玉石学知识。培训活动以“娱乐中学习”为理念，充分考虑未成年人的身心特点，理论课中插入精美的图片、实例和视频，让学生易于理解。每一次理论课同步安排相应实践课，实践课有趣且参与性强，让学生充分体验学习乐趣。

（一）“探秘侏罗纪”课程结构及主要内容

1. 9:00 ～ 9:40（40 分钟）：会晤侏罗纪恐龙（展厅参观），老师引导学生重点参观合川马门溪龙、甘氏四川龙等侏罗纪相关标本，解说内容围绕侏罗纪展开。

2. 9:40 ～ 10:10（30 分钟）：讲座——恐龙的奥秘。

3. 10:10 ～ 10:40（30 分钟）：恐龙涂色（幼儿园小朋友、低年级小学生）或恐龙海报（高

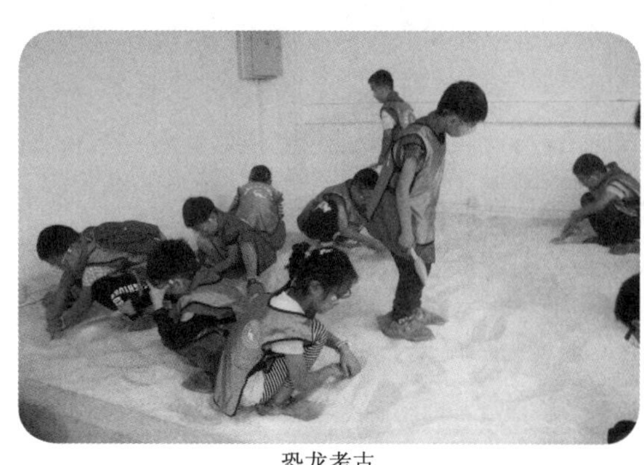
恐龙考古

年级小学生,中学生)。

4. 10:40 ～ 11:20(40 分钟):拼装恐龙、观察恐龙化石、显微镜镜下观察恐龙骨骼。

5. 11:20 ～ 12:00(40 分钟):演示化石形成、制作地层盒子。

(二)“神奇寒武纪”课程结构及主要内容

1. 9:00 ～ 9:40(40 分钟):参观博物馆,老师引导学生主要参观三叶虫、奇虾等寒武纪相关标本,解说内容围绕寒武纪展开。

2. 9:40 ～ 10:10(30 分钟):展厅寻宝,根据寒武纪相关内容在展厅寻宝。

3. 10:10 ～ 10:40(30 分钟):讲座——神奇的寒武纪海洋世界。

4. 10:40 ～ 11:20(40 分钟):为化石添光增色,三叶虫涂色(幼儿园小朋友、低年级小学生)或寒武纪海报(高年级小学生,中学生)。

5. 11:20 ～ 12:00(40 分钟):制作三叶虫模型,用石膏、水等材料,使用橡皮碗、调刀、三叶虫模具等工具,学生们亲自制作三叶虫模型,并用颜料涂上颜色。

(三)“疯狂石头”课程结构及主要内容

1. 9:00 ～ 9:40(40 分钟):参观博物馆,观察矿物和岩石展厅。

2. 9:40 ～ 10:20(40 分钟):讲座——介绍矿物、岩石。

3. 10:20 ～ 10:50(30 分钟):看石头,借助放大镜、三色手电筒等工具,观察矿物和岩石的物性特点。

4. 10:50 ～ 11:20(30 分钟):石头画,在一块鹅卵石上画一幅画。

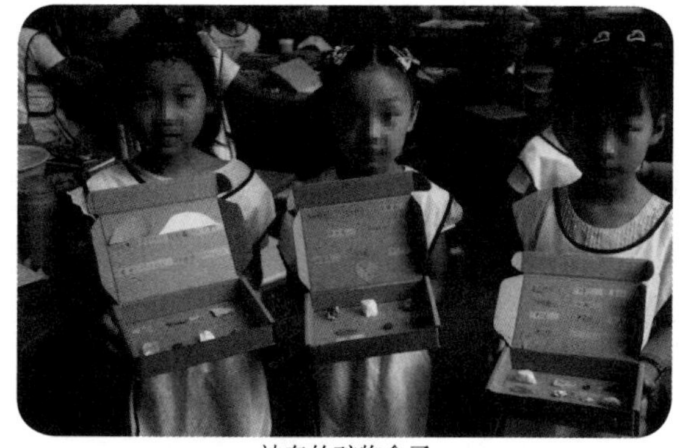
神奇的矿物盒子

5. 11:20 ～ 12:00(40 分钟):石头盒,协助学生认知矿物,并发放水晶、黄铁矿等常见典型矿物,以及纸盒子、双面胶、彩纸等工具,请学生设计“宝石盒子”。

(四)“璀璨宝玉石”课程结构及主要内容

1. 9:00 ～ 9:40(40 分钟):参观宝玉石展厅。

2. 9:50 ～ 10:30(40 分钟):讲座——介绍宝玉石理论知识。

3. 10:30 ～ 11:10(40 分钟):鉴宝,观察宝玉石原石和饰品,赝品和真品。

4. 11:10 ～ 12:00(50 分钟):我是珠宝匠,用串绳、水晶珠子、砗磲等材料让学生们自己制作一件首饰。

（五）"恐龙羽化"课程结构及主要内容

1. 9:00 ～ 9:40（40 分钟）：参观博物馆，观察带毛恐龙和蛋类、早期鸟类。

2. 9:40 ～ 10:20（40 分钟）：讲座——介绍恐龙灭绝和鸟类起源。

3.10:20 ～ 11:00（40 分钟）：恐龙化石修复。

4.11:00 ～ 11:20（20 分钟）：造蛋，用橡皮泥或者陶泥制作几个鸟蛋、迷你恐龙蛋。

5.11:20 ～ 12:00（40 分钟）：制作一个鸟窝，用麻绳、棕树皮，学生们自己制作一个鸟窝。

放大镜下的宝玉石

为飞翔的恐龙编个窝

六、课程特点

1. 该课程获得了良好的社会效益，树立了成都理工大学博物馆科普教育的品牌，得到学生和家长们自发地以自媒体方式进行扩散传播和宣传。

2. 该课程把理论和实践环节进行了很好的融合，激发了学生参与的热情和激情。通过查阅课程记录表，目前，在博物馆已经开展了 28 场次的科普课程，有 15 个学生参与了整个系列的全部课程，还有的学生多次参加喜欢的主题。

3. 作为创新型的科普教育活动，受到了社会观众的一致好评。尤其是曾经参与过课程的学生家长们，多次要求博物馆增加科普活动的开展频率。

七、课程效果及评价

1."小小博物家"系列科普课程为青少年及家长提供了一个普及地学文化和地学科普知识的学习平台，激发了学生们热爱学习、热爱自然、发现和探索科学的热情。

2."小小博物家"系列科普课程作为成都理工大学博物馆的创新课程，不仅拓展了博物馆服务的深度和广度，也打造出了一支专业的科普知识服务团队，提升了科普教育活动的理论知识与实践能力的融合，同时也造就了成都理工大学博物馆科普教育的品牌。

课程策划及实施团队

姓名	性别	工作单位/部门	职务/职称	活动分工
刘建	女	成都理工大学博物馆	副馆长	主讲
杨春燕	女	成都理工大学博物馆	馆员	安例执笔、主讲
罗德燕	女	成都理工大学博物馆	馆员	主讲
张华英	女	成都理工大学博物馆	典藏室主任	主讲
吴进丽	女	成都理工大学博物馆	馆员	辅导实践
陆远	男	成都理工大学博物馆	馆员	辅导实践
向东	女	成都理工大学博物馆	办公室副主任	辅导实践
陈蓉	女	成都理工大学博物馆	科普室主任/副研究员	主讲
徐远飞	男	成都理工大学博物馆	馆员	辅导实践
李益民	男	成都理工大学博物馆	馆员	辅导实践
陈志刚	男	成都理工大学博物馆	馆员	辅导实践
苏林	男	成都理工大学博物馆	馆员	辅导实践

更多关注请扫下方二维码

微信公众号
成都理工大学博物馆

我是你的眼——带盲童识地学

成都理工大学博物馆

一、课程背景

科普课程作为一种面向全民开放的教育模式，不仅惠及普通大众，更应向一些特殊人群进行普及。盲童作为祖国独特的花朵，为进一步增强他们学习科学知识的积极性，提高他们的科学文化素质，成都理工大学博物馆自主策划、组织和实施了系列科普课程——“我是你的眼——带盲童识地学”，本课程是基于馆藏的岩矿、宝玉石、化石等地学标本资源进行的校外延伸性科普教育活动。

二、课程目标

通过深入浅出的科普知识介绍，激发盲童对于地质知识的兴趣，充分利用馆藏古生物、矿物、宝玉石等珍贵的地质标本进行零距离互动，以探索性学习、验证性体验、多感官学习等互动学习方式，进一步加深盲童对于地学知识的理解。通过科普讲座、互动探索、展览参观、动手制作等活动形式，对盲童进行地学知识的熏陶，引导他们用手、用心去发现和感受不一样的科学世界，既锻炼了他们的动手感知能力、团队协作意识，也激发了他们的科学探索以及想象创造精神，同时激发他们对于地学知识的热爱之情。

三、授课对象

授课对象主要为成都市特殊教育学校1～6年级的盲童，活动分为两个年龄段，1～3年级的盲童及4～6年级的盲童分别开展适合他们身心特点的科普课程。

四、设计思路

旨在通过博物馆丰富的地学藏品资源及专业的科普教育人才队伍对盲童这类特殊群体的孩子进行科学普及，增强他们的科普知识。开展形式主要为校内和校外科普活动相结合。考虑到盲童的身体情况及活动开展的具体实施效果，课程分为两大模块（送科普进校园和盲童走进博物馆）、四个环节（聆听讲座、触摸标本、动手做一做、展厅深体验）实施。鉴于每个年级的盲童人数约15人左右，项目设计的对象分为两个活动小组。小学1～3年级的盲童对于恐龙知识尤为感兴趣，鉴于其认知能力的限度，对其设计了较为浅显易懂、活泼有趣的“恐龙奥秘”的知识讲座；4～6年级的盲童在知识的理解与掌握上已经有一定的基础，具备较强的知识积累及认知能力，对于知识学习也有了很强的积极性，对其设计了“形形色色的石头”的主题活动。

五、课程内容

（一）送科普进校园

1. 1～3年级盲童

（1）科普讲座——恐龙的奥秘

考虑到低年级孩子的身心特点，为1～3年级的盲童们设计的讲座主题为“恐龙的奥秘”，主要内容包括恐龙的命名、恐龙的分类、恐龙之最、恐龙的灭绝等。通过生动有趣的科普介绍，使孩子们对古生物知识有初步了解。

（2）互动活动

盲童们的触觉非常灵敏，博物馆的各种恐龙铅版凹凸感很明显，盲童们可以用手触摸来感知各种恐龙的骨架模型，想象出心目中恐龙的样子。同时，孩子们可以利用恐龙铅版拓图，亲手勾勒出恐龙的模样。此外，互动活动还精心挑选了一批外观精美、触感明显、结实安全的古动物、古植物标本，如胡氏贵州龙、陆龟、菊石、海百合、恐龙尾椎、恐龙蛋、湘西虫、六方珊瑚、直角石、枝脉蕨、硅化木等用于科普展览，由博物馆的科普老师给他们进行科普介绍，让孩子们用手触摸、用心感知远古生命的美好。

2. 4～6年级盲童

（1）科普讲座——形形色色的石头

4～6年级盲童的认知能力、理解能力都较强，为他们设计了“形形色色的石头”的科普讲座，主要内容有矿物的基本知识、矿物的物理性质、矿物与岩石的关系、四大名玉、四大宝石等。通过介绍矿物、岩石、宝玉石的一些基本知识，使他们对于地质标本有初步的认识。同时，鉴于视力障碍，讲座中为了让他们对于知识点有更真切的体会，准备了一些水晶、重晶石、石膏、滑石等触感明显的小标本让盲童用手感知，从而真切地认识到标本的外形、比重、硬度等基础知识。

（2）互动活动

博物馆专门为盲童们精心挑选了十余件外观漂亮、晶形独特、触感特征明显的矿物宝玉石标本，在成都特殊教育学校的操场进行科普展出，同时配有图文并茂的科普展板和科普宣传单进行文字介绍。盲童新奇地触摸着一件件特殊的地质标本，用手掂掂，用耳朵听听，部分视力较好的同学帮助给其他学生描述，兴奋之情溢于言表。此外，互动环节中设计了树叶标签制作，利用盲童自己收集的树叶，博物馆帮助盲童制作树叶标签，可以用手触摸到树叶的叶片、叶柄、叶脉等。

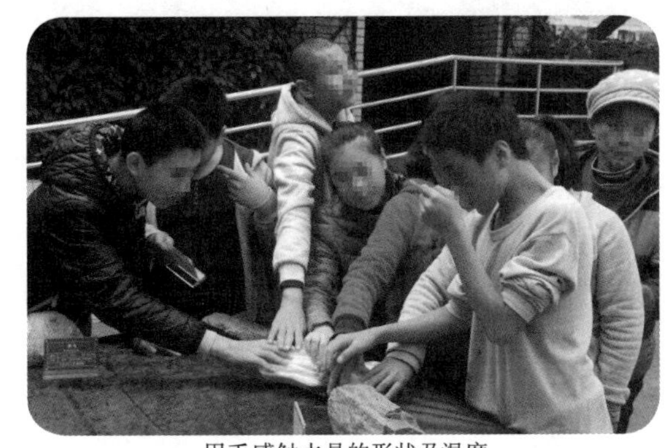

用手感触水晶的形状及温度

（二）盲童走进博物馆

1. 展厅深体验

为进一步加深地学知识的认识，盲童们在特殊学校老师的带领下来到博物馆实地参观，通过老师的讲解，了解珍贵的四极标本、精美的矿物宝玉石、神奇的古生物化石、庞大的恐龙骨架等，进一步学习有趣的地学知识，了解地球的奥秘、生命的起源与进化。盲童们在展厅里零距离接触大型的赤铁矿、花岗岩、大理石、菊花石、硅化木、直角石等各种类型的地质标本，他们以手代目了解新奇的地学知识，兴奋地用手抚摸着海百合、鱼龙、鹗头贝等古生物标本，真切地感受着化石的灵魂，仿佛听到了来自远古生命的呼唤。

2. 与恐龙亲密接触

盲童们手拉手，用手丈量着镇馆之宝“合川马门溪龙”22 米的庞大身躯，惊讶于生命的神奇与伟大。盲童们用手触摸着许氏禄丰龙的腿骨化石，通过来自指间的粗糙触感，心中勾画出它活着时的庞大身躯；慢慢抚摸着安氏原角龙、亚洲古似鸟龙、杨氏鹦鹉嘴龙等的骨架模型，脑海中想象中它们的呆萌可爱。

3. 动手制作三叶虫

各种形状与大小的三叶虫模具、摆放整齐的小刀、适量的石膏粉和自来水，盲童们在博物馆科普老师的讲解指导下，满怀期待地开始制作三叶虫模型。他们在老师或者同学的帮助下小心翼翼地调制着石膏粉和水的比例，稠度必须刚刚好，然后再将调好的石膏用小刀尽快倒入每个三叶虫模具中用时太久石膏容易固结，视力较好、动作稍快的同学积极帮助其他同学，盲童们之间充满了爱和友谊，极大地锻炼了动手能力及合作精神。

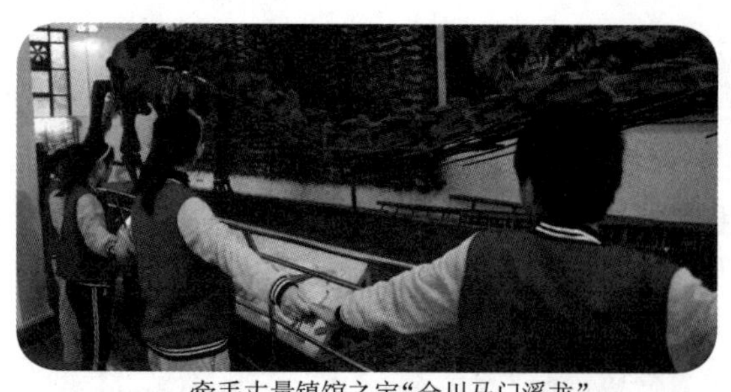

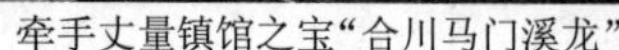
牵手丈量镇馆之宝“合川马门溪龙”

亲手制作“三叶虫”模型

六、课程特点

1. 体现了以人为本、动静结合。“送科普进校园”活动中针对听力较好的学生，通过通俗易懂的科普讲座对盲童进行知识传输，同时结合博物馆的地学标本进行知识辅助，使盲童通过聆听讲座、触摸标本等方式来初步获得地学知识。“盲童走进博物馆”主要针对视力较好且有相关活动经验的盲童，让他们到博物馆实地参观，进一步感受地学魅力。

2. 通过设计一些符合盲童身心特点的互动活动，如地质标本参观与触摸、三叶虫模型制作等，让盲童在活动过程中，既锻炼了他们的动手能力和团队合作意识，也可激发他们的科学探究、想象创造等精神，进一步增强科普活动效果。

七、课程效果及评价

该课程的成功开展，不仅给特殊儿童进行了矿物、岩石、古生物等地学知识的介绍，拓展了他们的知识面，同时很好地提高了他们的认知能力，锻炼了他们的动手能力，增强了盲童之间的团队协作精神，在他们幼小的心灵里播散下科学的种子，激发科学探索精神。对于成都理工大学博物馆来说，该课程既是博物馆校外科普活动的一个延伸与尝试，极大地拓展了科普教育受众，锻炼了博物馆科普工作人员的能力与水平，积累了针对特殊人群的科普经验，同时也极好地宣传了学校和博物馆。目前已有一些小学尝试将学生的科学课搬至博物馆进行教学，同时博物馆也开展了科学课堂，开展专题科普活动，取得了很好的效果。

课程策划及实施团队

姓名	性别	工作单位 / 部门	职务 / 职称	活动分工
刘建	女	成都理工大学博物馆	副馆长	统筹协调、科普讲座
张华英	女	成都理工大学博物馆	馆员	方案策划、活动实施
杨春燕	女	成都理工大学博物馆	馆员	科普讲座
罗德燕	女	成都理工大学博物馆	馆员	科普讲解
李益民	男	成都理工大学博物馆	馆员	科普讲解、技术指导
陈志刚	男	成都理工大学博物馆	馆员	科普讲解、技术指导

送科普进贫困山区

成都理工大学博物馆

一、课程背景

在学习和深刻领会习近平新时代中国特色社会主义经济思想中关于“精准扶贫”思想的精神，成都理工大学博物馆于2017年开始充分发挥馆藏资源的优势，自主进行策划、组织、实施系列“送科普进贫困山区”的活动，开展科普精准扶贫。

二、课程目标

送科普进贫困山区的课程目标是给予边远城镇和农村的孩子能够有面对面接触科学标本的机会。通过科普讲座、科普展览的方式与小学生的《科学》《生活、生命与安全》《品德与生活》等课程，以及中学生的《地理》《生物》等相关课程内容的教学目标相一致。

1. 以讲座的方式丰富学生的学习内容，提高学生的学习兴趣。通过科普讲座丰富学生学习内容，同时提供科学标本，鼓励学生以听觉、视觉、触觉、嗅觉等感官增加自己的体验和经验。通过讲解环节、互动环节、动手操作环节，使学生初步具有爱科学、学科学、用科学的思想和意识。

2. 与学校教材内容的衔接，不仅可以丰富教师和学生的经验知识，同时，可以引导学生在学习的过程中体验多元价值，塑造科学思维。

3. 丰富边远群众的文化生活内容。图片与实物的差别主要是各个感官通道的使用，电视或者书籍等图片是视觉通道，而实物标本则会更多激发观众使用听觉、触觉、嗅觉、面对面互动等方式增加经验知识和科学知识的结合。

三、授课对象

本次课程内容涵盖恐龙知识、岩石矿物知识、矿产资源等自然科学类的知识，是中小学生科学课程、地理课程的部分内容，所以，课程的内容根据不同年龄阶段进行推送。小学阶段的学生推送“恐龙的奥秘”“大象的前世今生”和“形形色色的石头”，初中阶段的学生推送“形形色色的石头”“四川是个聚宝盆——四川的金属和水气矿产”。

四、设计思路

成都理工大学博物馆实施系列“送科普进贫困山区”的活动对象主要为贫困山区的中小学生及群众。2017 年和 2019 年两次走进山区，开展送讲座进校园和送展览进校园、进社区的活动，2017 年、2018 年和 2019 年，邀请山区孩子走进博物馆，旨在通过“送出去”与“迎进来”相结合的方式，充分利用博物馆丰富的地学藏品资源及专业的科普教育人才，为贫困区县的中小学生和群众提供专业和有趣的科普大餐，普及地球科学知识、科学精神和科学思想。本项目分为三大模块：送科普进校园，主要以科普讲座和科普展览为主；送科普进社区主要以科普展览和鉴宝为主；邀请中学生走进博物馆。

五、课程内容

（一）送科普进校园

1. 科普讲座

2017 年 5 月 25 ～ 26 日，博物馆奔赴四川宜宾高县硕勋中学、泡桐小学和高县硕勋公园，开展了以“富饶蜀地、大美四川”为主题的科普教育活动。博物馆 8 位老师分别在 5 月 25 日为高县庆符镇泡桐小学的学生开展“恐龙的奥秘”讲座，为高县硕勋中学的学生开展“四川是个聚宝盆——四川的金属和水气矿产”和“大象的前世今生”科普讲座。

2019 年 11 月 4 日 5 ～ 6 日，博物馆赴成都理工大学对口帮扶的阿坝州黑水县初级中学和黑水高中，开展了以“不忘初心、牢记使命”的科普帮扶与教育活动。开展了“矿物世界”和“恐龙的奥秘”讲座和展览，为深处山区的孩子们带去了明媚的科普阳光。

2. 赠送科普图书

2019 年 11 月，科普讲座和科普展览走进黑水初级中学

边远地区的中小学生由于家庭经济原因，大部分为留守儿童。为了给学生们更多的机会去吸取科学知识、科学思想和科学精神的营养，博物馆特地为学生们准备了科普书籍，为实施精准的科普扶贫提供后续力量。如为高县泡桐小学现场捐赠 100 多本书籍；为黑水初级中学和高中现场捐赠 50 多本书籍，希望孩子们在博物馆的科普教育活动以后，还能体验科学的魅力，为他们播下科学的种子，从而提升他们的科学素养。

3. 科普展览

鉴于边远山区的孩子们很少看到精美的地球珍宝——矿物、岩石和古生物的标本，博物馆特别准备了晶型完好、特征明显的矿物和岩石标本，化石完整率较高的古生物化石以及展板，在讲座现场和中小学校的校园内进行展览，得到老师和学生们发自内心的喜爱，老师说充实了课堂教学的标本缺失，学生说看到标本的感觉比书上的感觉好很多。

（二）送科普进社区

1. 科普展览

2017 年 5 月 26 日，博物馆在高县硕勋公园举办了以“富饶蜀地、大美四川”为主题的“四川矿产资源科普知识宣传走进高县”的公益性科普教育巡展。展览以矿物岩石、宝玉石标本、古生物标本为主，辅以四川矿产资源科普展板进行。

在展览现场，工作人员热情地向市民讲解远古生命的演化、变迁及其与市民自身的关系，讲解不同化石标本的形成、矿产形成及用途。走进贫困老区的科普展览，市民不仅了解了自然生命的客观发生现象，对恐龙标本的真实所见让市民逐步认清了关于“神龙”的宗教迷信之说。市民希望类似的公益性科普巡展应当更多与市民近距离见面。此次活动受众 6000 余人，并在四川新闻网、高县电视台进行了报道。

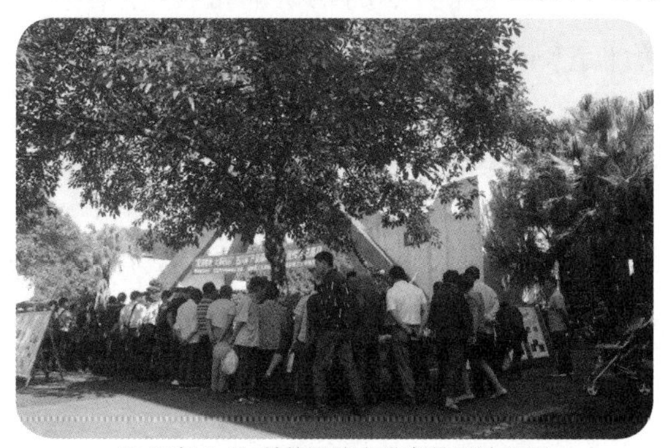
2017 年 5 月，科普展览走进高县硕勋公园

2. 现场鉴宝

人们喜欢收藏美丽的石头，但普通民众没有相关的专业知识，所以很多市民拿着自己的宝贝来到展览现场，请专业老师进行鉴定。在现场，老师利用市民的宝贝和专业知识，对市民普及收藏的知识、岩矿知识和宝玉石知识，得到了市民的欢迎和肯定。

2017 年 4 月 200 名贫困学子走进博物馆

（三）山区孩子走进博物馆

为了给贫困山区孩子打开看世界的眼睛，特别邀请宜宾市高县与阿坝州黑水县各 100 名初中一、二年级优秀学生，贫困学生走进成都理工大学博物馆参观学习。

山区的孩子们也想看看外面的世界，所以，孩子们每次到来，博物馆都会设计不同主题的参观内容。2017 年的主题是体验神秘寒武纪，以便参观博物馆时孩子们近距离了解寒武纪世界的神奇，专门设计了动手做的环节——制作三叶虫；2018 年的主题是科学思想与科学精神的传承，在参观博物馆的基础上，还观看了博物馆原创的科普剧《小明的环保梦》《博物馆寻祖记》；2019 年的主题是走进科学世界。

六、课程特点

1. 结合博物馆特色科普领域，打造科普品牌，送科普进偏远贫困山区，不仅创新了博物馆的科普活动模式，更有利于推动贫困地区群众科普素养提升，致力于精准科普扶贫。

2. 科普教育活动不是刻板的讲座或者展览，而是充分调动科普人员激情进行的活动。在活动中，每个人都积极地为观众讲解展品本身的科学知识，展品背后的科学故事，展品体现的科学精神等，把科学普及和社科普及进行了有效的融合，体现自然与人文的美，为观众科学素养和自身素养的提升提供了很好的学习机会和成长机会。同时，锻炼和提升了老师们的业务能力以及服务水平和质量。

七、课程效果及评价

博物馆开展的“送出去”活动，把经过多次打磨的精品科普讲座课程和精品科普展览送到边远贫困山区的中小学生和群众中间。这不仅普及了地球科学的知识，而且也在中小学生心中播下了科学的种子，激发了他们对科学的探索精神，培养了他们的人文素养及精神，为整个民族素养的提升贡献了智力与智慧。

开展“迎进来”活动，邀请贫困山区孩子参观博物馆，深受山区孩子们的期待和喜爱，打开了他们看世界的眼睛和科学思维的方式。

活动不仅拓展了博物馆科普服务的对象和服务的地域，提升了博物馆社会服务能力和服务水平，同时也为博物馆专业知识团队的打造提供了锻炼的机会和成长的机会，为地学科学知识的普及和地学文化的社科普及相融合提供了平台和机会。每次活动都得到了当地的学校或者电视台的报道，引起了不小的反响与好评。

课程策划及实施团队

姓名	性别	工作单位 / 部门	职务 / 职称	课 程 分 工
杜春华	男	成都理工大学博物馆	原馆长 / 教授	科普教育总策划、总指挥
黄明	男	成都理工大学博物馆	馆长	科普教育总策划、总指挥
刘建	女	成都理工大学博物馆	副馆长	讲座老师、展览讲解
潘东菁	女	成都理工大学博物馆	副馆长	统筹规划
罗德燕	女	成都理工大学博物馆	馆员	课程执笔，讲座老师、展览讲解
向冬	女	成都理工大学博物馆	馆员	展览讲解
杨春燕	女	成都理工大学博物馆	馆员	讲座老师、展览讲解
胡芳	女	成都理工大学博物馆	馆员	讲座老师、展览讲解
徐远飞	男	成都理工大学博物馆	馆员	辅导实践
李益民	男	成都理工大学博物馆	馆员	辅导实践
陈志刚	男	成都理工大学博物馆	馆员	辅导实践
张华英	女	成都理工大学博物馆	典藏室主任	主讲

封泥传意——古代封泥书简制作

古陶文明博物馆

我们今天使用的信封缘于哪里？在纸张发明之前印章是盖在哪里的？而这小小封泥又有什么重大的意义呢？对，印章，最早就是盖在泥上，经印章按压于泥上，作为封缄文书货物的印痕被我们称之为封泥，信封的“封”字就起源于封泥的“封”，而封泥也就与传递书信货物有密切关系啦。有趣吧，更有料的是小小封泥还承担着特别重要的任务。

一、课程背景

古陶文明博物馆自 1996 年 10 月 30 日北京市文物局批准建立，1997 年 6 月 15 日开馆至今一直展出秦汉封泥。封泥是古陶文明博物馆最重要的展品之一，秦封泥被称为“秦文化史上又一次重大发现”，涵盖了秦始皇时期三公九卿政治体制中的各类属官，揭示了许多与秦始皇及其秦代文明相关鲜为人知的政治、经济、文化、军事内容，从而被考古界、秦汉史学界的专家称为“秦始皇批阅文书的遗物”“是可以弥补《史记》《汉书》缺憾的珍贵文献，是统一的中国封建王朝政治体制的源头档案”。

古陶文明博物馆依托馆藏丰富的战国秦汉封泥资源，把有趣且价值极大的历史文物封泥融入课程中，开设“封泥传意”课程，将封泥的使用方式和背后的历史知识通过学生的活动体验演绎出来，真正做到使文物“活”起来。秦汉封泥中所涉猎的知识正是可以拓展延伸中学历史课程的内容，博物馆为历史教学提供了丰富可信服的实物资料，这是一堂在博物馆中生动有趣的历史体验课。

二、活动目标

1. 知识目标：了解封泥是如何被后人发现极其重大的历史学术价值，了解封泥的使用功能，通过博物馆讲解员的讲解和情境体验学习封泥的封缄传递方式和封泥背后的历史地理、人文、秦汉职官体制的设立等相关知识。

2. 能力目标：通过课堂互动学习、情境式沉浸、动手体验等实践环节，培养学生的历史观、观察力、分析思考力、表达能力、筛选信息能力，与人合作以及动手能力，拓展学生的视野，从而向学生渗透运用知识及组织能力。

3. 情感态度与价值观：通过体验古代封泥书简传递过程的情境式沉浸，深刻理解古人的生活环境和当时的历史背景、历史事件、历史局限，从中体会不同职官的不同职责、封缄投递文书的重要性。

三、授课对象

面向小学高年级及中学生。

四、涉及学科

涉及历史、地理、政治、文学、艺术、书法、篆刻、劳技等。

五、课程设计

1. 古陶文明博物馆展厅参观

时间：50 分钟。

地点：古陶文明博物馆展厅。

内容：参观古陶文明博物馆“封泥绝响”系列，博物馆讲解员以讲解的形式介绍封泥的功能、秦汉封泥中不同的职官体系及所管辖范围和相关的地理志，以讨论互动的形式与学生探讨秦王朝的兴衰。

2. 封泥知识讲座

时间：30 分钟。

地点：古陶文明博物馆或学校教室内。

内容：老师以讲座的形式介绍封泥的使用、发现、封缄方式及竹简书写和其书法、篆刻艺术价值，并为随后的情境体验铺垫出历史事件。

3. 封泥书简的制作与传递体验

时间：40 分钟。

地点：古陶文明博物馆或学校教室内。

内容：老师将学生分成两组或四组，根据相关的历史事件，交代剧情，分配同学扮演不同的官职角色，在老师用相关历史知识进行启发指导下商讨拟写书信，最终各组完成一次封泥书简的制作与传递。

六、课程实施

1. 博物馆展厅参观

（1）阶段目标

学生通过对古陶文明博物馆馆藏秦汉封泥的参观欣赏，巩固拓展了学生历史课的相关知识，使学生对秦汉历史有更为直观深刻的认识与思考。

（2）前期准备

参与课程的学生可以复习历史课中秦朝统一到衰亡期间的历史知识，并预习秦朝不同官职的职能。

（3）课程内容

学生在古陶文明博物馆讲解员老师的带领下重点参观展厅“封泥绝响”系列展览，从封泥的官职体系设立和所反映的地理志，解读其信息背后秦王朝历史的兴盛、壮大、统一及衰亡和汉王朝建立的历史故事，并对其兴衰进行讨论，讨论环节可激发学生思考探究。

（4）设计思路

通过参观博物馆中的封泥文物，结合学校所学的历史知识带着问题听讲解，直观深刻地了解历史，学会多角度思考问题，并对封泥的探索产生更多的好奇，为后续情境体验环节提供知识和思考的铺垫。在教学过程中培养学生通过实物进行探究式学习的好习惯。

2. 封泥知识讲座

（1）阶段目标

学生通过聆听关于封泥的讲座，熟悉封泥的使用功能和封泥的发现，逐步了解竹简书写文书和封泥封缄的方式以及封泥反映的秦汉书法、篆刻艺术。

（2）前期准备

参与活动的成员可以提前搜集并预习封泥的发现过程、封缄方式和书法知识。

（3）课程内容

导入主题：课程先从封泥的本身讲起，结合学生熟知现代书信的封束方式，介绍印章最初的使用方式，从而引出封泥的功能，然后让学生互动猜想封泥还有什么其他的封缄功能，秦封泥与汉封泥的封缄方式有哪些不同。

讲授主题：讲授封泥的发现、战国秦汉时期纸张发明之前古人用竹简书写文书的历史及其艺术价值。最后根据封泥出土的情况，引申到秦末农民战争中著名的历史事件——陈胜吴广起义，引出情境体验的环节。

（4）设计思路

通过封泥的基本知识讲解、讲座，使学生了解封泥的使用方法和价值意义，从山东、西安秦封泥的大量发现引出历史事件中大量的书信往来及故事情境，为情境体验做好知识和背景的铺垫。

3. 封泥书简制作与传递体验

（1）阶段目标

根据历史剧情同学们扮演不同的官职角色，承担不同的历史使命和职责。各小组在老师以相关历史知识进行启发引导下商讨出吻合当时历史史实的决策，并完成一次封泥书简的撰写与传递。

（2）前期准备

需提前准备印有秦封泥官职角色的胸卡，不同官职的印章，不同官职的抽签纸条、竹简、泥团、毛笔、纸、墨汁等。

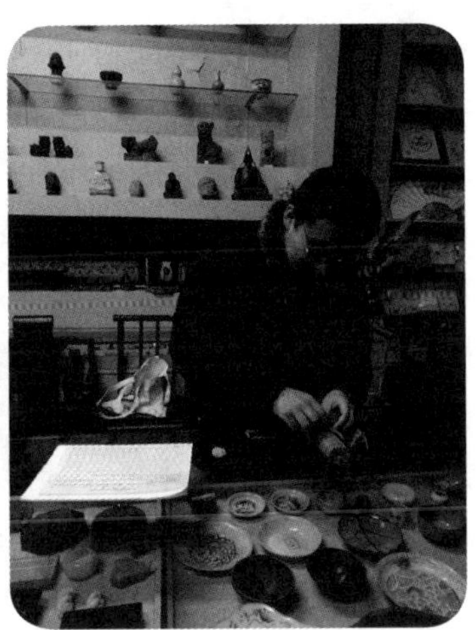

“封泥传意”活动现场

（3）课程内容

分组：首先进行抽签分组，每位学生根据抽到签中的官职名称进行分组，一般可分成中央官职和地方官职两组或四组，然后开始穿越历史进行沉浸式情境体验，两组或四组分开不同场所，各由一名博物馆老师引导。

剧情决策商讨：根据不同官职角色承担不同的职责，指导老师与同学沟通相关的历史事件、历史背景，用相关历史知识启发学生参与思考讨论，最终各组商讨出与当时历史史实相吻合的决策并撰写文书。

封泥书简的制作传递：学生依照当时的文体格式进行撰写，文书按秦朝的形式用麻绳捆起来，接头的地方盖上泥，泥上再抑压上投递官员的印章，再由相应的职官将封缄好的文书传递出去。书写、封缄、盖印、传递都由学生根据自己不同官职的职责在老师引导下完成。

（4）设计思路

学生在封泥、书简的制作与传递过程中学到团队合作，体会不同官职角色的社会责任，培养学生对历史的兴趣与探究，同时巩固了历史知识、强烈的代入感可在剧情体验中锻炼学生遇到难题的决策，分析、表达、思考等能力。

七、课程特点

通过“封泥传意——古代封泥书简制作传递”课程的体验式教学，学生们各自体验封泥官职的职责，在历史情境中更加深刻体会相关职官职能并拓展更多知识，思索完备的秦朝官吏体制在历史长河中是如何发挥重要作用的。

八、课程效果及评价

效果：通过“封泥传意——古代封泥书简制作传递”课程，为学生创设历史情境下深度沉浸式学习、思考、行动、动手实践，学生在深度思考中拓宽了历史文化知识，学习思考问题并解决问题，提高了动手、沟通、合作、解决问题等综合能力。

学生及家长评价：学生参与其中兴趣更加浓厚，认同传统文化，知识性的情境体验加深了对所学知识的理解和记忆，学生之间的讨论提升了大家的自信表达能力，锻炼了沟通协作能力。

教师评价：古陶文明博物馆将“封泥传意”这门课程走进学生，首先开启了学生对古代封缄文书方式的认知和秦汉历史地理的探索，打开了学生的眼界，拓宽了学生的知识面。从学生熟知的书信保密措施引出封泥的功能，教师不仅用讲授的方式，还让学生穿越到了著名的历史事件中，从情境角色中体验封泥的传递功能，以及不同角色的责任意义，从体验中感受所学的历史知识，分工中学会了团队沟通协作能力，从教师到学生每个人都是参与者，最终共同完成了本组的作品。

课程策划及实施团队

姓名	性别	工作单位 / 部门	职务 / 职称	活动分工
董瑞	女	古陶文明博物馆	馆长	课程策划、审核、剧情体验及制作指导
赵东南	男	古陶文明博物馆 / 宣教部	宣教员	课程策划、课件制作、展厅讲解、封泥体验道具准备、剧情体验及制作指导
佟春平	女	古陶文明博物馆 / 保管部	保管员、拓片师	封泥书简制作指导

更多关注请扫下方二维码

微信公众号
古陶文明博物馆

金石墨香——中国传拓技艺

古陶文明博物馆

一、课程背景

中华文明源远流长，先民们以其独特的艺术手法来记录传载历史。拓印技术就是其中重要的形式并成为中华民族文献的重要载体。有关拓本的记录，最早见于南朝梁代（公元502—557年）虞龢著的《论书表》有“拓书悉用薄纸”之句。《隋书·经籍志》有“其相承传拓之本，犹在秘府”的记载。拓本存世量很大，除碑刻、墓志、砖瓦、甲骨、玉器、钱币等平面器物外，青铜、造像等亦可用传拓的方式留存记录。传拓忠实表达了器物的原貌，记载了器物上的信息，并使之流传更加广泛久远。

拓片主要以宣纸和墨作为材料，使用专业的工具将器物上的文字、图案纹饰等拓印在宣纸上的一种技法。传拓的历史悠久、内容题材丰富具有极高的历史和学术价值。通过学习传拓可以培养学生对传统历史文化的了解和喜爱，提高其对于视觉艺术的审美追求，同时，课程中结合现代3D打印技术，传统与现代技术结合，使学生更好地了解中国传统的工匠精神。

二、活动目标

1. 知识目标：了解中国传拓技艺的起源、发展、意义，学习掌握拓片制作的完整工艺步骤。

2. 能力目标：通过课堂理论知识的讲授和视频学习，在拓片指导老师的辅导下，每位学员动手制作体验瓦当拓片，制作过程中培养学生对器物的观察力、理解力，在动手操作中培养学生专注力和耐性，进一步拓展学生的视野，提高学生的动手的能力。

3. 情感态度与价值观：通过学习体验中国传拓技艺，感悟古人的聪明智慧与工匠精神，萌发身为中国人的自豪感。

三、授课对象

中小学生。

四、涉及学科

涉及历史、文学、艺术、人文地理、劳动技能等。

五、课程安排设计

1. 古陶文明博物馆展厅参观

时间：30 分钟。

地点：古陶文明博物馆展厅。

内容：参观古陶文明博物馆“瓦当大观”系列，了解瓦当在古代建筑中的起源和功用、不同地域不同年代（战国秦汉）瓦当的艺术风格及思想文化差异。

2. 传拓知识讲座及视频演示

时间：30 分钟。

内容：讲授金石传拓的渊源、发展历程及传拓艺术赏析。播放博物馆制作的瓦当传拓的视频，通过视频演示传拓制作过程和方法。

3. 瓦当传拓体验制作

时间：50 分钟。

内容：在老师的指导下，每个学生从上纸、上墨、捶拓等步骤完成一张瓦当拓片作品。

六、课程实施

1. 博物馆展厅参观

（1）阶段目标

参与者对古陶文明博物馆及馆藏瓦当的用途、图案及文字寓意和相关历史知识有一定的了解。

（2）前期准备

请参与课程的成员提前搜集预习古代建筑屋顶、瓦当的相关知识，了解课程手册等内容。

（3）课程内容

古陶文明博物馆专职讲解员根据不同年龄段、不同知识结构在带领学生参观“瓦当大观”的战国秦汉瓦当时，解读从战国到汉朝瓦当背后的知识和故事，比如《燕昭王求贤》《田忌赛马》《后羿射日》等相关小故事，进而让学生懂得不同时代、不同地域瓦当的质地、风俗、演变和发展都会受到当时王朝更迭、经济生产方式、精神文化、社会风俗、地理环境等多方面因素影响。最后指导学生完成学习单，进一步巩固所学知识。

（4）设计思路

通过参观博物馆，学生完成学习手册任务单，带着问题听讲解，便于以点带面的启发孩子学习知识，开拓认知领域和思维。在教学过程中发挥博物馆馆藏文物资源优势，使学生感受数千年文物之美、蕴含丰富的文化、精神信息。从而使学生爱上文物、爱中华优秀传统文化，并从中吸取养分，乐于通过文物进行探究式学习。

2. 传拓知识讲座

（1）阶段目标

初步了解金石传拓的起源、发展、赏析和制作。

（2）前期准备

参与课程的成员可以提前搜集预习金石传拓知识，博物馆准备制作拓片的相关用具。

（3）课程内容

导入主题：课程首先从生活中熟知的复印机的功能开始，然后让学生联想古代的复印方式——雕版印刷，最后通过介绍早于印刷术复制器物原貌和铭文的方法从而引出传拓技艺。

讲授主题：根据封泥、纸张以及石鼓的出现讲授拓片起源，用各类拓片作品和拓片表达方式了解拓片的种类并欣赏研习。

制作演示：播放传拓工艺的制作视频及步骤。

（4）设计思路

通过介绍中国古代平面拓、传拓技艺发展和古代传拓作品，结合现代3D打印技术，让学生了解中国传统复印文字、纹饰书法的方法，拓片的历史文化价值。通过传拓技艺的展示及体验，让学生体会中国传统的工匠精神。

3. 体验瓦当传拓技艺

（1）阶段目标

学生通过动手体验学习瓦当传拓的制作过程，并尝试完成瓦当拓片作品，知晓自己所拓瓦当作品的文字或图案寓意。

（2）前期准备

古陶文明博物馆工作人员为学生制作、准备传拓工具包，制作拓片的瓦当、宣纸、墨汁、水、拓包、沙袋、报纸、毛巾等。

（3）课程内容

通过博物馆讲师一步步演示制作拓片，学生跟随讲师动手自己制作拓片，老师可参与指导学生，使其顺利制作瓦当拓片，并为学生讲授杯垫中瓦当图案或文字中的寓意。

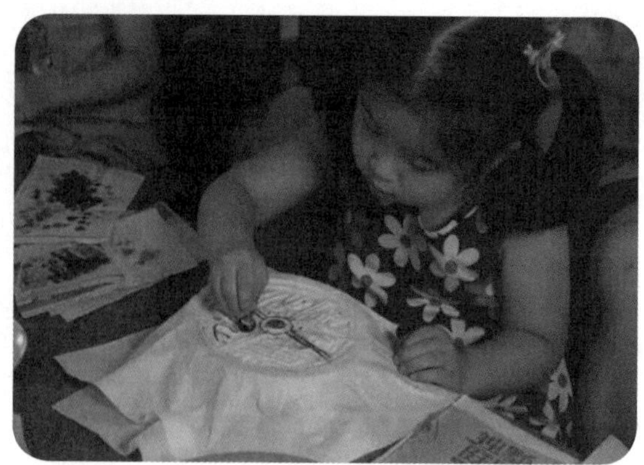

"金石墨香"传拓活动现场

（4）设计思路

通过瓦当传拓体验动手实践，让学生体会传统文化艺术之美，培养动手能力和耐性。

七、课程特点

通过古代瓦当的拓片体验，了解掌握传拓制作工艺，欣赏拓片及瓦当中的不同图案文字及寓意，结合学生所学的知识，启发学生的创造力。

八、课程效果及评价

效果：通过参加"金石墨香——中国传拓技艺"科普课程，使学生不仅了解文物相关的历史文化知识，还可以在动手实践课程中学到古老的传统技艺，把知识和技能运用到未来学习和生活中去，提高动手、耐心等综合能力。

学生及家长评价：学生参加此类活动，增强了其对传统文化兴趣和认同，拓展了知识面，加强了艺术感知与动手能力。

教师评价：古陶文明博物馆古陶乐学将"金石墨香——中国传拓技艺"这门课程走进学生中，开启了学生对中国古代科技的探索和认知，打开了学生的眼界，拓宽了学生的知识面。从复印机、印刷术学生熟知的知识引入主题，讲授传拓的起源和发展，拓片的种类以及不同的传拓方式，如活鱼拓、全形拓等，激发了学生的好奇心。教师逐步演示，学生学习体验，寓教于乐。

课程策划及实施团队

姓名	性别	工作单位 / 部门	职务 / 职称	活动分工
董瑞	女	古陶文明博物馆	馆长	课程策划、审核、传拓讲授、指导
赵东南	男	古陶文明博物馆 / 宣教部	宣教员	课程策划、课件制作、展厅讲解
佟春平	女	古陶文明博物馆 / 保管部	保管员、拓片师	传拓工具准备、传拓过程演示、指导

走进吉林铁路博物馆

吉林铁路博物馆

一、课程背景

吉林铁路博物馆创建于2018年，占地面积3000平方米，是吉林省铁路科普教育基地，博物馆的筹建初衷就是要展望未来，树新时代报国之志。

为向大众普及铁路科普知识，尤其针对中小学生，通过学生们参与博物馆内多项互动，培养提升中小学生的兴趣和爱好，进一步丰富中小学生的业余文化生活，使他们在科普知识的环境中得到陶冶和熏陶，达到职业启蒙的效果。

二、设计思路

吉林铁路博物馆以时间为脉络，以路徽为印记，分为四个展区，包括中东铁路、民国铁路、南满铁路、人民铁路。参观者在博物馆的展厅中行进，仿佛穿梭在中东铁路的沧桑磨难、民国铁路的方兴未艾、南满铁路的抗日烽火、人民铁路的迅猛腾飞，熟悉吉林铁路的发展大事记，重温人民铁路发展的昨日艰辛，体会今日我国铁路高质量发展的来之不易。

三、课程内容

为四个部分：中东铁路、民国铁路、南满铁路和人民铁路。

第一部分：中东铁路时期

以《马关条约》的签订为开端，讲解中东铁路公司的建设过程、组织机构的运营与管理，以及在中东铁路饱经沧桑的历史中的英雄人物，如张学良、张锦春、赵尚志等。

第二部分：民国铁路时期

主要介绍洮昂铁路、奉海铁路、吉敦铁路、吉海铁路、洮索铁路等 9 条铁路对维护中国主权和对东北经济发展做出的难能可贵的贡献。

第三部分：南满铁路时期

主要讲解“南满”铁路的演变过程，以及在南满铁路时期各铁路局的组织机构。此时期也是日寇侵略与掠夺中国的时期，因此也穿插讲解抗战过程中吉林的英雄人物，如冯占海、杨靖宇、陈翰章等民族英雄。

第四部分：人民铁路时期

这个部分主要分为创业奠基时期、建设发展时期、改革开放时期、转型发展时期四个时期，主要以讲解我国人民铁路时期高质量发展成果为主。

场馆展厅

四、课程特点

博物馆展示的历史内容翔实，物件丰富。目前，已经搜集文物百件以上，配有大量图片、史料、展品、景箱、模型，并采用多媒体等现代化手段进行展示。

博物馆一直向社会公众免费开放，参观人员包括各级领导、兄弟院校、企事业单位、中小学生以及本校教职工、学生。受众面广，在地区区域内是宣传铁路文化的重要阵地。

吉林铁路博物馆的建成填补了吉林省没有铁路博物馆的空白，必将进一步扩大吉林省铁路文化影响力，积极拓展吉林省铁路文化主题教育活动，成为吉林省中小学生及社会各界中又一个红色教育基地。

五、课程效果及评价

1. 党日活动基地

2019 年 7 月 1 日，永吉县应急管理局一行在吉林铁路博物馆举办“回望初心再出发，勇担使命向前行”主题党日活动。在参观过程中，同志们了解了建党以来，中国共产党在我国铁路发展事业早期修建铁路的艰难困苦，以及在改革开放以来在铁路事业蓬勃发展中发挥的中坚力量。参观结束后，前来参观的党员纷纷表示，要不忘初心、牢记使命，以奋发有为的拼搏精神、锐意进取的工作态度在每一个工作岗位上发挥党员先锋模范作用，服务于民，奉献终身。

2. 科普宣传周活动

为了引导学校师生关注我国高铁事业，了解我国高铁发展历程，使学校师生亲身参与并感受科技进步和创新的重要作用，吉林铁路博物馆在全国科技周到来之际，同步举办了中国铁路高质量发展成果展，将中国铁道学会制作的“科技强国、科普惠民——全民共享中国铁路高质量发展成果展”以展板形式展出。

展板内容从我国自主研发的轨道技术开始，以现代化的智能车站结束。在参观过程中，讲解员依次讲解了我国铁路各个时期的发展里程碑。全方位展示我国铁路建设、装备和运营领域科技创新的发展历程和重大成就，展现我国铁路生生不息的创新活力和服务国家、社会和人民的使命担当。

通过此次活动，现场的参观者切身感受到了铁路事业发展的磅礴力量，并表示在今后的工作学习中，锐意进取、刻苦学习、奋力拼搏，以积极的态度和高昂的斗志投入到我国的铁路事业中。

教育基地

3. 小学生的教育工作

吉林铁路博物馆致力于成为吉林省中小学生的爱国教育红色基地，在吉林市丰满区有一所特殊教育学校，吉林铁路博物馆加入了关爱“小雨人”计划活动中，并组织了一次参观活动。

在参观过程中，博物馆讲解员会调整讲解词，加入妙趣横生的语言，与孩子们积极互动。孩子们面对新奇先进的多媒体设备，面对充满历史气息的图片和展品，时而驻足讨论，屏息观看，若有所思；时而如获至宝，兴高采烈，赞叹不已。

通过参观活动，激发了孩子们对历史文化的深入探索和研究兴趣，深化了爱国主义情怀，认识到学习和传承我国优秀传统文化的重要性，使孩子们铭记历史，常怀爱国之心。

课程策划及实施团队

姓名	性别	工作单位 / 部门	职务 / 职称	活 动 分 工
李宪隆	男	吉林铁路博物馆	馆长	总策划
马宇明	女	吉林铁路博物馆	馆员	组织实施
任河	女	吉林铁路博物馆	馆员	组织实施

更多关注请扫下方二维码

微信公众号
吉林铁路博物馆

探秘蓝天梦想之旅——民航知识课堂

民航博物馆

一、课程背景

我国已成为世界民航大国，C919 成功试飞标志着航空工业重新崛起，公众对航空的关注和热情持续提升。民航博物馆作为中国航空文化的载体，有着丰富的藏品、展览资源和行业科普讲师资源，通过组织冬 / 夏令营等活动，为公众特别是青少年普及航空知识，培养青少年对民用航空的兴趣和热爱，激励他们为创造美好未来而努力学习。

二、课程目标

1. 知识与技能：让学生了解航空历史、学习航空器结构与飞行原理；了解民航职业；锻炼动手能力、语言表达能力等。

2. 过程和方法：通过参观、讲解、互动和体验等多种方式，激发青少年的兴趣和求知欲，引导青少年主动探索、积极参与和分享。

3. 情感态度与价值观："少年强，则国

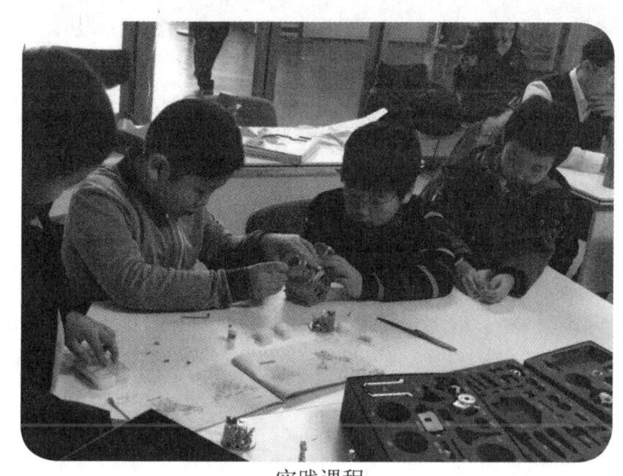

实践课程

强”，少年儿童在享受欢乐、愉悦身心之余，学习民航文化知识，领会团队合作精神；初步培养职业意识和志向，激发学习动机，树立科技报国的爱国理念。

三、授课对象

6～15岁热爱航空的青少年。

四、设计思路

1. 分析观众意见：通过整理分析观众意见，针对观众需求，制定课程内容。

2. 对照中小学课标：根据中小学课标，梳理和民航相关的学科知识，让民航博物馆成为青少年的第二课堂。

3. 邀请专业讲师：邀请有经验的民航从业人员作为我们的科普讲师，如飞行员、空中乘务员、空中交通管制员等。

4. 共同策划活动内容：博物馆讲解员和民航专业讲师，结合博物馆馆藏及展览资源，共同策划活动内容。

5. 课程执行：课程内容会根据课程实际情况略做调整，整体品质不变。

6. 课程反馈：注重收集学生、家长、老师各方面意见建议，便于整改完善。

五、课程实施

现场参观

空乘礼仪

（一）第一天活动安排

上午主题：航空史话——没有到不了的地方。

时间安排：9:00～12:00。

设计思路：古今中外，渴望征服天空的故事数不胜数，引导学生思考，为什么航空先人们不惜以生命为代价，也要坚持探索天空。通过对比，让学生客观地认识到中外航空器在制造方面的差距，激励学生努力学习科学知识，为祖国的发展贡献力量。

课标参照：道德与法治学科——科技发展造福人类。

课程内容：讲解人类航空器的发展历史与代表人物，介绍我国早期和当今航空器制造方面的发展水平及所取得的成就，组织学生讨论我国的航空先人们所做的贡献。

下午主题：未来科学家——神奇的机械大世界。

时间安排：13:00 ～ 16:00。

设计思路：机械原理在日常生活中应用广泛，通过讲授机械及发动机基础知识，激发学生兴趣，引导发现机械活动中的奥秘，鼓励学生动手研究机械原理。

课标参照：物理学科——功和机械能。

课程内容：参观各馆藏实物发动机，观察发动机结构，讲解发动机发展史；学习立体书《神奇的机械大世界》中的机械知识；将学生分组进行发动机模型的组装，在组装过程中引导学生发现机械原理；组织学生讨论分享机械知识在日常生活中的应用。

（二）第二天活动安排

上午主题：飞上蓝天的大鸟——“大鸟”肚子里有什么。

时间安排：9:00 ～ 12:00。

设计思路：随着科技的进步，民用航空器的研发与创新从未停止，学生通过观察的方式，了解不同时期飞机的材质特点，认识飞机的外部结构和用途；进入民航客机及校验飞机内部，了解航空运输与通用航空的业务区别。

课标对照：化学学科——金属和金属材料。

课程内容：通过观察和对比馆藏运 -5 运输机、BAe146 运输机等飞机的蒙皮材料，了解飞机制造材料发展的变化情况；参观空客 A310 客机及奖状 680 型校验飞机，讲解飞机结构及用途，学生思考并讨论校验飞机与民航客机的区别；指导完成飞机模型的组装，讲解飞行原理知识，组织航模比赛。

下午主题：翱翔在蓝天的英雄——电影赏析与航空安全知识。

时间安排：13:00 ～ 16:00。

设计思路：通过观看民航真实事件改编的电影，感受民航人忠诚担当、团结协作的民航精神；学习电影中的紧急自救常识，并通过科普“黑匣子”的相关知识，激发学生的探究兴趣，让学生认识到民航“安全第一”的理念。

课标参照：语文学科——写作（写出人物精神）。

课程内容：观看影片《紧急迫降》，讲述这部影片原型的真实故事；宣传民航精神，组织学生分享电影观后感；共同探讨电影中的应急逃生知识；了解民航飞行安全事故调查分析过程；带领学生现场参观“黑匣子”，认识其特点及作用，引导学生逐步揭开“黑匣子”的神秘面纱。

（三）第三天活动安排

上午主题：气质训练营——我跟空乘学礼仪。

时间安排：9:00 ～ 12:00。

设计思路：中国民航乘务员的礼仪和服务是社会各行业的标杆，通过空中乘务员的讲解与示范，让学生学习基本的仪容仪表、姿势动作、接待礼仪等；学习乘务员豁达、从容、乐观的品质，让学生懂得如何以尊重、宽容、真诚的态度对待别人，引导学生控制情绪、妥善处理问题等。

课标参考：道德与法治——做情绪情感的主人。

课程内容：从微笑、站姿、坐姿、走姿等方面进行标准化指导；分组练习，每组派代表逐一进行展示，其余学生作为评委，表现优秀的给予奖励；模拟机上服务过程，分别邀请学生扮演乘务员和乘客，引导学生学习如何在公众场合正确的运用礼貌用语及处理一些突发事件；现场指导学生如何使用应急设备，以及掌握一些基本的应急常识。

下午主题：蓝天下的幕后英雄——我是小小空中交通管制员。

时间安排：13:00 ~ 16:00。

设计思路：从青少年熟知的航空动画人物入手，激发学生兴趣；了解如何在空管过程中避免由于口音等因素所造成的误听，如BD、PT、GJ、SX等读音相似的字母读法，使学生认识到空管工作的严谨性；在空管指挥游戏中了解管制员与飞行员的对话；利用馆内空管模拟塔台讲解科普知识。

课标参考：道德与法治学科——多彩的职业、英语学科——工具性和人文性。

课程内容：观看《超级飞侠》动画片段，了解空中交通管制员的基本工作内容；学习空中交通管制中阿拉伯数字和26个英文字母的读法；组织互动环节，每次邀请两名学生进行空中交通管制游戏，一名学生手持飞机模型，按照另一名学生发布的指令完成飞行路线的变换，配合最默契、无差错的一组将得到奖励；组织学生前往馆内的空管模拟塔台，讲解首都机场塔台的管制工作及航班的管制过程；通过模拟塔台的显示屏了解一次雷达与二次雷达的区别、航路与航线的区别以及国内航班号的编排规律等知识。

（四）第四天活动安排

上午主题：蓝天的约定——长大我要当飞行员。

时间安排：9:00 ~ 12:00。

设计思路：通过机长的亲述及飞机模拟舱的体验，了解飞行常识，激发少年儿童长大以后翱翔天空的远大理想。

课标参考：道德与法治学科——多彩的职业、物理学科——大气压强。

课程内容：与学生分享身边的飞行故事，帮助学生了解飞行员需要具备哪些技能以及民航机长的成长过程；带领学生进入民航飞机驾驶舱，了解各类仪表盘的用途；每两名学生一组，分别进入飞机模拟舱，学习基本的飞机驾驶流程，体验一次模拟飞行的乐趣。

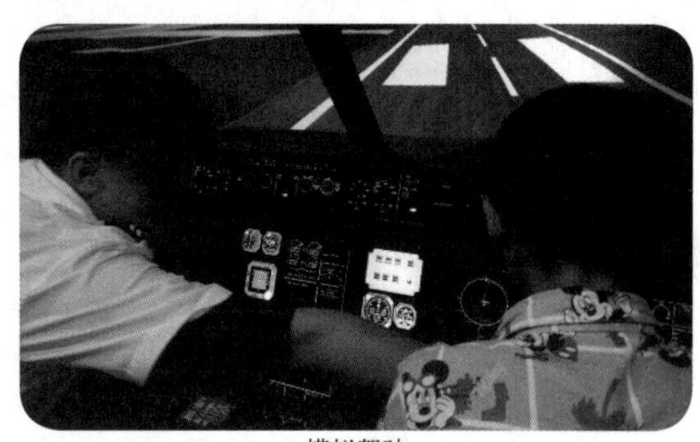
模拟驾驶

下午主题：畅想时刻——未来航天飞机。

时间安排：13:00 ~ 16:00。

设计思路：培养学生的发散性思维，充分发挥他们的想象力，引导学生谱写出属于自己的航空故事，并进行分享。

课程内容：学生根据以下题目："星际旅行的可行性""民航未来展望""民用航天飞机登陆月球的故事"进行创作，也可自拟题目；形式不限，可以画画，也可以写故事；挑选两名学生进行内容分享。

六、课程特点

1. 充分利用民航博物馆特有的藏品及展览资源，以多种形式普及民航知识。

2. 依托民航系统专家资源，邀请民航各领域从业人员结合自身工作，引导青少年从不同角度认识民航。

3. 通过参观体验空管模拟塔台、体验驾驶飞机模拟机，调动青少年的学习兴趣。

4. 通过讨论、展示、分享等环节，培养学生的语言组织表达能力及团队合作意识，增强学生自信心；通过动手实践，成果展示，发挥学生的创造和动手能力。

七、课程效果及评价

1. 课程效果：丰富的活动主题及充实的课程内容，有效调动了学生的学习兴趣。课堂中，学生们通过提问的方式，表达了对获取民航知识的渴望；通过积极参与，表现出了对民航从业人员的喜爱、敬佩与尊重；在分组讨论中，学生们能够认真思考，充分表达自己的想法与观点；在展示与分享环节，展现了学生良好的心理素质和自信，并能够虚心接受别人的意见和建议。

2. 课程评价：课程受到孩子和家长的一致好评，很多家长希望通过这种方式让孩子了解民航知识。

（1）学生反馈：近距离接触飞行员、空中乘务员，当面听到他们分享飞行故事，很激动！在民航博物馆实现了一次飞行的梦想。

（2）家长反馈：几天的学习，收获很大！孩子在内心深处埋下了一颗民航的种子，希望自己成为未来的民航人，获取了新的学习动力和方向。

（3）老师反馈：利用工作之余，将自己的专业知识分享给未来的花朵，与孩子们在一起很快乐，感受到了工作之外的成就感，也为普及民航知识做出了自己应有的贡献。

课程策划及实施团队

姓名	性别	工作单位 / 部门	职务 / 职称	活动分工
张晶晶	女	民航博物馆 / 业务一部	讲解员	撰写文案、活动具体组织与实施
李文雯	女	民航博物馆 / 业务一部	三级助理	修改文案、活动具体组织与实施
林红	女	民航博物馆 / 业务一部	副主任	组织策划、审核把关

更多关注请扫下方二维码

微信公众号
民航博物馆

东方树叶——“万物启蒙”中国文化通识系列研学营科普课程

宁波中国港口博物馆

宁波中国港口博物馆于2014年10月建成开放，是由国务院正式命名的我国规模最大的港口专题博物馆。博物馆以港口文化为主题，是传承港口历史、挖掘港口文化、传播地域文化的基地，是21世纪“海上丝绸之路”的文化支点。博物馆藏品主要有我国古代港口相关的文物和资料，近现代港口、航海方面的文物及文献资料、展品，以及充分反映地方历史文化的文物和文献资料等。

一、课程背景

“万物启蒙”中国文化通识研学营科普课程择取学生身边随处可见且具有深厚传统文化的一种事物为主题，围绕这项事物不断向传统文化、历史人文、科学艺术的维度扩展，不仅还原事物的完整性，而且向学生展示了该物演变成现代中国人精神生活一部分的过程。从“竹君子”中带领青少年体验全息竹子生态之旅，到“东方树叶”中从科学、自然、人文、艺术等不同板块探究茶的前世今生，再到“寻瓷记”追随千年窑火的历史脚步探寻瓷器的起源奥秘，以及“行舟记”乘交通之舟，识别舟船的形制，了解不同形态的舟船文化。

二、课程目标

1. 知识目标：了解茶的生物特性、中国及世界范围茶的分布；了解茶的功用、历史、经济价值和茶文化，认识与茶相关的文物和非遗工艺；认识茶作为贸易品在海上丝绸之路上的重要作用，认识茶文化传播对中外文化交流的重要作用。

2. 技能目标：发现生活中的茶，培养观察能力；习得通过形制、材质区分茶文物的能力以及初步鉴赏的能力；通过非物质文化遗产的茶艺体验，锻炼动手操作的能力；通过美术、书法、戏剧、舞蹈等艺术形式的实践提高艺术欣赏能力；形成世界万物皆为体系复杂、历史悠久、具有科学内涵、富有艺术人文气息的综合体的世界观。

3. 情感目标：增强学生对大自然的热爱，激发学生对各自家乡文化的自豪感；激发学生产生对历史文明进程尤其是海上丝绸之路伟大创举的崇敬之情，对文物保护和非遗传承的认同感；让学生认可博物馆社会教育的教育方式，使博物馆更为顺利地纳入终身教育的课堂。

三、授课对象

1. 授课年段：根据小学 4～6 年级段学生的生长发育规律设计课程。

2. 授课时数：以七日为一个周期。

四、设计思路

“万物启蒙”研学营科普课程择取海上丝绸之路的主要贸易品之一、区域内自然资源最为丰富的、随处可见又具有深厚传统文化的“茶”为主题，围绕“茶”向传统文化、历史人文、科学艺术的维度扩展，在此基础上还原“茶”事物的完整性，并向学生展示了“茶”演变成现代中国人精神生活一部分以及成为海上丝绸之路的文化象征的过程。

五、课程实施

（一）第一天：认识事物环节

（1）开营。带领营员破冰游戏，以舞蹈、歌唱、朗诵等方式完成开营演出，建立起对茶文化的初步感受，并向营员家长介绍夏令营的课程理念、课程体系，获取家长对课程的认同，支持营员的系统学习。

茶山参观

（2）茶是什么？启发思考，绘制茶主题思维导图，建立对茶的初步印象。上茶山近距离观茶叶、嗅茶香、吮茶汁，建立感官体验。

（3）茶叶的一生。茶山上挖出一棵茶树，观察根茎，了解茶的生长原理，知道截取茶树根茎的最下端埋入土中仍可成活。

（二）第二天：茶道文化环节

（1）古寺茶室读茶诗。诵读茶诗以了解制茶、饮茶的全过程；熟读诗人的饮茶体验，与自身饮茶形成对比。

（2）茶叶的种类。通过泡、观、嗅、品，分辨不同种类的茶叶；科学检验市场上瓶装茶是否含有茶多酚，总结茶之为茶的判断标准。

（3）禅茶体验。以“茶”论“禅”，讲述“禅茶一味”；观看茶艺老师布置茶席、表演禅茶，指导营员体验泡茶，并互品茶汤，感受茶文化的净、静、敬。

（三）第三天：茶源溯流环节

（1）回味禅茶，手制绘本。结合前一日古寺禅茶的经历，营员用画笔记录自己的一茶一世界，对禅茶的个人体验。

（2）茶史溯源。回顾饮茶文化的起源、发展和传承，罗列不同时期饮茶工艺的演进历史，还原茶叶从文人僧侣的案上饮品到走入寻常百姓家甚至走向国外、风靡世界的过程。

（3）宋代“点茶”演示。观摩点茶的沏茶方法，品尝成茶。

（四）第四天：游学环节之一

（1）宁波茶文化博物院探茶源。结合宁波茶史了解中国是茶叶的发源地，参观茶室厅紫砂壶和制壶器具，了解制壶工艺。

（2）中国茶叶博物馆进一步学习茶、茶具、茶俗的发展史，欣赏茶具实物，观赏视频，巩固复习前一天在课堂学习的茶史内容；了解名茶制作工艺的区别，欣赏龙井茶茶艺表演。

（五）第五天：游学环节之二

（1）茶山采茶。学习茶叶采摘的要点，实践并熟练茶叶采摘的动作。

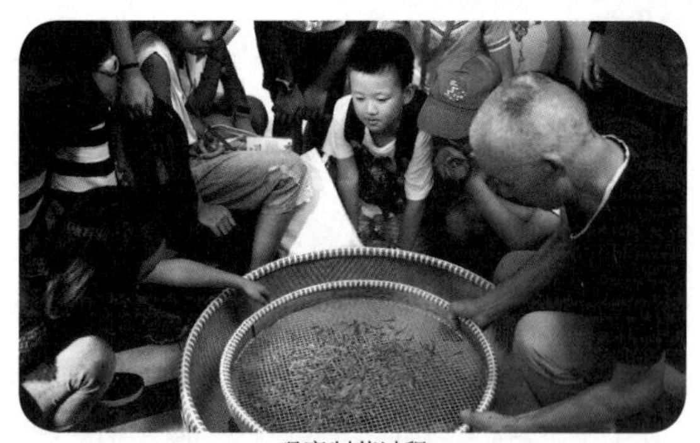
观摩制茶过程

（2）观摩茶农炒青。了解并现场观摩龙井茶炒制过程，熟悉工艺手法，树立起对手工炒茶非物质文化遗产的传承与保护的意识。

（六）第六天：“海上丝绸之路”寻茶环节

（1）茶马古道上的茶。老师介绍茶马古道上的各种特色茶，营员角色扮演，编制广告词，向人推销自己的特色茶，并票选出最受欢迎的茶种。

(2)"海上丝绸之路"上的茶。参观博物馆"牵星过洋——万历时代的海贸传奇"临展，了解茶叶如何通过海上丝绸之路外销的。学习打水手结，制作手绘茶壶明信片，题茶诗。

(3)茶文物鉴赏。欣赏博物馆展厅中的茶文物，在文物鉴赏室亲手触摸历史文物，了解中国茶文明进程，感受"茶"历史的源远流长，培养初步文物鉴赏能力，提高文物保护的意识。

(七)第七天：创造演绎环节

(1)绘制茶树。老师带领营员回顾前六天的行程及知识，温故茶的生长规律、制作工艺、茶史、茶俗、茶诗、茶文化等，绘制茶树。

(2)明代茶会戏剧演绎。角色分工，戏剧表演明代一个下午茶会的过程，营员或吟诗作赋或茶艺表演或翩翩起舞，沉浸式演出。

(3)闭幕仪式。打破学科边界的"万物启蒙"课程的回顾与总结。

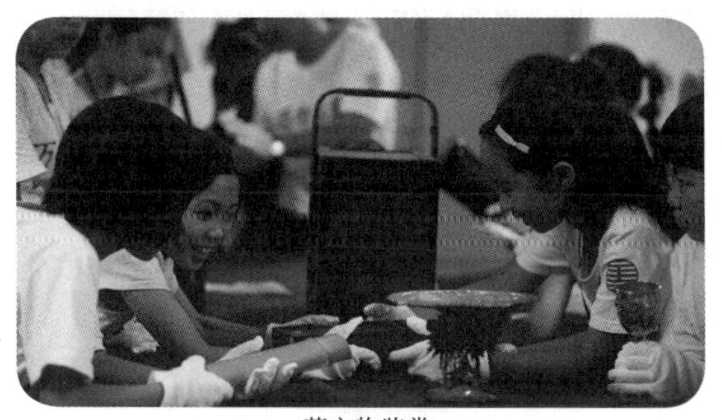
茶文物鉴赏

茶会戏剧演绎

六、课程特点及亮点

1. 主题性：在纷繁复杂的文物藏品体系和展陈体系中截取相关内容，有的放矢地进行活动策划，是提高活动效率、增强活动效果的有力途径。研学营以万物之"茶"为课程主题，以历史、科学、地理、经济、生活、人文、艺术等板块的综合体呈现出茶的传统文化地图和 5D 框架，实现了小切入点和大深意的活动主题。

2. 实物性：利用博物馆大量丰富精美的文物，采用适合青少年的实物直观教学方式，有助于提高营员的兴趣，促进想象力发展理解能力和长久记忆。研学营充分发挥博物馆具有丰富"茶"文物的优势，甚至抛弃了 PPT 讲课的形式，精心组织策划课程，适应了青少年的发展需要，强化了学习效果。

3. 自主性：研学营活动不设置考核标准、不强迫学习，青少年可以根据自己的兴趣爱好来自主选择符合自己兴趣的内容。研学营通过富有趣味性、极具吸引力的课程营造鉴赏文物、演茶等多重环境，吸引青少年自由思考、愉快接受与"茶"相关的系统知识。

4. 新技术引进：研学营的全程图文直播第一时间在中国港口博物馆的网络宣传平台更

新，并将课程制作成视频放进博物馆网络平台，供市民浏览，起到良好的反响。这对于突破博物馆高墙，走入百姓生活，传导出“互联网＋时代”的博物馆温度起到很大作用。

七、课程效果及评价

1. 学习结果：营员们对茶的生长发展规律、茶文物的知识有了较为深刻的了解，团队合作和人际沟通能力得到提升，茶山采茶等户外活动使运动技能提高，也感受到千年茶文化的传承，这使营员们能以积极地态度看待世间万物中的任何一种事物，感受到万物启蒙的魅力。

2. 可持续性：根据“万物启蒙”具体实施实践经验，可慎重选择主题事物，陆续策划不同主题的系列活动，实现“万物启蒙”品牌的可复制性。而相同主题，课程也可开发为适合低年级的具象性、直观性、趣味性更强的低段课程，也可开发为适合初中的思辨行强、理论性更强的高段课程。

3. 经济性：“东方树叶”为主题的“万物启蒙”研学营科普课程除了依托本馆馆藏精品文物为基础教具，使用可循环利用的茶具外，课程所用到的茶叶、白纸、彩笔等教具均为市面容易采购、经济适用的素材，符合课程耗材的经济性。

4. 馆校合作：博物馆与小学教师组成课程开发小组共同开发课程。与小港实验学校和北仑区实验小学共建“万物启蒙”研学课程教育基地，并签订了长期合作协议，确保每年举办三期研学营科普教育活动。

课程策划及实施团队

姓名	性别	工作单位／部门	职务／职称	活动分工
刘玉婷	女	宁波中国港口博物馆／社会教育部	副研究馆员	课程策划
宿艳娇	女	宁波中国港口博物馆／社会教育部	社教人员	案例策划、组织实施
张梦洁	女	宁波中国港口博物馆／社会教育部	讲解员	组织实施
杨月盈	女	宁波中国港口博物馆／社会教育部	社教人员	组织实施
张秉豪	男	宁波中国港口博物馆／社会教育部	社教人员	组织实施
吴凤	女	宁波中国港口博物馆／展览陈列部	主任	活动环境设计
李永歌	男	宁波中国港口博物馆／文物保管部	副主任	文物环节实施

微信公众号
宁波中国港口博物馆

我是小小讲解员——"与铁路建设同行"系列课程

铁道兵纪念馆

铁道兵纪念馆(中国铁建展览馆)隶属于中国铁建股份有限公司。多年来,铁道纪念馆始终坚持立足基地平台,充分发挥教育职能,面向中小学生提供内容丰富的爱国主义教育活动,成为广大青少年朋友提升综合素质和培养爱家爱国情怀的"加油站"。

一、课程背景

讲解员是展馆内最耀眼的"明星",是传播文化知识的宣传员,是开展爱国主义教育、文化素质教育的生力军。讲解员每一天都会面对各种知识层次、身份层次的社会大众。讲解员在讲解过程中表现出的言行举止、道德修养、文化修养都有示范作用。一个好的讲解员要有良好的思想道德品质、热爱祖国、热爱藏品、热爱文物、热爱观众,要很好地为广大参观者服务。小小讲解员活动能让学生们提高自我要求,学习文博知识、锻炼口才、组织能力,同时提高服务意识,培养他们吃苦耐劳的品质。

二、课程目标

为了培养学生的语言表达艺术,我馆提供良好平台结合学生对高楼大厦、火车桥梁、机械装备等建筑领域的兴趣，开发此项活动。通过活动使小学员在学习建筑领域知识的同时逐步增强口语表达能力，提高口才及在公共场合讲话的艺术，成为一名“优秀的小讲解员”。

三、授课对象

中小学生及家长、老师为主要群体。

四、设计思路

“我是小小讲解员”的讲解工作分为“岗前培训”“实践讲解”“高铁体验”“绘画比赛”“互动答题”四部分。“小小讲解员”了解铁道兵历史的同时还提升了语言表达能力、组织能力、自信心、社交能力等，“小小讲解员”用他们独特的视角和理解方式向学生讲述铁道兵历史和藏品背后的故事。

五、课程内容

1. 岗前培训

针对寒暑假来馆里参加社会实践的中小学生，通过学习铁道兵的历史和藏品背后的故事，经过考核通过的学生可以成为志愿者讲解员。

2. 实践讲解

志愿者讲解员主要接待以学生为主的参观团体，为学生团体讲述铁道兵35年来的辉煌历程和中国铁建股份有限公司（下简称“中国铁建”）30多年不凡的业绩。

现场参观

3. 观摩体验高铁车厢模型

带领同学们观摩体验高铁车厢并介绍高速铁路先进的科技知识。大家在车厢里可以讨论相关知识，交流自己乘坐高铁的感受等。

4. 分组进行绘画比赛

老师给出画画主题，学生们分组，两个人一组，互相配合协作画出一幅画。例如“我心中

的桥梁”“最美铁路”等。

5. 互动答题

小讲解员拿出馆里提前准备好的答题卡向同学们提问，优秀答题者获礼品一份。

六、课程特点

结合每个小小讲解员自身的特点进行富有针对性的专题培训，使同学们在敢于展示自己、表达自己的同时解放他们的天性，感受讲解带来的乐趣。

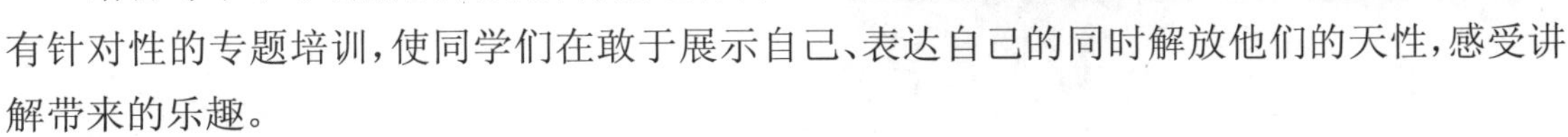

七、课程效果及评价

丰富了学生们寒暑期生活，让同学们走近伟人、了解历史，锻炼了孩子们的表达能力、社交能力、团队合作能力等；同学们走进铁道兵纪念馆担任小小讲解员，讲述铁道兵红色故事，讲述革命先辈们对祖国的贡献，可以了解很多历史文化，增长文博知识，锻炼语言表达能力，学会和他人沟通交流。让同学们深刻感受到新中国能有美好的今天是来之不易，勉励他们在今后的学习生活中奋发图强，努力成为祖国的栋梁之材。

此项科普课程受到了周边学校师生及家长的肯定，周边学校学生踊跃报名参加。

课程策划及实施团队

姓名	性别	工作单位 / 部门	职务 / 职称	活动分工
田晓晨	女	铁道兵纪念馆	馆员	课程总策划
刘欢	女	铁道兵纪念馆	馆员	课程推广执行
王丛林	女	铁道兵纪念馆	馆员	课程推广执行

铁路专家讲坛——“与铁路建设同行”系列课程

铁道兵纪念馆

一、课程背景

历史的长河，浪花飞卷；岁月的变迁，承载时光。无论身份如何转变，前身是铁道兵的中国铁建始终与新中国的命运、与人民群众的福祉紧紧联系在一起。无论是解放战争期间、抗美援朝时期、改革开放时期，还是迈入新时代，中国铁建为建设“一带一路”，共建人类命运共同体贡献着中国智慧、中国力量。

21 世纪是一个信息化、全球化、科技普及化的时代。中小学生通过亲身参与活动提高综合素质，培养兴趣爱好，更能感受到知识运用于科学，科学创造美好未来的理念。

二、课程目标

为了丰富学生的课余生活，让学生增长对铁路建设方面的知识，感受书本之外的精彩世界，更好地观察社会，认识中国铁路科技的腾飞，激发学生学习兴趣。

三、授课对象

中小学生及家长、老师为主要群体。

四、设计思路

中国铁建(前身为铁道兵，至 1984 年有 35 年的历史，中国铁建自 1984 年成立至今，已有 30 余年的历史)拥有 70 多年的历史，30 多万员工，一流的专家队伍。2019 年在《财富》杂志“世界 500 强企业”排名第 59 位，公司在高原铁路、高速铁路、高速公路、桥梁、隧道和城市轨道交通工程设计及建设领域确立了行业领先地位。中国铁建参与制定了中国高铁 50% 的建设标准；勘察设计和建设了青藏铁路、港珠澳大桥等大批全球顶级工程，并代表中国在海外建设了第一条普通铁路、第一条高速铁路、第一条以中国标准建设的铁路等，目前境外经营业务覆盖全球 129 个国家和地区。为了进一步激发中小学生的科学攻关精神和爱国主义情怀，增进中小学生对铁路建设知识的认识，普及铁路建设特别是高铁建设的科技知识，增强中小学生科学素养，邀请专家及技术人才为学生讲课，为中小学生探索铁路建设中的科学技术文化知识搭建桥梁。

五、课程内容

1. 参观铁道兵纪念馆暨中国铁建展览馆

学生通过参观全面了解铁道兵 35 年的辉煌历程和中国铁建 30 多年的不凡业绩，了解铁道兵的发展历程和铁道兵的英雄事迹，学习铁道兵“逢山凿路，遇水架桥，铁道兵前无险阻；风餐露宿，沐雨栉风，铁道兵前无困难”的精神。

2. 名师大讲堂

铁路、桥梁、隧道等相关领域的专家或老铁道兵讲述中国铁路过去、现在以及未来的发展情况和科技知识。使同学们更加了解铁路建设过程中的艰辛与困难，学习铁道兵的科学攻关精神，坚定同学们勇往直前、永不言败的信念。

3. 组装铁路装备模型

结合课堂讲述的知识，现场邀请学生一起动手操作相关模型进行演示，寓教于乐，学生更直观了解模型的工作流程，增进学生对中国建筑领域的了解，尤其是铁路建设、高铁建设的发展历程和科技知识。

课堂讲座

4. 互动交流

学生和老师进行科技知识问答交流，学生畅所欲言，对老师提问，老师对学生进行课堂知识提问，学生上台谈自己的感想，最后优秀学生会得到相关铁路建设纪念品。

六、课程特点

1. 在红色文化传播方面，突出了铁道兵与新中国共成长的历史，突出了铁道兵听党指挥的红色基因，突出铁道兵精神是红色文化的一部分，激发学生爱国情报国志，充分发挥爱国主义教育功能。

2. 讲好铁道兵的故事、中国铁建的故事和中国共产党的故事。“登高英雄”“最美奋斗者”杨连第、“硬骨头战士张春玉”等英雄事迹引导、鼓励学生为实现中华民族伟大复兴的中国梦而努力学习。

3. 用模型进行现场教学，让孩子们能看得到，摸得到，能动手，趣味性操作可以增进学生感性认识。

4. 高铁建设科技知识问答与交流互动环节不仅使学生更加深入了解铁路建设的相关知识，同时提升发散思维和语言表达能力。

七、课程效果及评价

1. 学生了解了中国铁路建设史和铁道兵从解放战争时期到社会主义建设时期脱下军装，一个兵种的历史和对祖国建设发展的贡献，增强了学生的爱国热情。

2. 学生通过对目前我国铁路相关知识的了解，激发了学生热爱铁路、学习铁路建设知识、将来投身铁路建设事业的热情，提升科学素养，培养未来的铁路建设者。

3. 活动的开展丰富了学生的课余生活，让学生走进伟人、了解历史，锻炼学生的表达能力、沟通能力、团队合作能力等。同时也受到学校老师及家长的肯定和认可。

课程策划及实施团队

姓名	性别	工作单位 / 部门	职务 / 职称	活 动 分 工
田晓晨	女	铁道兵纪念馆	馆员	课程总策划
刘欢	女	铁道兵纪念馆	馆员	课程推广执行
王丛林	女	铁道兵纪念馆	馆员	课程推广执行

超级机械装备——“与铁路建设同行”系列课程

铁道兵纪念馆

一、课程背景

“与铁路建设同行”系列课程之“超级机械装备”面向中小学生宣传铁道兵在新中国建立和铁路发展中做出的突出贡献，展示中国铁建在中国现代化建设中的新技术，传承红色文化基因，对学生进行爱国主义教育。

中国铁建股份有限公司（简称“中国铁建”）是集研发、制造、销售、服务为一体的国内领先、国际先进的施工装备制造商，培育了大型养路机械、掘进机械、轨道设备、特种施工设备、桥梁施工设备、起重设备、钢结构、铁路电气化施工设备等八大类核心产品。拥有国际领先的掘进机制造基地，掘进机年产能达200多台，国内市场占有率50%以上，其中岩石隧道掘进机（TBM）国内市场占有率85%以上，多项成果填补国内空白。大型养路机械主力产品国内市场占有率80%以上。小朋友们认识汽车、火车、警车、消防车等，但对于钢轨打磨车、盾构机、凿岩台车、铺轨机、采棉机、压路机这些机械却并不常见，我们将这些我国自主研发、制造的先进机械装备，也称“大国重器”的相关知识介绍给大众，寓教于乐。

二、授课目标

为进一步培养中小学生的家国情怀和热爱科学、勇于钻研、敢想敢干的攻坚精神，了解新中国铁路建设发展成就，了解“大国重器”。鼓励他们学习科技知识，不断增强他们的学习意识、爱国意识，在学习科技知识中，提升综合素质。

三、授课对象

中小学生及家长、老师为主要群体。

四、设计思路

在中国铁路建设中，无论是隧道施工，还是体现大国实力，我国自主研发设计的盾构机、养路机等机械设备都发挥着重要作用。

组织中小学生参观铁道兵纪念馆暨中国铁建展览馆，将通过多种展现手段和活动形式展示我国自主研发、制造的先进机械装备，也称“大国重器”，通过参观场馆、观看科技宣传片、操作盾构机模型以及拼装模型等方式，带领他们重温铁道兵辉煌历史，认识钢轨打磨车、盾构机、凿岩台车、铺轨机、采棉机、压路机等这些机械设备，让中小学生了解高铁领域机械装备的同时，提高民族自豪感、自信心，使他们更加热爱自己的祖国。

五、课程内容

1. 参观铁道兵纪念馆暨中国铁建展览馆

积极与北京市中小学协调合作，组织开展中小学生参观活动，安排讲解员进行针对青少年的专项讲解，同时发放图书画册资料，让中小学生在参观中了解铁道兵历史以及新中国铁路建设成就。

观看宣传片

2. 观看科技宣传片

组织中小学生观看盾构机等机械设备的科技片、动画片，了解盾构机等施工流程和作用。

3. 观看盾构机模型

通过近距离观看盾构机模型，以及模型演示盾构机在地下如何完成打通隧道、水泥注浆、安装管片、泥土出渣等工作流程，使学生更加直观地了解盾构机的工作原理。

4. 拼装机械装备 3D 模型

在老师指导下，组织学生动手比赛拼装 DWL-48 连续行走捣固稳定车和土压平衡盾构机等 3D 模型，进一步深化学生们对盾构机等机械装备的了解，寓教于乐。

5. 趣味知识竞赛

将超级机械装备趣味知识答题卡发放给每一位学生，现场答题。答题完毕后，由老师点评并向优秀学生颁发奖品。

参观盾构机模型

拼装机械装备

趣味知识竞赛

六、课程特点

1. 手动拼装体验，形式新颖。
2. 操作模型体验，感受直观。
3. 观看科技展片，专业性强。

七、课程效果及评价

“超级机械装备——与铁路建设同行”系列课程受到广大师生、家长的喜爱和认可。通过开展主题课程，使参观的互动性大大提升，寓教于乐的意义更加深厚，也极大地培养了青少年朋友热爱科学、发散思维的兴趣和能力，进一步加深了他们对盾构机等设备在施工建设以及科技研发领域的重要意义，从而进一步激发青少年朋友的爱国情怀、民族意识。

此项活动受到了周边学校师生及家长的肯定。普遍表示“超级机械装备——与铁路建设同行”系列课程，给学校、学生和家庭创造了独具特色和乐趣的学习平台，是一次非常有意义的体验，希望有更多机会参与进来。

课程策划及实施团队

姓名	性别	工作单位 / 部门	职务 / 职称	活 动 分 工
田晓晨	女	铁道兵纪念馆	馆员	课程总策划
刘欢	女	铁道兵纪念馆	馆员	课程推广执行
王丛林	女	铁道兵纪念馆	馆员	课程推广执行

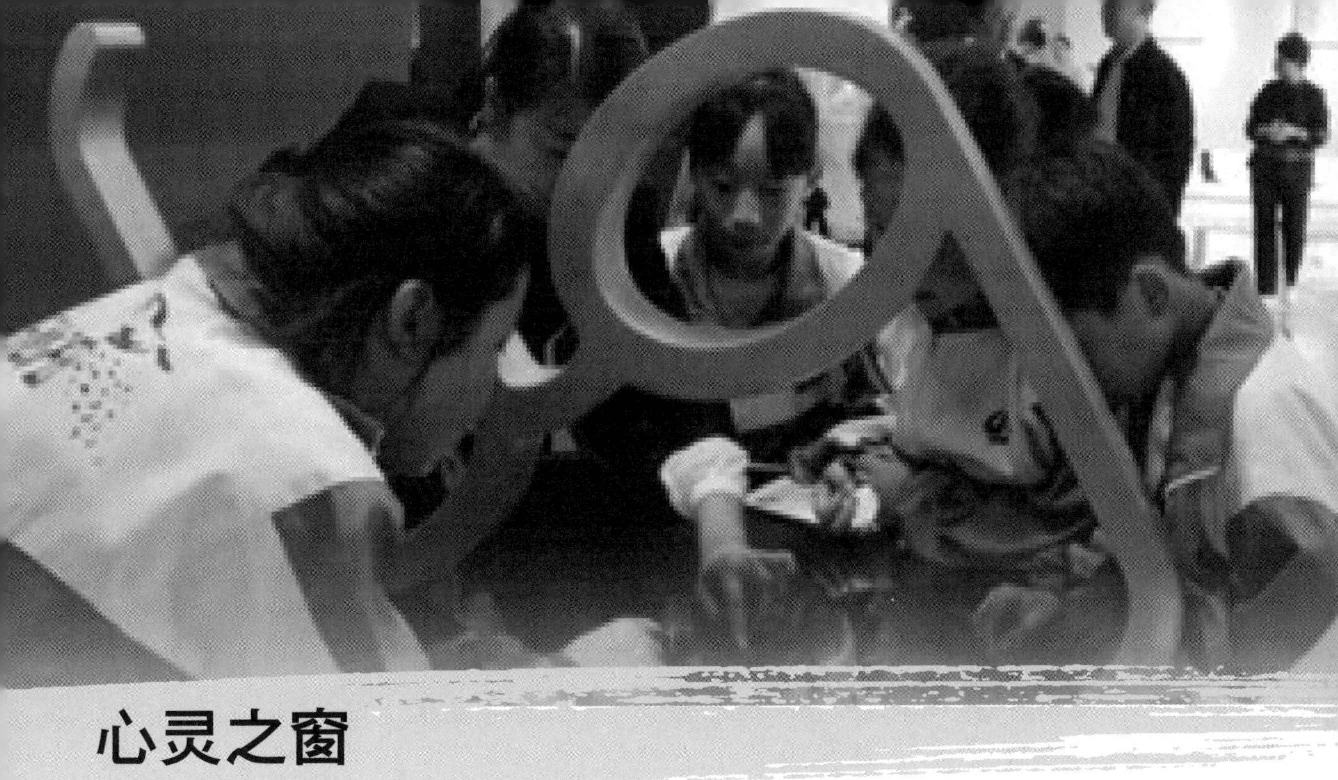

心灵之窗

鹰潭世界眼镜博物馆

一、课程背景

伟大的艺术家达•芬奇曾说过,“眼睛是心灵的窗户”。对于人类来说,眼睛并不仅仅具备“看见”这一简单的功能和意义,人们通过眼睛接受信息、认识世界,进而不断改变并创造着这个世界。同时眼睛还肩负着沟通和交流的职责,它左右着人世间无数美好情感。“美丽的并非这个世界,而是接受了这个世界的你的眼睛。”本课程将通过寓教于乐的形式,引导广大学生珍爱眼睛,保护视力。

余江区是闻名全国的“眼镜之乡”,早在清朝嘉庆年间,中童镇就出现了眼镜作坊和销售协帮组织,迄今已有200多年的历史。“一副担子满天飞,走遍广东走辽西”,正是鹰潭眼镜人敢闯敢拼、吃苦耐劳精神的真实写照。2014年,鹰潭世界眼镜博物馆建成了,该馆以眼镜文化为主题,以眼镜历史的发展变迁为脉络,以声、光、电的手法,通过丰富的表现形式展示眼镜文化的过去、现在与未来。博物馆不仅承载了眼镜文化的传承与传播,还在馆内的青少年眼视光科普基地,宣传眼健康科普知识,倡导全民关注视力健康。

二、课程目标

通过了解眼镜文化的历史和发展以及鹰潭眼镜发展史,了解眼睛的重要性和人类视力健康的重要性，从而养成从小预防近视，保护眼睛的行为习惯，掌握正确用眼的方法和预防近视的手段。

三、授课对象

小学、初中、高中学生。

四、涉及学科

涉及眼视光病理学、卫生学、物理、文学、艺术。

五、课程设计

1. 前期调研

时间：2020 年 1 月 1 日～ 2020 年 1 月 15 日。

内容：以发布任务的形式引导参与者自主搜集关于“如何爱眼护眼”的相关知识，提前了解主题内容。

2. 观测培训

时间：2020 年 1 月 16 日（8:30 ～ 9:30）。

地点：鹰潭眼镜园景区内（博物馆二、三楼展厅）。

内容：了解眼睛病理知识的前期培训，让参与者进入眼镜博物馆内，以聆听讲解的形式参观，并组织讨论引发主动探究，为了解眼睛的病理知识做好前期的准备。

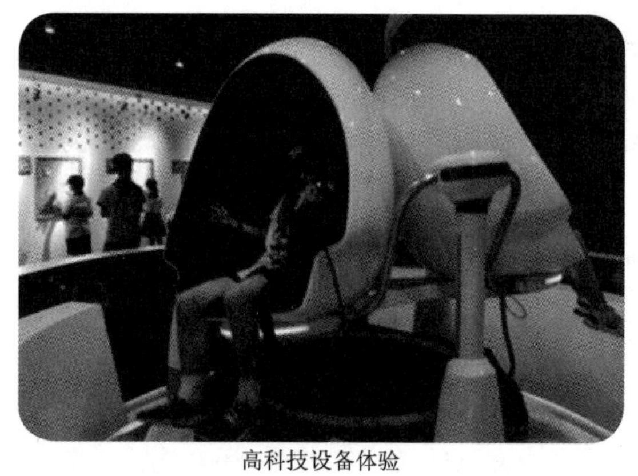

高科技设备体验

3. 实操培训

时间：2020 年 1 月 16 日（9:30 ～ 10:30）。

地点：青少年眼视光科普基地（博物馆三楼）。

内容：通过寓教于乐的方式，让学生们体验变脸旋涡、迷雾森林、9D VR 等高科技设备，让他们感受“是真的吗？”在活动中让学生懂得如何保护好我们的眼睛，积极引导青少年转向正确的健康观念，关注视力健康。

4.“眼球”观测

时间：2020 年 1 月 16 日（10:30 ～ 11:30）。

地点：青少年眼视光科普基地（博物馆三楼）。

内容：观察科普基地内的“眼球模型”，记录人类眼睛的结构，观测人眼有哪些组织结构。

5. 观测记录分享、展示和评选

时间：2020 年 1 月 16 日（11：30 ～ 12：00）。

地点：游客中心会议室。

内容：参与者展示自己记录的人眼结构组织和常见的眼视光病理知识，跟大家分享一些在青少年眼视光科普基地发现的有趣的事情，平常在生活中看不到的事情分享给大家。评选出优秀的同学，颁发荣誉证书。

六、课程实施

1. 前期调研

（1）阶段目标

通过自主搜集资料这种调研形式，调动参与者的学习热情，使其对活动主题有初步了解。

（2）前期准备

报名结束后，向参与活动的成员发放研学手册，并让参与者思考手册中的问题，并且做好相关记录。

（3）活动脚本（精选）

大家是不是经常听到有一句话叫作“眼见为实，耳听为虚”呢？我们都会认为眼睛见到的东西是最真实的。但是通过在青少年眼视光科普基地内的几个小游戏，比如爱宾浩斯圆、大卫布莱恩的身体悬浮等现象，就会让你清楚地感受到眼睛给我们带来的视错觉现象。

（4）设计思路

辅导员将学生们分为小组，以课前调研的内容向每个小组成员发布小任务，提前预热，使学生明确活动主题，带着探索、解惑和分享的心情积极参与到后续活动中。

2. 观测培训

（1）阶段目标

熟悉人眼的基本结构，了解常见的眼视光病理知识和日常生活中学生如何爱眼护眼的小知识。以分组讨论的形式探索我们人类眼睛的奥秘，爱护自己的眼睛，珍爱心灵的窗户。

（2）前期准备

根据报名情况分组，每组分为 4 ～ 5 人，准备纸、笔、爱眼护眼手册等工具。

（3）活动脚本（精选）

欢迎各位同学们来参与本次“爱眼护眼”的研学活动。还记得之前发布的任务吗？让大家搜索了解“眼球”相关的组织结构，大家搜索的怎么样呢？肯定了解到了许多我们平常所不知道的知识吧！

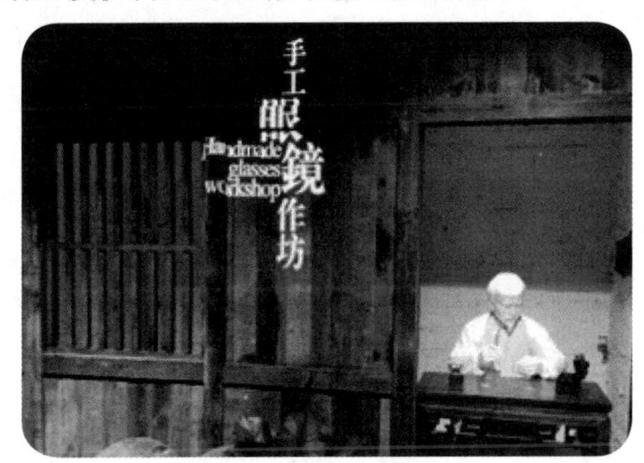

展厅一角

问大家三个问题：导致我们眼睛近视的主要因素有哪些？古时候的人，会有近视或者远视吗？他们是使用哪些工具来帮助自己的眼睛看东西的呢？（鼓励学生们思考问题，在体验中探索问题。）

带领学生参观世界眼镜博物馆二楼，了解眼镜发展的五个阶段：雏形阶段、单片眼镜阶段、双片无腿眼镜阶段、双片直腿眼镜阶段、双片曲腿眼镜阶段。

现在我们知道了，眼镜的起源发展和变迁，那么各位同学我们该如何爱护好我们的眼睛呢？平常生活中是不是也会有不良的生活习惯导致我们的视力下降呢？现在请各位同学跟我一起去探索和体验我们眼中不一样的世界。（带领学生来到三楼眼视光科普基地）

请带着下列问题进行观测：

①人的眼睛是由哪些结构组成的？

②平时生活中有哪些不良习惯会导致近视？

③怎样预防中小学生近视？

④你会正确的做眼保健操吗？

（4）设计思路

通过讲解员向大家介绍眼镜的起源、发展与变迁，以及鹰潭眼镜的发展史，进一步加深参与者对眼镜知识的认知。通过科普基地的知识普及，持续激发参与者的兴趣，使他们懂得爱眼护眼的重要性，为眼球观测做好前期准备。

3. 实操培训

（1）阶段目标

了解人类眼睛的结构、了解近视是如何形成的，怎样预防近视。了解活动中心每项体验活动的操作方法。

（2）前期准备

布置场地，将博物馆内的仪器设备提前打开并且检查一切正常。

（3）活动脚本

辅导员现场讲解并指导实操活动要领。

（4）设计思路

通过动手操作感受各项与眼睛相关的活动，进一步加深爱眼护眼的知识，以及生活中视错觉现象的认识。激发参与者的观测兴趣，推进后续观测活动可以顺利进行。

4.“眼球”观测

让学生先了解视力出现问题的主要原因：

（1）环境因素：繁重的学习任务、电视、电脑的普及导致近距离用眼的增加和户外活动的减少已经成了青少年近视率不断上升的主要原因。

（2）饮食因素：精细饮食和偏食挑食所带来的青少年发育过程中眼部缺少某些微量元素也是导致部分学生过早出现视力不良的原因。

（3）遗传因素：遗传因素是屈光不正原因之一，但是随着科技发展，电视、电脑的普及屈光不正的发病原因趋向环境因素。

了解了视力出现问题的主要原因，再带领同学们仔细观察“眼球”模型。老师展示正常健康的眼睛结构给大家看，并让大家仔细观察已经近视的晶体会发生什么样的变化，看书时过近，眼睛为了能看到书上的字，就会将晶状体凸度调大，久而久之，眼睛的肌肉松紧度就会定格在这个尺度，引起眼球的前后径变长。除此之外散光、老花眼都会造成晶状体不同程度的变化，学生可以把所看到的人眼结构包括不同眼球的晶体记录到本子上，绘制出大致的人眼结构图。

5. 观测记录分享、展示和评选

（1）阶段目标

展示自己绘制的人眼结构图，分享在青少年科普基地内的体验感悟或趣事等，认识到眼睛对我们的重要性，并在生活中学会合理用眼，爱护眼睛。

（2）前期准备

提前设置奖项，布置场地。

（3）活动脚本（精选）

很高兴今天带着大家，了解了眼镜文化及爱眼护眼的知识，还在青少年眼视光科普基地内进行了许多有趣的体验，相信大家都有了满满的收获。下面就请同学们上台分享（每个小组自行推选一名小组长来组织讨论，引导大家分享所学习到的知识和体验经历，汇总有效意见，并分享讨论成果。）老师给予肯定和鼓励，点评作品并颁发奖励证书。

记录分享

（4）设计思路

以分享、展示的形式总结回顾本次活动，加深参与者对于眼球观测经历的记忆。让大家懂得眼睛对于我们每个人的重要性，保护好我们的眼睛。

课后组织同学们在景区内体验免费验光服务，结果记入学生视力档案。

七、课程亮点

充分运用古董眼镜、9D VR、变脸旋涡、错觉图、动物眼中的世界等科技手段，吸引青少年，激发学习热情。

八、课程评价

以课程评价表的形式记录反馈，便于更好地为青少年服务。

课程评价表

<table>
<tr><td>学校</td><td></td><td>姓名</td><td></td><td>年(班)级</td><td></td><td>性别</td><td></td></tr>
<tr><td rowspan="3">同学
选填
项目</td><td>研学文化主题知识</td><td colspan="6">1. 透镜是眼镜的原始雏形,在当时的两个作用是哪两个?
2. 双片无腿眼镜又被称之为什么?在以前适合什么人群?
3. 人眼为什么会产生错觉现象?
4. 导致近视的因素有哪些?
5. 小动物眼中的世界和人类眼中的世界有什么不同举例说明!
6. 日常生活中我们该如何爱眼护眼?</td></tr>
<tr><td>研学体验教育活动</td><td colspan="6">1. 研学旅行全过程开展修学表扬活动,我共获得了 ________ 表扬。
2. 研学阅读推荐了多本好书,我阅读了 ____________________。
3. 研学中的景点,我最喜欢的是 __________,原因是 ____________________ ____________。</td></tr>
<tr><td>团队共处与生活能力</td><td colspan="6">1. 研学旅行体验活动中我做到了 ________ (多选)。
A. 认真参与每项活动,积极献言献策
B. 尊重队内成员,倾听同伴意见
C. 积极配合同伴,具有协作精神
2. 研学旅行自理方面我做到了 ________ (多选)。
A. 将行李箱整理得更整洁
B. 整洁清洗衣物
C. 合理分配零花钱</td></tr>
<tr><td rowspan="5">教师
选评项目
(勾选)</td><td>研学旅行整体观察评价</td><td colspan="6">A. 很好　B. 良好　C. 待提高</td></tr>
<tr><td>求知态度与方法</td><td colspan="6">A. 很好　B. 良好　C. 待提高</td></tr>
<tr><td>团队共处表现</td><td colspan="6">A. 很好　B. 良好　C. 待提高</td></tr>
<tr><td>自主自理意识与生活能力</td><td colspan="6">A. 很好　B. 良好　C. 待提高</td></tr>
<tr><td>旅行文明与环保意识</td><td colspan="6">A. 很好　B. 良好　C. 待提高</td></tr>
</table>

课程策划及实施团队

姓名	性别	工作单位 / 部门	职务 / 职称	活动分工
祝笑玲	女	鹰潭眼镜园区管委会	副主任	课程设计
喻静	女	鹰潭世界眼镜博物馆	工作人员	课程执行

更多关注请扫下方二维码

微信公众号
鹰潭世界眼镜博物馆

电影胶片拷贝的特点及发展

中国电影博物馆

一、课程背景

电影胶片拷贝是电影诞生百余年以来的重要载体，见证了影像的发展，记录了人们在影像之路上的探索，其本身也越来越成为保存和收藏的对象。然而，随着数字电影的普及，公众欣赏胶片拷贝放映、了解电影胶片、胶片拷贝知识与历史的机会匮乏。中国电影博物馆收藏、展示、研究电影诞生百余年来的见证物，不仅收藏电影胶片拷贝，同时也经常为观众放映经典的胶片电影。本课程以此为契机，让受众在欣赏胶片电影之余，了解电影胶片拷贝这一介质在电影发展史上的地位与特点。

二、课程目标

了解电影拷贝的发展，胶片拷贝的介质及演变，各类介质的化学及物理特性，胶片拷贝放映记录、鉴定书的概念、拷贝放映机的基本特点。

三、授课对象

初中及以上。

四、涉及学科

涉及化学、物理、艺术、社会学。

五、设计思路

1. 从影片欣赏引入电影胶片拷贝概念

从当日放映的经典胶片影片和影片所处年代引出影片胶片拷贝的概念与特点，让受众从电影欣赏自然生发到对电影技术发展的好奇。

2. 将电影胶片拷贝与化学、物理等学科相联系

将胶片拷贝的发展与化学物质、特性和物理特点相联系，触发受众对科学和电影之间的关联，产生求知欲。

3. 将电影胶片拷贝与艺术发展、电影历史相联系

展示电影胶片拷贝所体现的电影发展历史，将科学普及与人文艺术的魅力相关联，让受众获得科学与艺术的多重知识与感受，丰富学习过程，增强学习效果。

六、课程内容

1. 电影胶片拷贝的原理、形态、胶片片基及特点

电影胶片拷贝是最早的电影介质，是影像得以放映的载体，是电影发展史的见证物。电影胶片从黑白到彩色、从无声到有声，从8毫米、16毫米、标准的35毫米到70毫米，记录着世界的变化，展示着电影艺术的发展。胶片拷贝是一盒盒卷好的胶片，片基是承载着成像化学物质的支持体。早期的片基是醋酸纤维素酯，特点是工艺成熟，机械性能较好，但非常易燃，至20世纪40年代被更为安全的三醋酸纤维素酯片基取代，没有燃烧危险，不易分解，被称为安全片基，但放映次数有限。至20世纪90年代，我国普遍以更为耐用的涤纶片取代了三醋酸纤维素酯片基，它耐久性好，耐磨，耐折，寿命长，可放映15000次以上。

展示：中国电影博物馆“电影的发明”“电影洗印”展厅图片，不同时期的胶片拷贝图片。

2. 电影胶片拷贝放映记录与鉴定书——珍贵的电影放映历史记录

每份胶片拷贝通常在拷贝盒内附有胶片拷贝放映记录与鉴定书，它们的样式随不同时期、不同电影制片厂而有所不同，但都包括胶片拷贝基本信息、历次放映记录、每次放映后胶片状况，是胶片拷贝的技术资料。随着拷贝的轮转，放映次数逐渐减少，每次放映都会对拷贝造成一定的损耗。因此，每一份胶片拷贝放映记录与鉴定书，都是这部电影的不完全放映历史，每一次胶片拷贝的放映，都具有唯一性，都是一次电影传播介质的重现，从中可以感受当年电影的热映状况、影院状况与胶片拷贝的流转历程，是珍贵的电影放映历史记录。

展示：电影胶片拷贝的放映记录与鉴定书的图片。

3. 电影胶片拷贝的放映

电影胶片拷贝放映，除了需要符合放映条件的胶片拷贝，还要有能够放映胶片拷贝的放映机。中国电影博物馆是为数不多的尚在放映胶片拷贝的机构，放映使用的 35 毫米胶片拷贝放映机，是哈尔滨电影机械厂生产的松花江 5545 系列电影放映机，现在已经不再生产，是很多电影发烧友收藏的对象。

展示：松花江 5545 系列电影放映机图片。

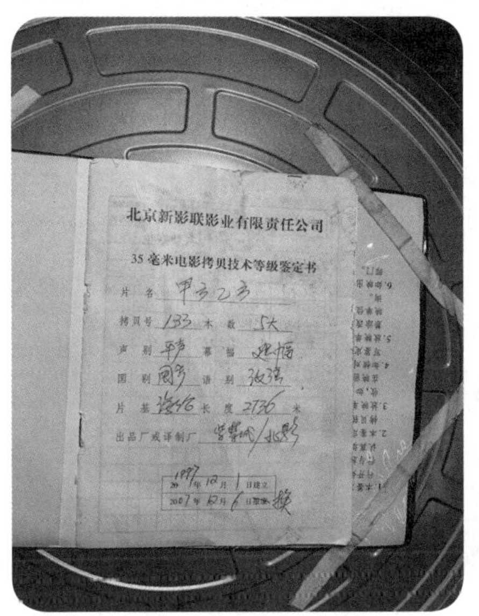

电影拷贝的放映记录

电影放映机

4. 电影拷贝的现状与未来

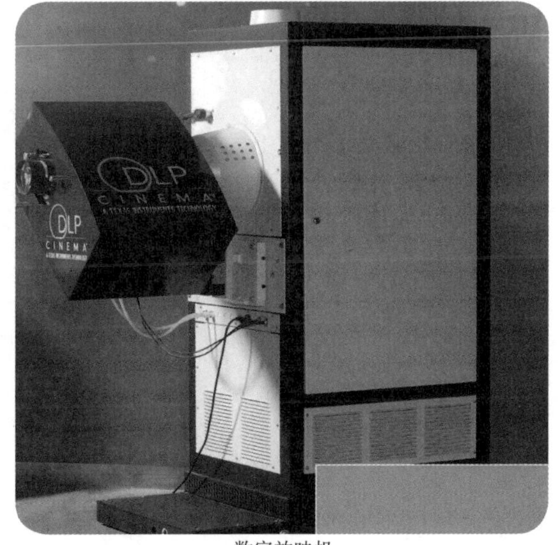

数字放映机

电影胶片拷贝曾经是电影放映、传播的最主要介质，但随着时代的发展，现在已经基本被数字拷贝取代。数字电影拷贝的普及，让电影拍摄、电影放映都有了全新的面貌，成本下降，条件更为便利。胶片拷贝已经成为博物馆中的藏品，但它在电影发展史上的地位与贡献毋庸置疑。未来也许会出现更新的电影拍摄与放映载体，胶片拷贝是时代的产物，我们对之的怀恋和对未来更新介质的期望并不矛盾。

展示：电影数字拷贝图片，近期采用新科技拍摄的影片。

5. 胶片电影欣赏

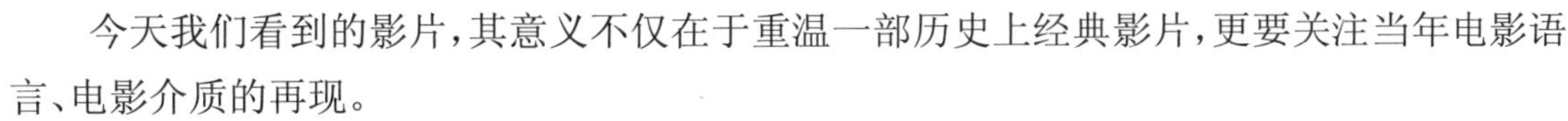

今天我们看到的影片，其意义不仅在于重温一部历史上经典影片，更要关注当年电影语言、电影介质的再现。

展示：胶片电影放映。

七、课程特点

观众可以聆听主讲人讲授、展示电影胶片拷贝的特点、发展等知识，与主讲人交流，并现场观看胶片拷贝影片，最大限度融入课程本身，收获电影胶片科普知识、经典影片观看体验，并可以融会贯通电影、化学、摄影、文化发展等各方面知识，获得丰富的活动体验。

八、课程效果

本课程旨在普及中国电影发展史、电影科技发展等相关知识，让参与者不但能够欣赏经典影片，更能够了解相关电影科技知识与历史发展，更好地传播电影历史中的科技与人文知识，阐释电影藏品与社会文化的关联。对青少年学生而言，能够唤起他们对电影科技的好奇心，对相关知识的渴求；对普通电影爱好者而言，能够将其个人文化记忆与社会文化发展融合，带给他们更丰富的体验与知识。本课程还可以通过对参与者的传播教育，让电影博物馆的藏品接受度更高，为公众提供更为便捷的公益性学习空间，为电影文化传播、中国电影的发展创造更广阔的前景。

课程策划及实施团队

姓名	性别	工作单位 / 部门	职务 / 职称	活动分工
聂颖	女	中国电影博物馆 / 社会教育部	副研究馆员	全面负责项目开发、执行、课件设计执笔、授课

更多关注请扫下方二维码

微信公众号
中国电影博物馆

电影中的化学

中国电影博物馆

一、课程背景

北京理工大学附属中学的郭晓雪老师多次带领她的学生参观中国电影博物馆，在参观过程中学生都很兴奋，因为这里有他们喜欢的电影和明星，更有电影中许多不可思议的特技和形象逼真的道具。当学生知道“人造雪”就是化学课上讲的 $MgSO_4$ 制成的，“人造汗”可以用甘油做成，“光”在电影中的运用如此之广泛，如此之神奇……这些特技与道具就与物理、化学知识联系在一起。相信此时 $MgSO_4$ 不仅仅是教科书上的化学式，而是生动鲜活的一个立体物质。于是我们与郭晓雪老师商议决定开发“电影中的化学”课程。让学生的上课地点延伸到博物馆，延伸到摄影棚。后来，这一课程在博物馆“光影知识乐园”活动中，面向少年儿童开展，经过不断改进，形成了向不同年龄段受众开展的几个版本的课程，受到学生、老师和家长的好评，成了“光影知识乐园”的一个精品活动案例。

二、课程目标

1. 知识与技能：问题的解决需要学生具备一定的知识储备，所应用的知识绝不仅仅集中在化学学科，也会涉及数学、物理、人文等多学科，需要多学科之间的综合。

2. 过程和方法：每一个专题都是一个需要学生解决的实际问题。问题的产生不是以学科知识为线索，而是来源于实际电影中的需求；问题不是以性质为线索，而是以物质的应用为线索；问题往往不止一个答案，而且答案之间没有最好，只有更好。

3. 情感态度与价值观：以学生之间的合作学习为主，增加学生之间的相互交流，同时为学生持续投入到复杂的学习任务提供相互促进的动力；通过长期连续的问题解决，使学生逐步建立严谨的科学思维和坚持不懈的科学态度，保持对科学的好奇心和求知欲。

三、授课对象

中国电影博物馆是北京市教委2008年首批授予“北京市社会大课堂中小学课程教学活动实验基地”称号的资源单位之一，在此基础上，中国电影博物馆开展了面向中小学生群体的社会教育系列活动“光影知识乐园”活动，进行课程开发，利用馆内丰富的电影资源优势，通过电影教学课程实践、主题活动、观影交流、参观体验等方式为中小学生提供丰富多彩的校外活动。2014年，中国电影博物馆继续推出适合亲子参与的家庭日活动，覆盖更广泛年龄段的少年儿童。

四、设计思路

课程资源从课程的功能和教育价值来考虑，在明确的课程目标控制下，应是能够进入课堂教学而被学生接受的教育资源。于是在参观调研的基础上，对丰富的资源进行筛选和重组，选出具有一定教育价值的、能够实现某些具体的教学目标，便于运用实施，特别是能够在实践活动中形成多学科的协同发展。依据“物质常见、电影中常现，实验室易呈现”的原则，选择了“电影的起源和发展概论”“揭示电影中冰的奥秘”“揭示电影中雪的奥秘”“电影中的烟火效果”“电影化妆造型中血浆的制作”“电影化妆造型中生活气氛装揭秘”“实地参观摄影棚”“凡士林和石膏在电影特效中的作用”“泡沫在电影特效中的作用”和“结题——影视特技小制作”共10个专题。

基于对课程特点的分析，依据教学策略的选定，教学实施主要分5个阶段完成。

阶段1：问题激发。该阶段教师的行为是创设问题情境，激发学生参与课堂活动；学生的行为是明确问题和目标，产生探求的渴望。

阶段2：组织学习。该阶段教师的行为是帮助学生确定学习任务；学生的行为是明确小组任务和分工。

阶段3：合作学习。该阶段教师的行为是辅助学生完成任务；学生的行为是以小组为单位研究解决问题的方案，并完成本组作品的制作。该阶段为课堂教学实施的主要阶段。

阶段4：展示作品。该阶段教师的行为是组织学生展示作品；学生的行为是以小组为单位展示作品，并对作品进行简短说明。

阶段5：分析评价。该阶段教师的行为是帮助学生反思学习过程和学习成果；学生的行为是自我反思、评价。

五、课程实施

下面以"揭示电影中冰的奥秘"为例介绍教学的实施过程。

1. 问题激发

教师展示：电影博物馆中一个雪景的拍摄地点，如电影中若干组冰天雪地的画面。

教师引导：要想使雪景的效果表现得惟妙惟肖，冰是必不可少的。如屋檐下悬挂的冰凌、玻璃上的冰霜和冰花更能够渲染冬天寒冷的氛围，给观众们一种非常真实的感觉。那这些冰又是如何制成的呢？（学生倾听，看图。）

2. 组织学习

教师引导：既然雪是由许许多多的小冰晶黏合在一起的，为什么雪看起来是白色不透明的，而冰是透明的呢？（学生回答。）

教师评价：同学们说得都很好，冰和雪在外形结构上是有很大区别的，所以在制作冰和雪的场景时，用的材料也是不同的，而且不同场景的冰的效果，也要采用不同的制作方法。你们已经查到了若干种制作冰场景的方案，下面就让我们分组试一试，然后再判断你的作品适合制作哪些冰的场景，在制作过程中可以及时沟通你遇到的问题。

3. 合作学习

学生实践：根据方案和实验室提供的原料设计实验方案并实施。

学生活动：记录制作过程中用到的化学物质；探讨在制作过程中应用到的性质。

4. 展示作品

学生活动：小组间展示与交流。

5. 分析评价

学生总结：总结运用化学原理制作的电影中几种冰的效果，如滴水冰凌或冰柱、浮冰或浮雪、水塘里漂浮的薄冰、玻璃窗上的霜、玻璃窗上的冰花、车辆上积的一层薄冰。

6. 课程结束，任务布置

课后拓展：留心观察你周围的物质，找找看还有没有可以用来做冰的材料。

六、课程特点

在课程活动过程中，我们注重化学知识在电影中的运用，借以训练学生的动手能力，唤起学生探究物质用途的好奇，培养学以致用的意识。

七、课程效果及评价

开发社会大课堂资源的意义和最大的价值，在于引导教师和学生真正从基于教科书的"教与学"走向基于资源的"教与学"，对课程资源进行重新定位和认识，使课程由狭变广、由静变动。课程不再只是学科的总和，而是学科、生活、社会的有机整合，从而更好地满足学

低年级儿童在《电影中的奥秘》课堂中

生的兴趣和需要，促进学生的个性发展。本课程根据参与课程的观众年龄段的不同，制作了适合不同年龄层次的版本，根据年龄段划分授课，使课程更有针对性，学生更容易接受，得到了广泛的认同。

中国电影博物馆“光影知识乐园”活动从2008年开始举办，是中国电影博物馆品牌社会教育活动，多年来吸引北京及京外地区的中小学及观众参与活动，具有广泛的社会影响。教育资源的有效整合以及丰富多样课程的开发，为学生的持续学习和终身学习搭建了一个广阔的平台。活动中紧密结合了中小学生科学课的内容，为同学们提供了获取专业知识的机会，使同学们获得了与学校课堂教育不同的感受，学生们在中国电影博物馆内上的综合实践课更加立体、更加丰满，增添了学生们努力学习的信心，让学生们在快乐的氛围里获取知识，得到美的享受。

课程策划及实施团队

姓名	性别	工作单位 / 部门	职务 / 职称	活 动 分 工
郭晓雪	女	北京理工大学附属中学	教师 / 中教一级	课程设计、执笔及授课

"中国学派"动画电影的艺术特色

中国电影博物馆

一、课程背景

习近平总书记在党的十九大报告中指出"深入挖掘中华优秀传统文化蕴含的思想观念、人文精神、道德规范,结合时代要求继承创新,让中华文化展现出永久魅力和时代风采。"为广大观众,尤其是青少年提高思想品德、文化素养和陶冶情操服务,是博物馆教育与服务的功能之一。博物馆本身具有传承传统文化的功能,让青少年通过参观博物馆,学习传统文化课程,更好地了解、学习、传承传统文化,使青少年树立文化自信,是博物馆社会教育的重要责任。2015 年,国家文物局、教育部《关于加强文教结合、完善博物馆青少年教育功能的指导意见》中提出"引导广大中小学生了解中华优秀传统文化,积极践行社会主义核心价值观,实现博物馆青少年教育资源与学校教育的有效衔接,探索构建具有均等性、广覆盖的中小学生利用博物馆学习的机制"。在此基础上,结合中国电影博物馆电影特色和中小学课本内容,设计了"中国学派"动画电影的艺术特色课程。

二、课程目标

"中国学派"动画电影蕴含着鲜明而独特的中国民族风格,加入了丰富的传统艺术元素,体现了中国独有的文化特色。通过本课程的学习，让学生了解“中国学派”动画电影的产生、发展，以及“中国学派”动画电影如何从国画艺术、传统美术、民乐以及戏曲等多种多样的民族艺术中汲取营养的。本课程以电影为切入点，使学生进一步了解中国古典文化，体会传统文化的魅力，树立文化自信。

三、授课对象

面向中小学生群体。

四、涉及学科

涉及语文、美术、历史等。

五、设计思路

中国电影博物馆“光影知识乐园”活动以电影教学课程为主题，以电影科技、艺术知识为载体，向青少年开展爱国主义及科普教育。在设计电影教学课程的过程中，根据少年儿童的年龄特点，开设了动画电影方向的课程。经过对中国电影博物馆展陈内容的梳理，以中国动画电影“中国学派”这一课题为切入点，尝试以“中国学派”艺术风格为主题，对青少年开展传统文化艺术、电影科普和爱国主义教育，开展中国动画电影之“中国学派”的课程开发。

六、课程内容

1. 电影的发明

重点讲解电影发明的原理——视觉暂留原理。用手指游戏、动画小扇子进行现场展示，使学生通过亲自动手形象地感受何为视觉暂留原理。

向学生介绍电影发展史。介绍光影装置、基于视觉暂留原理发明的视觉装置、照相术、摄影枪、赛璐珞片基的黑白胶片、活动影像窥镜、卢米埃尔兄弟的摄影、投影装置的原理以及放映的商业模式等概念。通过对电影发明史的梳理，引导学生进行探究式学习：电影出现的过程，需要科学技术与文化达到一定高度，各种条件准备充足，在世界各地许多的发明者互相竞争、模仿与交流中，形成了我们今天看到的电影制作、拍摄及放映模式，并且电影工业从发明之初就充满了商业竞争。

本部分概念：视觉暂留原理、卢米埃尔兄弟的电影放映。

2. 介绍“中国学派”动画电影

向学生展示“动画片是怎样动起来的”、中国动画电影的诞生和发展及“中国学派”动画电影。通过展厅实物图片、动画片视频片段、国画、京剧视频片段等图片和视频资料，生动地展示“中国学派”动画电影的艺术特色。

在一部影片中，人物形象设计、场景设计、美术风格、配乐以及人物动作设计等，都是为更好地表现影片的内容和风格服务的。在“中国学派”动画电影中，浓郁的民族特色使影片要表达的“讲述中国故事”的主题更加鲜明。

在我国民族艺术中，有种类繁多的艺术形式，这些充满了民族特色的艺术形式，为“中国学派”动画电影的创作提供源源不断的艺术灵感。水墨动画片可以称得上是中国动画的一大创举，它将传统的中国水墨画引入到动画制作中，那种虚虚实实的意境和轻灵优雅的画面使动画片的艺术格调有了重大的突破。国产动画电影还从传统的剪纸、木偶、皮影艺术中汲取灵感。民族音乐的运用是“中国学派”的重要因素之一，与富有中国意境的画面相配合，体现出浓郁的中国特色。戏曲艺术是我国的民族传统艺术，有完整成熟的造型语言与表演程式，许多动画艺术家都把中国戏曲作为自己学习和参考的范本，并大量运用于动画创作中，别具魅力。我国漫长历史中无数闪亮的故事、小说、传说是“中国学派”动画电影民族风格的创作源泉，也给这些动画电影打上了鲜明的民族“烙印”。在叙事结构上，“中国学派”也秉承了中国文学传统叙事结构——线性结构，即采用时间顺序开展剧情，故事发展按照情节的开端、发展、高潮、结局来铺陈结构，从头至尾，强调情节单一和完成性。

以《小蝌蚪找妈妈》《骄傲的将军》《大闹天宫》《牧童》《山水情》《天书奇谭》和《哪吒闹海》等动画片为例重点讲解，配合动画片视频片段开展教学。

本部分概念：拉毛工艺、留白、青绿山水、民乐乐器、戏曲脸谱、锣鼓点等。

3. 互动环节

由学生动手制作完成。如制作用视觉暂留原理模型板——动画小扇子、戏剧脸谱面具等。

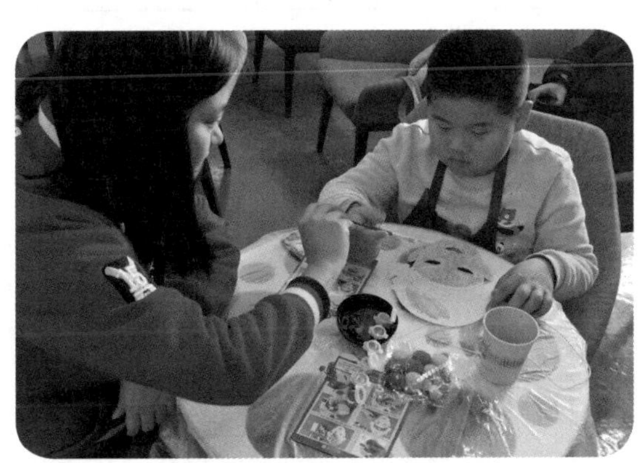
家长与孩子共同制作戏曲人物脸谱

通过讲解、观看图片、视频等方式，让学生从动画片入手，感受中国传统艺术特色的美妙之处。同时，又从中国传统文化入手，在介绍影片的同时向外延伸。学生通过这一节课的学习，不仅学到了电影知识，也对由“中国学派”动画电影串联起的传统文化知识有了初步的了解。通过课程的学习，激发学生民族自尊心和自豪感，锻炼学生的动手能力，鼓励学生在此基础上进一步探索。

七、课程特点

1. 课程立足于中国电影博物馆特色，依托丰富的馆藏资源开展教学。课程中提到的“视觉暂留原理”、电影发明的过程、中国的美术电影等内容都可以在展厅中找到。在展厅参观过程中，可以进一步了解课程内容，易于少年儿童对知识点的理解和吸收，也使得展厅参观更有的放矢。

2. 以电影为切入点。动画电影这个题材比较轻松有趣，对于少年儿童来说易于理解。讲课结合动画放映和动手制作，使学生可以更直观理解授课内容。

3. 根据受众年龄段的不同，采用不同的授课方式。面对幼儿园或小学低年级学生，授课内容以侧重放映视频和手工制作，如制作动画小扇子、京剧脸谱面具等，达到玩中学的目的；面向更高年龄段学生，则更多引入开放性提问，让学生进行思考，开展探究式学习。

八、课程效果及评价

中国电影博物馆“光影知识乐园”活动从2008年开始举办，是中国电影博物馆品牌社会教育活动，多年来吸引北京及京外地区的中小学及观众参与活动，具有广泛的社会影响。本课程从2014年开始设计，2017年起在我馆“光影知识乐园”活动中使用并不断改进。参与活动的受众中，有中小学生和以家庭为单位的普通观众，受众年龄段较广泛，课上互动效果良好，得到了观众的认同。

课程策划及实施团队

姓名	性别	工作单位/部门	职务/职称	活动分工
白舸	女	中国电影博物馆/社会教育部	初级馆员	全面负责项目策划、执行，课程设计、执笔及授课

点石成画——矿物颜料绘扇

中国地质博物馆

一、课程背景

在古代，人们作画所需的颜料，是用五颜六色的石头磨成粉调和而成的。这些矿物颜料性能稳定，不容易褪色和变质，用矿物颜料绘制的画作至今依旧色彩鲜明。石头是我们对岩石的俗称，自然界中的岩石都是由矿物组成的，所以我们把石头制作的颜料称之为矿物颜料。地球上 5700 余种矿物中，能够制作矿物颜料的不足一百种。青花瓷上那迷人的蓝色来自蓝铜矿，西藏唐卡上耀眼的中国红是朱砂的粉末，而莫高窟壁画中飞天女衣襟上的黄色则是雌黄的杰作。矿物颜料是无机颜料，属于无机性质的有色颜料，它的来源主要有两类：一类是用天然矿石经选矿、粉碎、研磨、分级，精制而成，主要用于绘画、工艺品、仿古、文物修复等；另一类是由天然矿产品经过一系列化学处理加工而制成的化工合成颜料。

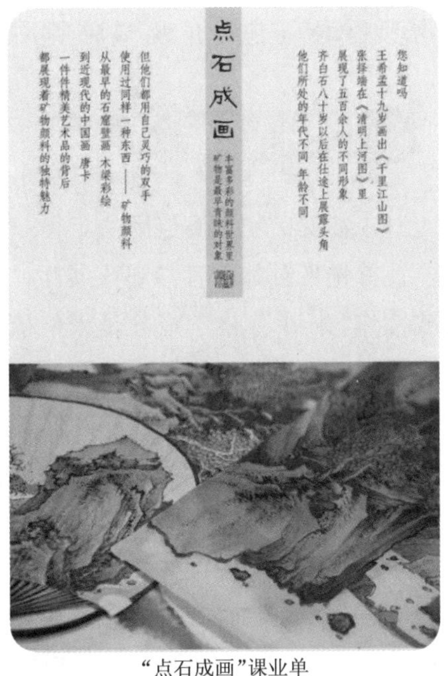

“点石成画”课业单

二、课程目标

1. 认知目标:通过对矿物晶体基本性质的主题讲解,让体验者了解矿物颜料的相关知识。

2. 能力发展目标:通过绘制"青绿山水"团扇,掌握矿物颜料绘画的基本技巧,提高体验者的想象力和创造力;通过对作品的展示和介绍,培养体验者的语言表达能力。

3. 情感培养目标:培养体验者审美情趣,体会地学文化与传统文化相互碰撞的魅力。

三、授课对象

初中、高中学生。

四、涉及学科

涉及地理、物理、化学、美术。

五、设计思路

"点石成画"以博物馆矿物岩石展厅陈列为基础,进行实操互动式科普体验,既让体验者了解矿物颜料的历史沿革、生活应用,同时又可以亲自研磨矿物颜料、使用矿物颜料进行绘画等。首先在矿物岩石展厅,通过对实物的讲解,让体验者了解什么是矿物的自色和他色,以及什么是矿物的条痕色等;其次认知哪些矿物可以作为矿物颜料,同时对部分矿物颜料的物理化学特征进行介绍;最后在实操地点利用矿物颜料进行绘画制作。

六、课程内容

1. 参观矿物岩石展厅

首先带领体验者参观该展厅,了解矿物的种类、物理、化学性质。以辰砂为例,在生活中被称作"朱砂",化学成分是天然硫化汞,色泽从鲜红色到深红色、黑红色。在古代,辰砂就被用作朱红色的颜料,广泛用于国画艺术和漆器制品。介绍雌黄时,首先抛出问题:"信口雌黄"这一成语的出处哪里来?在古代是没有我们现代这样发达的,书写信件如果写错了,用什么来修改呢?就用我们的雌黄,在上面涂一下,就可以继续书写新的内容了,充当了涂改液的作用因此"信口雌黄"就是这样得来的。

2. 运用实物及课件介绍矿物颜料的使用历史

展示并介绍形态奇美、颜色鲜艳的矿物晶体标本,使体验者不仅可以近距离观看还可动手触摸,加深对矿物晶体的认知。通过 20 分钟的 PPT 教学环节,加深了体验者对矿物颜料的整体认知，巩固了在展厅听到的基础信息。

通过观看历史名画《千里江山图》，来深入探讨矿物颜料在美术史上发挥的极致作用。这幅作品长近 12 米，通篇使用到三个典型色彩，石青、石绿和赭石，它们所对照的矿物标本就是蓝铜矿、孔雀石和褐铁矿。

3. 绘制“青绿山水”团扇

材料：毛笔、宣纸、团扇、颜料等。

第一步：起稿，在团扇上使用勾线笔蘸墨汁勾勒出山脉的轮廓。

第二步：使用染色笔沾赭石色进行第一遍山脉的渲染。

第三步：待赭石色干湿程度极佳时，渲染石绿色，进行山脉的皴、擦。

第四步：进行石青色的点缀，通过色调的渐变、晕染，一幅青绿山水团扇就完成了。

4. 体验者进行作品讲述

每一位体验者讲述自己的作品内容，并进行展示。

绘制团扇

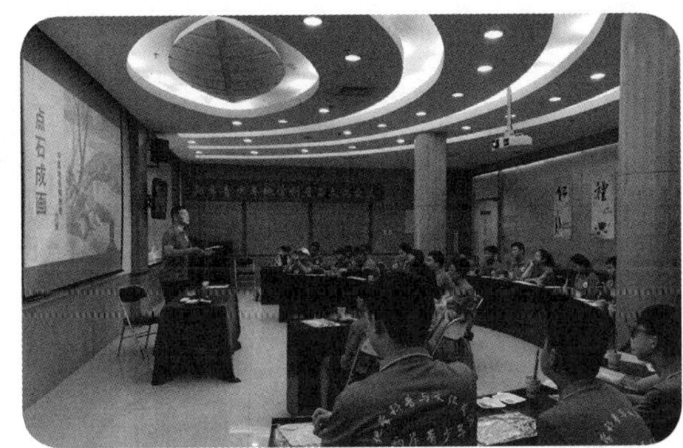

作品展示

七、课程特点

“点石成画”是中国传统文化与地学文化的有机结合，以“矿物颜料”为主角，讲述矿物颜料的特征、使用历史及其绘画功用，并利用矿物颜料绘制团扇，展现古典青绿山水的经典构图。旨在将矿物颜料与中国绘画元素相结合，综合展示矿物颜料在绘画艺术领域使用的奥妙之处。

八、课程效果及评价

通过科普课程调查问卷的数据统计，满意度较高，深受广大参与者喜爱，在寒暑假活动期间，除北京地区以外，其他省份的观众也有参与。在每年世界地球日科普周、“5.18”博物馆日、北京科普周期间均会组织该活动。“点石成画”科普课程曾被中央电视台英语频道、北京电视台卡酷少儿频道、中国科普时报、自然资源报等多家媒体做专题报道。在 2019 年科技部举办的科技列车甘肃行活动中，该活动成功举办七场次，深受各地区受众的喜爱。

本着“设计有目标、资源有价值、实施有灵魂、效果有保障”的基本方向，科普课程不断完善科普能力，精进活动层次。整体来说，活动从设计理念上是比较成功的，贴合博物馆展陈序列，符合博物馆科普理念。课程所需素材方便购置，易于观众集中学习，可独立完成作品，体现了学以致用。活动实施简单，无须大操大办，易于博物馆运营。整场活动零风险操作，确保参与者人身安全。

课程策划及实施团队

姓名	性别	工作单位 / 部门	职务 / 职称	活动分工
唐驰	男	中国地质博物馆 / 社会教育部	讲解员	执笔人
李雯雯	女	中国地质博物馆 / 社会教育部	主任	部门负责人
李晓宇	女	中国地质博物馆 / 社会教育部	值班副主任	活动负责人

微信公众号
中国地质博物馆

火山大爆发

中国地质博物馆

一、课程背景

世界上的山千千万万，但是有一种“山”却与众不同，它如果生气或者发怒了，就会变得很危险，这就是火山。火山喷发时的景象是异常壮观的，通常伴随着巨大轰鸣声，炽热无比的岩浆吞噬着周围的一切，方圆几十里瞬间被浓烟淹没。火山喷发是由于地壳运动导致的，如果地球地壳没有任何变化，地球将会成为一颗沉寂的星球，正因为地球的不断运动，才会塑造了许多的岛屿、山脉和平原；正因为火山喷发，人们才会享受自然温泉，使用火山灰作为农作物原料……

“火山大爆发”课业单

“火山大爆发”是利用生活中常用的“醋”和“小苏打”发生化学反应产生的大量泡沫，来模拟火山喷发的场景。此次活动基于中国地质博物馆一层地球厅的“地壳运动”“火山喷发”和三层史前生物厅的“恐龙绝灭”展示内容，带领体验者了解主要地质现象和恐龙绝灭的假说，尤其是内动力地质作用下的火山喷发地质现象，以及火山喷发所带来的影响，并通过此次活动激发体验者探索自然现象的欲望，并了解一定的地学原理。

二、课程目标

1. 认知目标：通过对展厅中地学原理的讲解，让体验者了解火山喷发形成的原因、火山活动情况的类型以及火山对人类的影响等知识。

2. 能力发展目标：在实践环节中，让体验者学会认识火山这一地质现象，并通过回答老师的提问，提高自我阐述原理的能力，开发体验者即兴回答的能力。

3. 情感培养目标：通过展品的介绍、科学实验体验活动以及相关原理的介绍，开拓体验者的理性思维方式，培养体验者的科学探索精神。

三、授课对象

幼儿园大班、小学 1 ～ 2 年级学生。

四、涉及学科

涉及地质学。

五、设计思路

1. 教学目标：通过对展厅关于火山及恐龙绝灭假说的讲解，向体验者展现火山喷发原理、火山的活动状态分类、对人类生活的影响以及体验者了解恐龙的绝灭假说与火山的关系。

2. 教学重点：火山喷发原理、火山的活动状态分类。

3. 教学主要流程：此活动分为四部分：首先以谜语引出问题，使体验者带着问题参观展厅；第二部分参观地球厅和史前生物厅，讲解火山如何爆发、火山活动状态分类等重点内容；第三部分回到体验区，用图片、动画视频等互动形式，帮助体验者认知相关地质学科；最后体验者亲手制作火山外形，动手操作“醋”和“小苏打”中和反应的化学实验，观察“火山喷发”的模拟场景。

六、课程实施

1. 资料准备

选取与体验者年龄相匹配的火山喷发动画视频、火山喷发图片，运用旁白音乐从舒缓到

高亢，来表现火山从一开始的“和颜悦色”，到最后“生气”的整个大爆发的过程。以展厅中的火山模型及火山喷发留下来的“证据” ——岩浆岩火山弹等展品为切入点，展开关于火山的讲解。

2. 材料准备

卡纸或其他红色系材料、一次性纸杯、一次性纸盘、食用醋、食用小苏打。

3. 课程内容

（1）活动主题导入

“世界名山千千万，但它却把自己藏，一旦生气或发怒，肚里热液全流淌”由这个谜语拉开活动主题的序幕，并在参观展厅之前抛给体验者若干问题，比如火山为什么会喷发、恐龙的绝灭与火山又有什么关系等，使体验者带着问题参观展厅。

参观讲解

（2）参观展厅

带领体验者在展厅中做主题式参观，围绕一层地球厅介绍内动力地质作用下的火山喷发地质现象，以及火山喷发所带来的影响；围绕三层史前生物厅内容，重点展开对恐龙绝灭假说的知识讲解。

（3）利用多媒体回顾知识点

展厅参观后，将体验者带回到地球剧场，观看恐龙绝灭与火山喷发相关动画视频，采用演示法和提问法，比如火山活动的状态包括几大类型、火山的害处和益处等，加深体验者对知识内容的了解。

（4）引导体验者进行科学实验

利用体验者经常吃的食用醋和蒸馒头时会用到的小苏打，带领体验者完成此次“火山大爆发”科学实验活动。以与火山颜色相近的卡纸或其他红色系材料制作成为火山外观，在组织者的带领下，首先缓缓倒入小苏打，接着快速倒入食用醋，通过二者的中和反应产生泡沫，作为火山喷发后的热液，“火山大爆发”的场景近在眼前，其原理是：小苏打的水溶液是碱性的，而醋是酸性的，当醋注入瓶中与底部的小苏打发生中和反应，产生大量的气体，这个气体就是二氧化碳，当我们的瓶子无法容纳这些气体时，气体就逃逸出来。

科学实验活动

那么火山喷发又是什么原理呢？火山的喷发是由于岩浆自身演化或外来流体的注入，使得岩浆房中原本平衡的状态被打破，岩浆演化产生的挥发份及新注入的流体都会使得岩浆房的压力增加，迫使岩浆不断向岩浆房顶部施压，为了释放压力，岩浆会沿着构造薄弱地带向上运动，最终通过火山通道喷出地表，形成了火山喷发。

七、课程特点

“火山大爆发”科学实验所需材料简单，利用平常生活中常用到的“醋”和“小苏打”模拟自然现象，实验效果生动形象，能够有效激发体验者的兴趣。

八、课程效果及评价

本课程以最直接的展品为切入点，灌输火山知识的同时不断进行提问—回答—反问，加深体验者对关于火山的一系列名词、概念等印象。其次通过观看动画视频、卡通图片等资料，激发体验者的兴趣，有利于集中注意力，在此情况下再次回顾已讲知识点。最后是科学实验环节，有了之前对关于火山各种知识的认知后，体验者已经对“火山大爆发”迫不及待了。体验者或小心翼翼或激动不已或欢呼雀跃，使体验者在特定的活动氛围中感受地学知识。

目标评价：通过多次反复回顾火山的喷发原理和活动类型，基本达到了让体验者对于火山这种常见的地质地貌的初步认知，并让体验者运用自己的语言和思维，在科学实验中描述了火山喷发这一地质现象，锻炼其语言表达能力及理性思维能力。

内容评价：借助展品、图片、视频等综合教学手段，注重体验者知识体系的构成，在探究过程中积累地学知识，使体验者通过讨论、抢答等形式，达到寓教于乐的学习目的。

材料评价：此次科学实验活动的材料主要包括褐色卡纸、食用醋、食用小苏打等，材料简单易操作。选用和火山颜色相近的褐色卡纸贴近火山外貌；选用食用醋和小苏打不仅为大家熟知，而且可以非常真实的模拟火山喷发场景。

课程策划及实施团队

姓名	性别	工作单位 / 部门	职务 / 职称	活动分工
郭雯	女	中国地质博物馆 / 社会教育部	讲解员	执笔人
李雯雯	女	中国地质博物馆 / 社会教育部	主任	部门负责人
李晓宇	女	中国地质博物馆 / 社会教育部	值班副主任	活动负责人

我在地博修化石

中国地质博物馆

一、课程背景

在博物馆参观古生物化石展览时，人们常被精美化石尤其庞大的恐龙骨架所吸引。但对化石展出之前所发生的故事，很多人都感到既神秘又疑惑。恐龙从出土到装架展览的过程中，既有科学家的不懈探索，又有技术人员的精湛技艺，是众多科学工作者共同努力的结果。本次科普活动以古生物化石标本为载体，让学生们通过模拟修复古生物标本，体验化石“重生”的过程。

所谓化石修复，通俗地说就是将从野外采集回来的化石标本，通过化石修理人员的专业修理技术，把包裹在化石标本周围的泥沙、岩石恰到好处地清理掉，使标本中的古生物遗迹、遗体形态特征暴露得更加明显、更加突出，使科研人员研究更方便，在标本展出时更形象、更生动，为科学普及工作服务。此次科普活动旨在培养学生对古生物学的兴趣，通过中国地质博物馆标本修复专业技术人员的现场指导和示范操作，让学生们了解化

“我在地博修化石”课业单

石的修复技术,同时也让学生们亲手体验化石修复的简单步骤,动起手来,参与化石修复的互动环节。

二、课程目标

1. 认知目标:让体验者通过在博物馆的参观和参加“我在地博修化石”的活动,能够对展览或者展品相关知识有所了解,并学习古生物相关学科知识。

2. 能力发展目标:在活动中充分展现自己的才能,激发探索欲、求知欲以及培养实践操作能力。

三、授课对象

7 ~ 16 岁青少年。

四、涉及学科

涉及地质学、化石仿生学。

五、设计思路

带体验者参观展厅,让他们对展览及展品有初步印象和认识;参观标本技术修复室,通过观看标本技术室人员修理化石的过程,让体验者对化石修理有初步认识,并对化石修复工作有一定的了解。设置实操环节,在标本修复专业人员的介绍和指导下完成三叶虫化石标本的修复工作。

六、课程实施

1. 参观展览

(1)阶段目标

直观地对展览及展品有初步印象和认识,增加知识储备。

(2)活动脚本(精选)

首先带领体验者参观史前生物展厅,以生物进化过程中发生的重大事件为线索,展示生物由低级到高级、由水生到陆生、由简单到复杂的进化历程。在人类文明史之前,地球上已经存在一个丰富多彩的生命世界,现在虽然无法看到,但可以通过阅读她留下的特殊文字——化石,来了解这个神秘的史前世界。化石是指由于自然界作用保存在地层中的史前生物的遗体、遗迹。可以通过让体验者参观化石精品墙,然后在展厅中找到它们的真品。

接下来观察鹦鹉嘴龙的化石标本,同时启发大家思考一个问题,如此立体、生动的恐龙骨骼化石，是它被挖掘出来时就是这样，还是经过专业人员的修复以后才成为现在呈现在我们面前的样子？

2. 参观标本修复室

（1）阶段目标

通过观看标本技术室人员修复化石的过程，让体验者对化石修复有个初步认识。

（2）活动脚本（精选）

介绍化石修理工具。气动风刻笔是近年来风行于化石修复行业的一种新型工具，它的优点是长时间使用不发热，主要用于修理比较坚硬的围岩（我们把包裹在化石标本周围的泥、沙、岩石统称为围岩）。剔针主要用于修理比较松软散的化石围岩，剔针针尖的形状有圆锥形、马蹄形、一尖三刃形等，其中以马蹄形居多，使用起来灵活。凡是遇到需要看清楚化石细微部位的，就要用到高倍显微镜，如一些啮齿类的小头骨，需放在显微镜下放大数倍才能看清楚其形态特征。有些化石十分细小，如小牙齿，如果用手捏住这些化石非常不易，这时就须用镊子帮助夹起，然后把它们放到适当的位置。吸耳球与剔针在化石修理中是一对搭档，用剔针修理化石的时候吸耳球就会出现，剔针修理的化石多为细小的化石或化石中的细微部位，其修掉的围岩碎屑不宜用毛刷直接清扫，以免损伤化石标本。

3. 实操

（1）阶段目标

通过亲手参与化石修理的过程，体验标本修复工作，了解标本背后的故事。

参观标本修复室

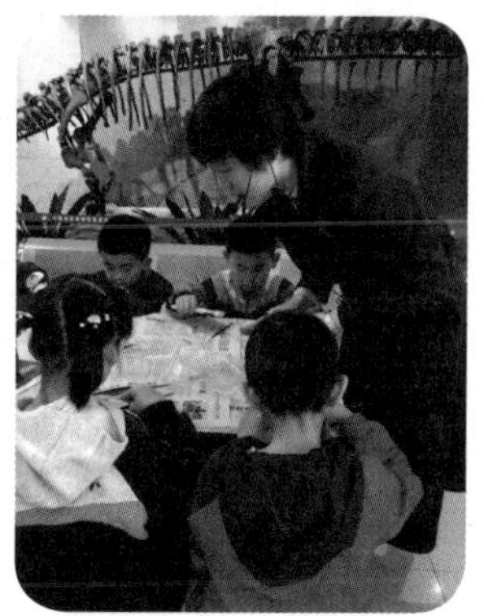
体验标本修复

（2）活动脚本（精选）

首先介绍这次修复的主角“三叶虫”，三叶虫的名字是怎么来的呢？因它的背甲被两背沟纵分为轴部，和左右对称两肋叶，由前至后可分为头、胸、尾三部分，故称三叶虫，它能终生阶段性脱壳，所以常见头甲及尾甲分散保存为化石。三叶虫是生活在寒武纪的海洋生物，种类特别的多，共有 1.7 万种。不知道大家有没有看过电影《攀登者》，电影中，在珠穆朗玛峰顶峰发现的化石就是三叶虫了，那么为什么会在山峰上发现三叶虫呢？其实这就是真正的沧海变桑田故事了。组织者会向每一位体验者发一份材料包，材料包里包括牙刷、剔针、化石，剔针用来剔除周围的灰岩，牙刷用来清扫，使用过程中要注意安全，时间 25 分钟，活动结束要把所有材料收回材料包。

七、课程特点

此次科普活动充分利用了面向公众开放的标本修复展示平台，通过标本修复专业技术人员的现场指导和专业的示范操作，让体验者了解化石的修复技术，体验者在进行化石修复时拿到的是真正的三叶虫化石，而不是模型，旨在激发体验者对化石修复产生兴趣，对大多数体验者而言，这可能是从未有过的经历。

八、课程效果及评价

活动充分利用了博物馆的硬件优势，选择了寒武纪早期的三叶虫化石，运用讲授、演示、动手操作等多种方法，调动了体验者的感官，充分激发体验者的兴趣、好奇心、求知欲和探索欲。在参观展览、观看演示、实际操作的过程中带着兴趣和好奇心获得了知识。许多体验者表示非常希望中国地质博物馆持续开展这样的活动，能够继续参加。

课程策划及实施团队

姓名	性别	工作单位 / 部门	职务 / 职称	活动分工
雷明月	女	中国地质博物馆 / 社会教育部	讲解员	执笔人
李雯雯	女	中国地质博物馆 / 社会教育部	主任	部门负责人
李晓宇	女	中国地质博物馆 / 社会教育部	值班副主任	活动负责人

大手拉小手——人工智能博物馆之行

中国妇女儿童博物馆

一、课程背景

为贯彻落实习近平总书记2018年11月2日同全国妇联新一届领导班子成员集体谈话时的重要讲话精神和关于对文博工作的一系列重要指示精神，利用好博物馆全国科普教育基地和全国爱国主义教育基地平台，开展科普宣传，增强儿童的爱国情感，中国妇女儿童博物馆与中国女科技工作者协会共同策划开展“大手拉小手——人工智能博物馆之行”现场科普课程及展示活动，旨在让青少年了解人工智能相关科学原理、运行规律，感受科学的魅力，在“玩”中爱上科学。同时，希望开展内容丰富、形式多样的科普活动，在青少年心中播下“科学、爱国、奋斗”的种子，弘扬传播科学精神、科学思想、科学方法，提升青少年的科学素养，促进形成讲科学、爱科学、学科学、用科学的良好氛围。

二、课程目标

重点突出基础理论与实践操作相结合的环节和特色，引导学生提高获得新知识和创造性探究的能力，开发“聆听与参与、体验与互动”教学方式，突出动手练和动脑想；通过科普实践活动对理论知识进行整合、建构、拓展和提升，培养学生体验、探索、发现、感悟的认知结构。

三、授课对象

4～6年级学生。

四、涉及学科

涉及心理学、数学、计算机科学。

五、设计思路

前期与中国女科技工作者协会共同研究，确定活动目的、活动主题、时间、地点、对象等，明确活动流程、指导老师及相关工作人员，确保活动的顺利开展。

课程设计从人工智能信息技术素养、学习素养、独立自主、创新与创造力、问题解决能力与分析探究力六大方面核心素养着手，课程开展主要以老师讲解和同学们的互动实施进行，通过多学科相结合的形式介绍人工智能相关概念及机器人技术，把传统单纯认知的人工智能理论知识转化为动态的实验、现象等，在动手操作体验中激发学生对知识的运用及推导能力，引导知行合一的学习模式。

六、课程内容

1. 提升科学核心素养的课程

课程专业内容涵盖广泛，知识逻辑环环相扣，层层递进，是一种良好的组合学习方法。通过提问题、讲述机器人故事导入课程主题，激发学生兴趣；把机器人及机器人技术在科幻小说、影视作品里的虚幻呈现与现实科学领域的现状与发展做对比讲解，引发学生探究式学习；不仅符合认知同化过程理论，而且更有助于学生在实践中学习。新时代背景下，核心素养提升是学生适应社会发展及大数据信息时代的需要，也是本系列科普活动的初衷与追求。

2. 馆校、科研机构的“创新”联合

“大手拉小手——人工智能博物馆之行”科普活动，由中国妇女儿童博物馆、中国女科技工作者协会联合举办，在领导重视、专家老师积极参与、校方积极配合下，取得初步成效，为后续活动的完善与延展奠定了基础。

七、课程特点

课程实施及教学安排按照讲授内容的递进关系进行，例如专家老师的课堂讲授、师生互

动问答以及互动性体验等环节。课程的讲授遵循了逐渐分化和整合协调原则，以适应小学阶段学生对于抽象科学原理的理解。

课程中的互动环节，如小游戏、动手操作实践等类型，能够在一定程度上调动学生的兴趣。在实验或游戏的过程中，原理得到了诠释和深化，探索与创作的能力也得到了展现和锻炼。

在学习过程中，学校老师鼓励学生们认真观察并适时记录，力求实现知识的转化输出。为评估活动效果，在实践过程中增加了教学体验调查反馈环节，采用现场抽查的方式了解学生对于课程及整体活动的满意度。

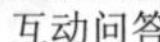
互动问答

动手评估

八、课程效果及评价

本次科普活动侧重考虑教育活动开展形式的多样化，不仅可以“走出去”，亦可以“请进来”。我们以循序渐进的方式带领学生学习了解：现实世界的机器人到底是什么样子的，与科幻小说中描述的有多大差别？为什么世界各国都在竞相发展机器人技术，机器人技术为我们的世界带来了哪些变化？我们国家的机器人技术与世界先进技术相比，有哪些不同？机器人技术在未来会怎样？重点展示机器人的前世、今生和未来，展示机器人技术为世界带来的变化。

在活动中，学生对引导式、互动式、探究式的学习方式表现出浓厚的兴趣。一方面学到了更多的科学知识，体验科学探究的过程；另一方面也培养了学生良好的科学态度，发展自身的创新力和实践能力。

活动开展后受到学校老师和学生们的一致好评，不仅成功地为孩子们提供了亲近科学的机会，使参与活动的孩子们在一个轻松愉悦的氛围里，对科学技术知识产生更大的兴趣；同时，也更好地发挥了中国妇女儿童博物馆全国科普教育基地和全国爱国主义教育基地的作用，在青少年心中传播科学方法、科学思想和科学精神，进行了生动的爱国主义教育。

九、课程宣传推广情况

在中国妇女儿童博物馆官方网站以及微信公众号发布活动信息及活动新闻，中国网、千龙网、中国妇女网等多家媒体对该活动进行了全程报道，取得了良好的社会反响。

课程策划及实施团队

姓名	性别	工作单位 / 部门	职务 / 职称	活 动 分 工
梁红	女	中国妇女儿童博物馆 / 社教部	部长 / 主任编辑	策划 组织实施
赵晓光	女	中国科学院自动化研究所	研究员	策划 组织实施
曹建慧	女	中国妇女儿童博物馆 / 社教部	助理研究员	方案执笔 组织实施
郝铁超	男	中国妇女儿童博物馆 / 社教部	馆员	组织实施

更多关注请扫下方二维码

微信公众号
中国妇女儿童博物馆

“古生物大课堂”开讲啦

中国古动物馆

中国古动物馆隶属于中国科学院古脊椎动物与古人类研究所（IVPP），是该所1994年创建的中国第一家以古生物化石为载体，系统普及古生物学、古生态学、古人类学及进化论知识的国家级自然科学类专题博物馆。中国古动物馆同时也是全国青少年科技教育基地、北京市青少年教育基地、中国古生物学会科普教育基地和国家中央机关思想教育基地。1995年12月，中国古动物馆正式对公众开放，立足基地平台坚持面向中小学生提供内容丰富的地球演化和环境演变，充分整合了展馆优质展陈和专业资源，科学设计了活动内容，注重宣教效果，在增强中小学生互动参与兴趣上下功夫，让参与者学有所得、学有所用。

一、课程背景

中国古动物馆依托研究所近百年收藏的20余万件标本，从中精选有代表性的藏品700余件进行陈列展示。其中陈列着自5亿年前的寒武纪至距今1万年前史前时代的地层中产出的各门类化石标本和石器标本，包括无颌类、有颌鱼类、两栖动物、爬行动物、鸟类、哺乳动物和古人类化石及石器等，全面展示了生命演化的宏伟历程。针对馆藏标本，按照青少年受众特点，发挥展馆优势，学习科学思想、科学方法，做好科普工作和提高全民科学素质。

二、课程目标

积极引导中小学生了解地质年代表、生物演化的奥秘，了解演化过程中的重要演化节点。

三、授课对象

中小学生及家长、老师。

四、设计思路

针对中小学生成长特点和接受特性，从激发学生的学习兴趣入手，避免照本宣科式的授课形式，充分发挥古动物馆展品优势和野外台站的优势，通过举办有针对性的展览、科普冬、夏令营，流动化石车进学校等广受学生喜爱的活动，将古生物宣教知识点寓教于实操，寓教于场景，寓教于生活。

五、课程内容

（一）黄河象古生物探秘活动

1. 学习目标

（1）知识与技能：黄河象的形态与生活史特点；黄河象化石的发现与主要分布；黄河象在象类动物演化中的位置与作用；基于黄河象的研究对其所处时代和地区的古生物群落形态、古地理环境和古气候变化等问题的延伸。

（2）过程和方法：通过参观讲解、学习单测查、动手拼装体验、分享交流等方式，知行结合，让学生们加深对知识的输入、加工与输出的理解。

（3）情感态度与价值观：以前学生们可能只是在课本上听过黄河象的故事，但通过近距离接触黄河象化石以及了解黄河象研究的科学家们，令学生们着迷的可能不仅仅是黄河象化石是如何形成的，而是科学家们是如何通过科学思维和科学方法来研究黄河象的。

2. 相关学科

涉及古生物学、演化生物学、古生态学与古环境分析等。

3. 活动安排

（1）参观讲解（0.5 ～ 1 小时）

结合古动物馆展陈向学生们介绍黄河象的发现及科研人员后续研究的历程，引导学生们思考与黄河象相关的科学问题。

（2）学习单测查（0.5 小时）

以学习单的形式对已系统学习的内容进行测查，夯实学生对该领域知识的理解。

（3）黄河象科学教具模型拼装（1 小时）

结合古动物馆自主开发的科普教具，学生们亲手拼装起一个黄河象骨架，在骨架搭建的过程中加深对黄河象形态结构特征的理解。

黄河象模型拼装

（4）成果展示与分享（0.5 小时）

学生们轮流展示自己的拼装成果并对今日的学习活动进行总结分享，在经验交流中碰撞智慧的火花。

（二）山西鳄古生物探秘活动

1. 学习目标

（1）知识与技能：山西鳄的形态与生活史特点；山西鳄化石的发现与主要分布；山西鳄在鳄类动物演化中的位置与作用；基于山西鳄的研究对其所处时代和地区的古生物群落形态、古地理环境和古气候变化等问题的延伸。

（2）过程和方法：通过实物参观、科普视频观影、学习单测查、动手拼装体验、分享交流等方式，知行结合，让学生们加深对知识的输入、加工与输出的理解。

（3）情感态度价值观：让学生们了解到用化石和古老生命痕迹进行生物学研究的思维与方法，感受到古生物学的神奇与奥秘。

2. 相关学科

涉及古生物学、演化生物学、古生态学与古环境分析等。

3. 活动安排

（1）观看科普视频影片（0.5 小时）

结合古动物馆自主开发的优质科普视频资源，为学生们带来兼顾科学性与趣味性的视听盛宴，沉浸式地还原历史，与古生物同行。

（2）学习单测查（0.5 小时）

以学习单的形式对已系统学习的内容进行测查，夯实学生对该领域知识的理解。

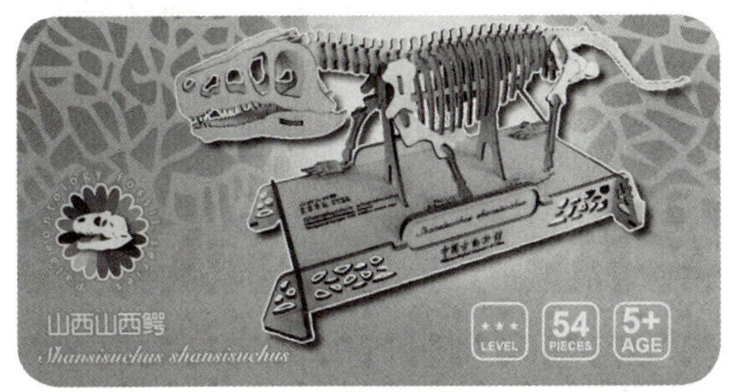

山西鳄模型拼装

（3）山西鳄科学教具模型拼装（1 小时）

结合古动物馆自主开发的科普教具，学生们亲手拼装起一个山西鳄骨架，在骨架搭建的过程中加深对山西鳄形态结构特征的理解。

（4）成果展示与分享（0.5 小时）

学生们轮流展示自己的拼装成果并对今

日的学习活动进行总结分享，在经验交流中碰撞智慧的火花。

（三）库班猪古生物探秘活动

1. 学习目标

（1）知识与技能：库班猪的形态与生活史特点；库班猪化石的发现与主要分布；库班猪在猪类动物演化中的位置与作用；基于库班猪的研究对其所处时代和地区的古生物群落形态、古地理环境和古气候变化等问题的延伸。

（2）过程和方法：通过专家讲座、展品学习、学习单测查、动手拼装体验、分享交流等方式，知行结合，让学生们加深对知识的输入、加工与输出的理解。

（3）情感态度价值观：通过此活动为学生们打开一扇通往古生物学的大门，激发孩子们像古生物家一样思考，对自然历史充满好奇。

2. 相关学科

涉及古生物学、演化生物学、古生态学与古环境分析等。

3. 活动安排

（1）专家讲座（0.5 ～ 1 小时）

由古动物馆相关领域研究的专家为学生带来一场学术报告，既让学生们了解到该领域的研究历程，也让大家知道当前的研究热点与前沿。

（2）学习单测查（0.5 小时）

以学习单的形式对已系统学习的内容进行测查，夯实学生对该领域知识的理解。

（3）库班猪科学教具模型拼装（1 小时）

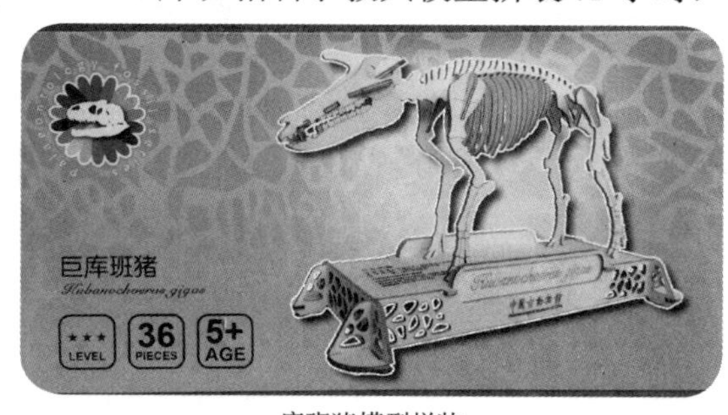

库班猪模型拼装

结合古动物馆自主开发的科普教具，学生们亲手拼装起一个库班猪骨架，在骨架搭建的过程中加深对于库班猪形态结构特征的理解。

（4）成果展示与分享（0.5 小时）

学生们轮流展示自己的拼装成果并对今日的学习活动进行总结分享，在经验交流中碰撞智慧的火花。

六、课程特点

古生物活动形式多样，内容丰富，受众广泛，始终坚持“请进来 走出去”的科普社教模式，静态展示和动手操作相结合，通过举办古生物科普展览，开发舞台剧和小实验等喜闻乐见的科普活动形式，不仅是教科学知识内容，更是教科学精神、科学方法、科学思维，青少年才能有独立的辨析能力、独立的思考能力、逻辑思维能力。

七、课程效果及评价

基于古动物馆大量的化石展陈资源、科研智库、专业的科普讲解团队以及自主开发的科学教具视频等，这一系列古动物认知与实践体验课程自创办以来，受到社会各界一致好评，除面向社会普通公众及师生群体参观学习外，还筛选出一批批小小古生物迷，成立了“小达尔文俱乐部”。这些沉浸在古生物学科学文化环境中长大的孩子们，也孕育着中国未来古生物学发展的希望，他们中的一些也许便会选择古生物学作为自己毕生追求的事业，长大后也会像他们现在所钦佩尊敬的古生物学家们一样。

课程策划及实施团队

姓名	性别	工作单位 / 部门	职务 / 职称	活动分工
张平	女	中国古动物馆	副馆长	课程总策划
葛旭	女	中国古动物馆	社交部主任	课程推广执行
顾霞	女	中国古动物馆	社教部科普讲师	课程推广执行

更多关注请扫下方二维码

微信公众号
中国古动物馆

彩虹风铃——奇妙化学之旅

中国化工博物馆

一、课程背景

中国化工博物馆把宣传科普化学工业知识作为行业博物馆的重要宗旨之一。化工产品在人们生活中起着重要作用，尤其是在衣、食、住、行、用等方面是不可缺少的。“奇妙化学之旅”系列科普活动是从真实生活和发展需要出发，从生活情境中发现问题，转化为活动主题，通过探究、服务、制作、体验等方式，培养学生综合素质的跨学科实践性课程。

二、课程目标

课程开发面向学生的社会生活，面向学生完整的生活世界，引导学生从日常学习生活、社会生活或与大自然的接触中提出具有教育意义的活动主题，使学生获得关于自我、社会、自然的真实体验，建立学习与生活的有机联系，具有价值体认、责任担当、问题解决、创意物化等方面的意识和能力。

三、授课对象

1 ～ 5 年级学生。

四、涉及学科

主要涉及科学。

参观展览

五、设计思路

“彩虹风铃”实践课程选取了日常生活中经常可见的酸性与碱性物质，通过实验操作与知识原理学习，使学生了解酸碱指示剂的概念，并借助实验手段的帮助，探究颜色变化的秘密。对于“酸碱性”的认识，也是化学学习中重要和基本的概念之一。中国化工博物馆有着大量近代民族化工产业诞生、发展历程介绍的篇章，其中便有制碱、制酸行业。基于此，结合馆内民族酸碱制造工业发展历史，开展以化学认识为特色的科学实验探索课程，成为该活动设计的初衷。

六、课程实施

1. 问题引出

参观化工博物馆“近代厅”展览，学习和了解近代中国化工产业由诞生到发展的历程。重点聚焦酸、碱制造产业，讨论并认识生活中的酸性、碱性物质。

2. 问题讨论

同样三杯溶液，一杯是白醋溶液，一杯是小苏打溶液，一杯是自来水。从表面看起来都呈现出无色、无味状，如何对其进行辨识？引导学生展开头脑风暴，讨论不同的识别方法。

3. 实验探究

针对上述问题，引入“酸碱指示剂”的概念，并讲述利用酸碱指示剂检测溶液酸碱性的原理。

学生首先按照老师的讲解，自己动手制作出酸碱指示剂。在这一过程中，一般会利用市场上容易买到的紫甘蓝，从紫甘蓝叶中提取出汁液，即为酸碱指示剂溶液，并分别装入小玻璃瓶中。

实验探究

配置不同浓度的酸性溶液和碱性溶液。并用滴管分别加入装有酸碱指示剂溶液的玻璃瓶中，观察玻璃瓶中溶液的颜色变化规律，并进行实验记录。

因为酸性溶液、碱性溶液浓度的不同，在指示剂作用下呈现出来的颜色亦不同，从而可以制得不同颜色的小玻璃瓶，将不同颜色的小玻璃瓶用麻绳编连起来，便会形成一套独具特色的彩虹风铃，可以做成装饰品。

4. 实验总结

通过实验操作，学生可以清晰、深刻的了解酸碱指示剂的概念，以及在酸性溶液条件下，酸碱指示剂呈现红色，在碱性溶液条件下，酸碱指示剂呈现蓝色。

5. 拓展应用

酸性物质和碱性物质在生活中有着广泛的应用，比如我们在评价水质的指标时，会经常用到酸碱性；平常食用的水果，很多具有酸性等。

七、课程特点

1. 课程采用的实验耗材，均来自日常生活，不仅易得，更给学生建立起一种“科学与生活息息相关”的理念。

2. 实验过程融入了控制变量法，让学生有了一定的自主探究性，更有助于学生兴趣的培养。

3. 实验结果“产品化”，延伸了课堂教学的内涵，提高了学生参与的积极性。

4. 课程设计与博物馆内容紧密衔接，延展了博物馆教育的内涵。

八、课程效果及评价

1. 学生通过活动了解了我国近代酸碱制造工业的发展历史，对生活中的酸性物质、碱性物质在概念上有了比较清晰的认识，理解了酸碱指示剂的概念并学习到一种简易制备方法，掌握了酸碱指示剂在不同酸碱溶液条件下颜色变化的规律，达到了预期效果。

2. 在实施过程中，学生学习到化学酸碱性有关知识，并亲自动手将科学与艺术相融合，做出科学小作品，整个活动形式寓教于乐，受到学生喜欢和学校的认可。

3. 通过为学生提供不同的学习场景，培养了学生对于化学的认识和化工的了解，丰富了博物馆教育的形态，增加了学生来博物馆的热情，发挥了博物馆对社会服务的职能，取得了预期社会效益。

4. 通过活动，向公众展示了化学以及化工对于美好生活以及社会生产所起到的巨大作用，拉近了化学、化工与公众的距离，普及了化学、化工教育，取得良好社会效益。

课程策划及实施团队

姓名	性别	工作单位 / 部门	职务 / 职称	活 动 分 工
高鑫堂	男	中国化工博物馆 / 社教部	高工	负责人
王海珠	女	中国化工博物馆 / 社教部	馆员	课程研究
赵 黎	女	中国化工博物馆 / 社教部	高工	组织实施
刘子铭	男	中国化工博物馆 / 社教部	高工	组织实施
闫卓楠	女	中国化工博物馆 / 展藏部	讲解员	展览讲解
张松浩	男	中国化工博物馆 / 社教部	工程师	组织实施 / 案例执笔

通关小达人——海关旅检体验

中国海关博物馆

中国海关博物馆位于北京长安街沿线，主展区建筑面积约8000平方米，是中华人民共和国海关总署直属的国家级行业博物馆，具有海关文物收藏保护、海关文化展示交流、海关历史研究、爱国主义教育等功能，是全国、北京市和东城区的爱国主义教育基地，以及北京市中小学生社会大课堂资源单位。

一、课程背景

根据海关统计，2018年我国年度出入境人次已达6亿，随着生活水平的日益提升，国民出境的经历也愈加普遍。依法对出入境旅客及货物进行查验，保障国际贸易畅通是中国海关的基础职能之一，旅客随行物品监管更是与百姓生活最为密切的业务范畴。中国海关博物馆作为学生的第二课堂，充分发挥博物馆教育职能，最大化利用行业独特知识背景搭设海关与公众的知识桥梁。“通关小达人——海关旅检体验”课程的设置既基于旅客检验与百姓日常出游的必然联系，同时也源于博物馆前期调研中观众对最关注的海关业务的反馈。

海关旅检体验（一）

二、课程目标

1. 知识与技能：了解海关旅检的具体内容及其与普通人的密切关系；熟悉日常生活中常见的违禁物品、限制物品与海关政策；掌握出入境过关的流程，学习报关单的填写；了解申报、无申报通道（俗称“红绿通道”）设置的原因等。

2. 过程和方法：通过视频教学、自主学习、讲解、角色扮演、动手操作、互动探究等方式，以参与者密切相关的机场旅检现场复原为探索场景，激发兴趣和求知欲，引导参与者主动学习探索，积极提问讨论，学以致用。

3. 情感态度与价值观：参与者通过课程体验感受海关及广大基层工作人员的辛苦和默默付出，淡化行业隔阂，培养吃苦耐劳的秉性、实践应用与是非分辨的能力，激发爱国主义情怀。

三、授课对象

该课程以增强参与者海关旅检的实操知识和危险、违禁物品认知为主，主要对象为具有一定学习、表达和思辨能力的广大中、小学生。

四、设计思路

对于海关的工作人员来说，出入境物品的查验与放行是有着复杂、严谨的法规支撑的，其中绝大多数的条框与学生的生活实践并无关联，在课程的设计当中，我们尽量简化物品及相关政策的解读，将着眼点放在学生的接受能力与日常相关两个板块，最大限度地使参与者学为所用、学以致用。

首先，向学生介绍他们即将扮演的旅客或是关员所需要履行的义务与职责，在对该工作有了一定的认知后向扮演旅客的学生发放行李箱及印有物品图案的磁卡，向扮演关员的学生发放海关制服及查验所需要的工具。最后，在完成一次完整的通关、查验流程后将两方学生互换。

海关旅检体验（二）

在课程的体验上，我们复原了机场旅检现场的原貌，从卫生检疫、申报物品再到申报、无申报通道的通过方式，这些都是为了加深学生在接受新知识上的体验感，从而打造一个具有沉浸式体验的教学环境。

五、课程内容

1. 海关旅检工作及违禁物品介绍

讲解老师组织学生观看范例视频，通过简明生动的语言向学生传授展板中常见出入境环节海关限制的物品内容，达到传递信息、传授相关知识、阐明旅检工作概念的效果，起到了解海关出入境旅检政策，认识海关之于国家、之于旅客重要的作用。同时利用旅检违禁品、涉税物品教具，让学生通过观察获得感性认识。

在该课程单元当中，讲解教师将知识的重点聚焦在海关依法征收关税以及禁止进出境物品的讲解上，主要利用数字和图像对需要掌握的内容进行科普。例如“对于进境居民旅客携带在境外获取的个人自用物品，总值在5000元人民币以内（含5000元）的；非居民旅客携带拟留在中国境内的个人自用物品，总值在2000元人民币以内（含2000元）的，海关予以免税放行”的知识点，讲解教师从“2000”“5000”两个容易记住的数字出发，通过与学生生活相关的事例和物品，引导学生对出入境过程中旅客所携带现金政策进行了解，并通过第二阶段角色扮演的模拟场景探索加以巩固，做到学以致用。

2. 角色扮演中的互动探究

通过在模拟环境下体验复原旅检现场、扮演旅客和查验关员的形式，使学生巩固第一阶段所学违禁品知识；掌握出入境过关的流程；学习报关单的填写；熟悉申报、无申报通道的通关流程；体验身为旅客、关员应尽的义务与职责。

在该课程准备期，由讲解老师根据现场人数情况将学生分为A、B两组。A组设置报关员、温度测试员、引导员、查验员、X光机操作员等岗位，并配发制服、查验器械；B组为旅客，携带印有物品名称、图像的磁卡，每位学生不少于两张。

课程开始后，由B组学生自行判断其所拿磁卡是否需向海关申报或禁止出入境；由A组学生在现场老师的帮助下判断所查检物品是否为违禁、限制物品，而后引导“小旅客”们进行自弃违禁物品或重新申报等处置。

在此课程阶段的设置中，紧密围绕第一阶段中“出入境违禁、限制物品”知识的巩固与理解，使来馆体验的学生充分认识海关对“发现”与“处置”工作的特殊性。通过知识学习、切身体验，达到“知行结合”，同时引导学生发挥“主观能动性”将经验总结为学生生活中的实用技能。

3. 巩固知识“带回家”

讲解老师引导学生从“业务现场”来到教室，使课程由动转静，更具仪式感。落座后，首先由讲解老师向学生进行“一天”关员工作的讲评；其后，带领学生使用材料包中违禁物品、限制物品及合理自用物品三组卡片进行手工制作，加工出一套属于自己的出入境小贴士，加强学生对于第一阶段、第二阶段所学知识的

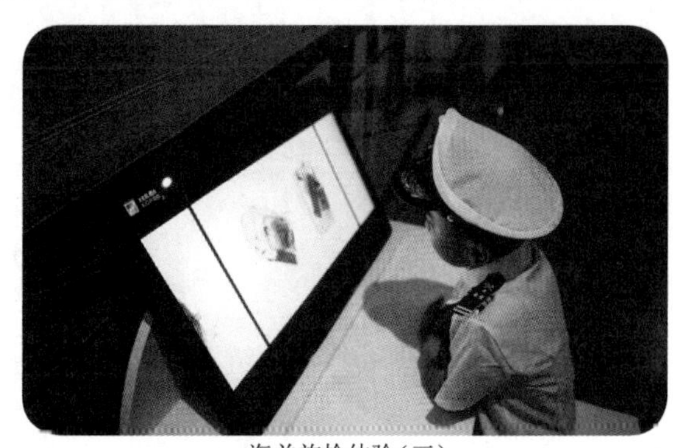

海关旅检体验（三）

印象，同时将学到的知识带回家同家人分享，也便于在日后的出国旅行中学以致用。

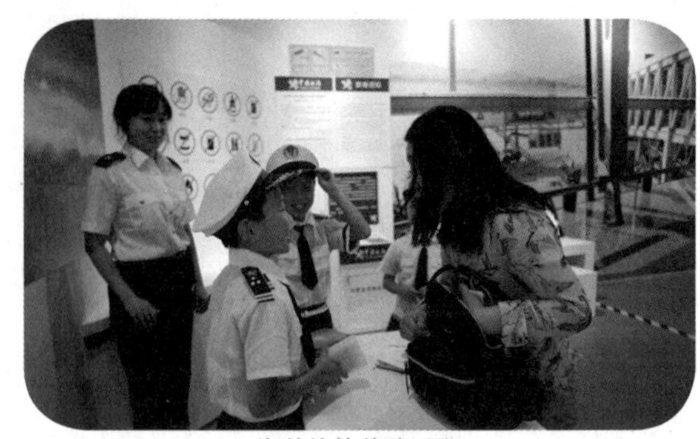
海关旅检体验（四）

六、课程特点

一是课程具备模块化的独立性设计，可根据实际情况将课程单元拆分并在外展、进校园等多种场合下出色完成课程的教育目标。二是课程内容基于观众调研，符合观众的学习需求，与观众的实际生活密切相关。三是课程重视知识与体验的有机结合，具有内容独特、场景独特、参与度高、成果转化快、寓教于乐的特点。

七、课程效果及评价

“通关小达人——海关旅检体验”课程是中国海关博物馆社会教育职能的实践探索。自2017年开展至今，该课程根据海关职能的变化，服务社会的需求以及参与者的意见不断完善，力求在各个博物馆丰富的知识体系中，探索出一条海关博物馆的社教道路，更好地发挥自身职能，为广大学生做好服务、为社会大众做好服务。

课程的设置立足于“第二课堂”的行业特性，关注学生在课时内知识与实践的转化，保证学生在课程参与中的求知欲、趣味性、满足感，引导学生的“知识思考”，激发“互动体验”和“实践应用”。课程发布的近3年间广受好评，通过积极地对外宣传和学生、家长的口口相传，场场预约爆满。

课程策划及实施团队

姓名	性别	工作单位 / 部门	职务 / 职称	活 动 分 工
林晔	男	中国海关博物馆 / 社教部	部门负责人	全面负责项目开发、实施
李骜	男	中国海关博物馆 / 社教部	主任科员	案例执笔
张汝娴	女	中国海关博物馆 / 社教部	讲解组组长	现场授课
王佳梵	女	中国海关博物馆 / 社教部	讲解员	现场授课
武英	女	中国海关博物馆 / 社教部	讲解员	现场授课
南希	女	中国海关博物馆 / 社教部	讲解员	现场授课

更多关注请扫下方二维码

微信公众号
中国海关博物馆

一吨煤的作用

中国煤炭博物馆

中国煤炭博物馆是全国煤炭行业历史文物、标本、文献、资料的收藏中心，是全国煤炭工业的科普教育机构、科学研究机构和宣传教育机构，先后获得全国科普教育基地、全国工业旅游示范基地、煤炭行业科普教育基地、山西省青少年教育基地、山西省爱国主义教育基地、山西省文明单位标兵等荣誉称号。2008 年 5 月被国家文物局评为首批国家一级博物馆，并顺利通过历次运行评估考核；同年被国家旅游局授予国家 AAAA 级旅游景区；2016 年 1 月被国家旅游局授予首批研学旅游示范基地；2017 年 11 月被教育部授予首批全国中小学生研学实践教育基地。

一、课程背景

煤炭是地球上蕴藏量最丰富，分布地域最广的化石燃料，同时它还是一种重要的化工原料。了解煤炭，合理开发和利用煤炭，对发展经济、保护环境具有重要意义。中国煤炭博物馆依托馆藏资源优势，围绕煤炭科普主题，面向中小学生，开展了一系列丰富的研学活动，对学生深入了解煤炭知识发挥了较好的作用。

二、课程目标

通过对“一吨煤的作用”的全面介绍，丰富学生们的煤炭知识，了解它在人类衣食住行和工业方面的重要作用，让学生对煤炭相关知识有一个形象认识，感受煤炭与我们的生活息息相关，进而培养节能意识、环保意识。

三、授课对象

小学高年级及初中、高中学生。

四、涉及学科

涉及科学、化学、生物。

五、课程内容

1. 我国煤炭资源分布的情况

我国的煤炭储量丰富，煤种齐全，但分布和数量却极不平衡，在全国形成了几个重要的分布区。以昆仑山—秦岭—大别山为界，界线以北的我国北方地区，已发现的煤炭资源占全国的90.3%，主要集中在山西、陕西、宁夏、河南、内蒙古、新疆等富煤区，其中，新疆的煤炭资源占北方煤炭资源的12.4%，成为我国最大的富煤区，界线以南的我国南方地区，已发现的煤炭资源占全国的9.7%。以大兴安岭—太行山—雪峰山为界，界线以西地区，已发现的煤炭资源占全国的89%，而该线以东是我国经济最发达地区，已发现的煤炭资源仅占全国的11%，同时也是煤炭资源贫缺的地区。因此，从根本上说“北煤南运、西煤东调”非常符合我国的实际情况。

2. 山西省煤炭资源的分布情况和特点

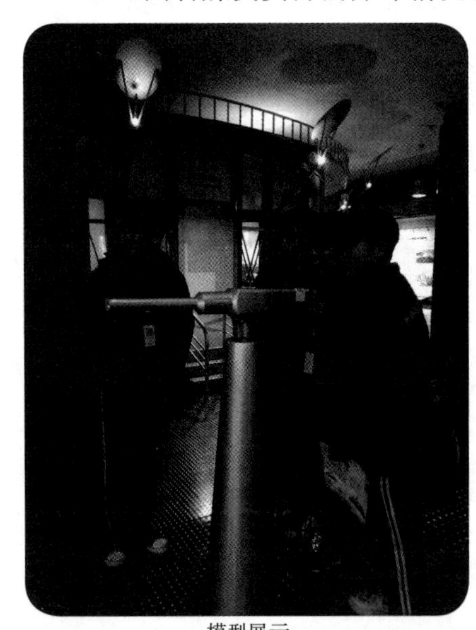

模型展示

山西历史悠远，自古为交通要塞、兵家必争之地、商贾云集、文化深厚、历史遗存丰富，煤炭资源更是得天独厚。自宋朝起，山西就成为我国重要的煤炭产地。据勘测，山西煤炭的预测储量达到6500亿吨之多，探明储量为2655亿吨。在全省119个县市区中，94个县市区都有煤炭分布，全省含煤面积有6.2万平方公里，占全省面积的40.4%。资源总量在全国排名第三，而商品煤调出量则一直雄踞全国之首。新中国成立以来，山西开采出的煤炭总产量达120多亿吨，如果用载满煤炭的火车一列接一列的连起来，可以绕地球三圈。

山西的煤种齐全，煤质优良，地质构造简单，开采条件好，由北向南分布于大同煤田、宁武煤田、西山煤田、河东煤田、霍西煤田和沁水煤田这六大煤田。山西煤炭在我国国民经济中占有举足轻重的地位。

3. 由一度电在日常生活中的作用到一吨煤的实际作用（举例说明）

一吨煤可以发电 2000 度，可以炼钢 2.8 吨，可以炼焦 0.6 吨。那么，一度电能干什么呢？一度电可以供妈妈骑电动自行车接送你一个星期，可以收看 10 小时的动画片，可供妈妈电磁炉烧制 2 道美味的菜，可用吸尘器打扫 500 平方米，可让普通家用电冰箱运行 24 小时……反之如果我们浪费一度电，就等于浪费了 4 升淡水，为大气增加了 1000 克的二氧化碳排放。

互动讨论

知识讲授

4. 互动环节

通过讨论生活中我们还存在哪些浪费电的行为，如何去避免这些浪费的行为？制订出在家和学校的合理节约用电方案，引导学生珍惜资源，节约用煤，从小事做起，从我做起，用实际行动来保护我们赖以生存的地球环境。

5. 推广宣传

中国煤炭博物馆利用官网、微信公众平台等，大力宣传研学活动。与太原市教育局合作，在太原市实践育人共同体平台上开展线上视频课程；与太原市示范性综合实践基地、晋中市中小学生示范性综合实践基地深度合作，开展线上线下研学实践课程；坚持开展“中国煤炭博物馆走进校园系列活动”，宣传煤炭文化，普及煤炭科普知识；同时，积极主动与全国其他省市研学基地进行交流，不断改进教学内容和形式，取得了较好的效果。

2019 年博物馆组织编制了“中国煤炭博物馆研学手册”，拍摄了《研学中煤博》宣传短片，配合新媒介，对博物馆研学活动进行全方位宣传推广，有效地扩大了社会影响力。

六、课程特点

课程目标明确、活动丰富、体验性强，使单调的博物馆参观变为多感官实践活动。通过“一吨煤的作用”这一视角，有利于学生理解煤炭的相关知识，明白一吨煤在我们日常生活中的作用，以及在未来如何通过科技创新把每一吨煤进行精深加工和高端转化，把一吨煤的作用利用到最大。进而启发学生深入思考，培养勇于探究发现的兴趣与能力。

七、课程效果及评价

通过辅导员讲解、实物展示、PPT 教学，使学生们了解一吨煤的作用，并穿插游戏和互动环节，锻炼学习专注力和团队协作能力，培养“珍惜资源，崇尚节约”的意识，从一滴水、一粒饭、一张纸、一度电开始，从点滴入手，从小事做起，培养节俭意识，以行动践行节约，让节俭成为习惯。

课程策划及实施团队

姓名	性别	工作单位 / 部门	职务 / 职称	活动分工
郭海胜	男	中国煤炭博物馆	中煤公司总经理、高级工程师	课程总策划
李晓英	女	中国煤炭博物馆	研学负责人、中级会计师	课程推广执行

微信公众号
乌金之旅

耕耘天地间——走进传统农具

中国农业博物馆

中国农业博物馆是以农业科普为特色的国家一级博物馆，通过收藏、研究、展示和社教活动等方式弘扬中华农业文明、普及农业科技知识。

一、课程背景

作为农业大国，中国传统农具的创造发明和使用历史悠久，其中犁、耧车和风扇车等农具的技术水平领先世界近千年。为充分体现我国古代人民的农耕智慧和科学水平，中国农业博物馆精选传统农具几百件，设立“中国传统农具陈列”专题。同时，结合当前学生很少有机会参与农业劳动，很少深入地思考过农具是如何改变农业生产、进而改变民族发展历史，对农业和农具的认识较为零散的现状。为了让学生们加深对中国传统农具和农业生产的认识，进一步了解我国悠久的农业历史文化和农业科技水平，感受我国古代先民的农业智慧，中国农业博物馆开发设计了“耕耘天地间——走进传统农具”课程。

二、课程目标

1. 知识目标

（1）农具基本类型：学生通过对耕地整地、播种、灌溉、中耕除草、收获、加工、运输等农业生产流程中使用的农具形成初步认识。

（2）农具发展历程：学生了解农具从原始社会到封建社会的发展过程，并能依据农具的功能联想到现代农业设备的设计。

2. 技能目标

（1）通过调研、讲解、分组讨论和观测探究等方式，激发学生们对主题内容的兴趣和求知欲，引导学生主动探索、积极参与和分享。

（2）学生能够根据给定的问题和限制条件，拼装组合典型农具。

3. 情感价值目标

（1）形成对农业的整体认识，意识到农业对我们日常生活的影响。

（2）认识到粮食背后的辛苦耕耘，在日常生活中养成节约粮食、健康饮食的生活方式。

（3）了解农具进化的一般规律，认识到科技是第一生产力，科技是推动农具发展变化的巨大力量。

三、授课对象

4 ～ 6 年级学生。

四、涉及学科

涉及科学、品德与社会、地理等。

五、设计思路

以“农具”为切入点，采用项目式学习（PBL）的教学模式，通过农具馆参观、科普讲座、动手拼装古代农具的形式，引导学生对领先世界水平近千年的传统农具产生兴趣，感受我国农业历史的悠久与辉煌；另一方面也能够启发学生对现代农业未来发展方向的好奇和研究。从最初农具的单一作用，到后来农具的复合作用，课程首先学习农具的分类，然后学习农具发展演变的一般规律，以及利用这个规律设计与制作出更适合时代的农具机械，最后了解地域的不同和条件限制，农具也会有所不同。

六、课程内容

1. 参观我国传统农具陈列，在讲解员的引导下分组探索我国传统农具的发展历程。（时长 40 分钟）

中国农业博物馆设有中国传统农具陈列，收藏着挖掘、耕整、施肥、播种、中耕、灌溉、收获、运输、脱粒加工、渔猎、饲养、劳动保护等过程中使用的农具几百件，能充分体现我国古代人民的智慧和力量。参观传统农具展览，了解不同农具品种的不同用途。

讲解员根据生产流程为学生介绍农具的分类、作用以及发展变化，引导学生找寻农具设计的巧妙之处。观看展厅内新中国成立初期我国山区的农具操作视频和部分农具的 360° 虚拟成像，了解其工作原理。场馆内巨大的春耕景观是以南方春耕劳作的场面为内容，生动地再现了南方春耕生产的忙碌景象。引导同学充分发挥想象力，想象在一块块的梯田上会分别出现什么样的耕作场景。通过参观，使学生对中国传统农具有了基础的了解。

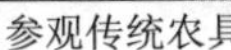
参观传统农具

拼装农具

2. 科普讲座及动手实践紧密结合，带孩子们深入探究农具的机械原理，感受先人的智慧。（时长 90 分钟）

通过科普讲座结合 PPT 教学、视频观看、小组讨论，动手拼装农具等形式，向同学们生动形象地展示我国传统农具的机械原理，并通过对比理解我国农具的产生与不断改进。

（1）通过视频资料创设情境，展示我国传统农具的机械原理，通过询问促使学生重新组织自己对于农业和农具的前概念，诱出概念以促成知识的内化和建构。

（2）科普老师向学生讲解农业生产的基本概念和工艺流程，配合之前的展厅参观来完善学生关于传统农业和农具的知识储备，为后面讨论与设计环节打好基础。资源准备：农具和农作物模型标本、PPT、学习单。

（3）科普老师以石磨、犁为代表分析其产生与历代发展改造。

（4）科普老师通过对传统农业生产方式和传统农具的展示，对比现代农业生产中应用的各种先进技术，引导学生从时间维度和空间维度展开两者之间关系的讨论，并回答在这个发展和碰撞的过程中各方应该如何应对。

（5）带领学生思考并动手拼装 3D 曲辕犁模型，了解其各部件名称、功能及工作原理。

（6）分组讨论学生完成的模型是否适合现代农业，如果是你要进行改造你会怎么改？培养学生的创造力和批判性思维能力。最后组织学生分享交流。

3. 活动总结

每个学生填写活动评测表，了解学生对活动课所传递的知识的认识情况和博物馆教学满意度情况。

七、课程特点

本课程采用项目式学习的教学模式，在展览馆场域中从学生生活情境出发创设待解决的问题，学生们分组在展馆中开展活动，针对待解决的问题进行收集、辨析、整理关键信息和知识，并在此过程中与其他同学进行沟通交流。在完成任务的过程中，学生们逐步形成对我国传统农具和农业生产的初步认识，并对未来农业有所展望，进一步了解我国悠久农业历史文化和农业科技的进步。按照由浅入深的认知过程开发课程，活动主要达到“从趣味教学和动手实践中引导研究性学习”的目的，认识传统农具在农业生产中的功能，进一步了解农具的演变过程，培养观察、分析、解决问题能力，激发学生对农业的兴趣，使学生对中国劳动人民的创造智慧产生敬佩之感。同时，课程开发包括视频的制作和剪辑、手册的编辑和印刷以及课程农具拼装包，开发的课程可用于场馆多年授课活动，可持续性较强，且可开展进校园活动，在学校进行授课。

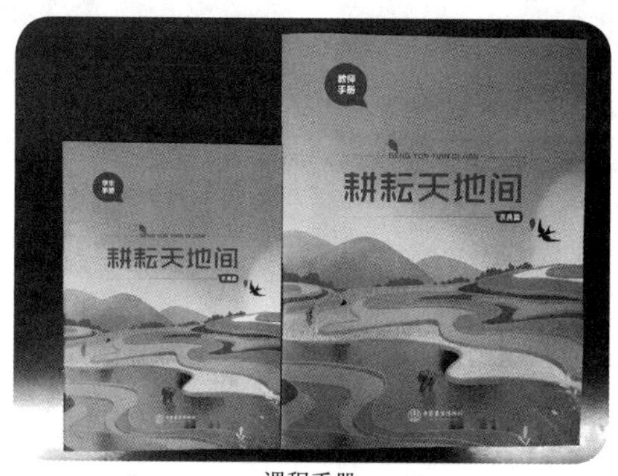

课程手册

八、课程效果及评价

统计课后调查问卷显示，学生感兴趣比例在98% 以上，对知识点的掌握率在90% 以上。甚至有部分学生自助查询了相关知识点，进行农具改造，激发了学生自主学习的兴趣。通过此次活动，学生较深理解了传统农具在农业文明中的作用，感受到我国悠久而灿烂的农耕文明；学生了解了农具从原始社会到封建社会的发展过程，并能依据农具的功能联想到现代农业设备的设计，进一步认识到粮食生产过程中人们付出的劳动和资源，对粮食的价值有更深刻的理解，从而养成健康饮食、节约粮食的生活习惯。

此项“耕耘天地间——走进传统农具”课程不仅是中国农业博物馆“农博课堂”资源单项目，同时也是为教育部研学项目开发的三门课程之一，通过教育部研学教育网站、中国农业博物馆官方网站、微信公众号、北京社会大课堂网站等向公众开展宣传推广。该项活动开发了全套的学习资源包，可向学校进行授课，开展博物馆进校园讲座活动，目前，该课程已惠及北京市多所学校。

课程策划及实施团队

姓名	性别	工作单位 / 部门	职务 / 职称	活 动 分 工
苏天旺	男	中国农业博物馆 / 社教部	副主任、副研究馆员	总负责人，全面负责项目开发与实施
吴蔚	女	中国农业博物馆 / 社教部	馆员	案例策划人，负责执笔案例及现场授课
赵靓	女	中国农业博物馆 / 社教部	科普教育组组员	协助活动组织与协调

更多关注请扫下方二维码

微信公众号
中国农业博物馆

种子达人

中国农业博物馆

一、课程背景

中国农业博物馆拥有丰富的科普资源，土壤馆汇集了我国主要的土壤资源类型，展示了数十种代表我国主要土壤类型的整段标本；农具馆精选传统农具几百件展示农业生产的具体工序。为了更好地让学生了解土壤和农业生产工具都是与农业耕作密不可分的，中国农业博物馆自2010年起每年春季开展“种子达人”活动，目前已连续开展10年，是中国农业博物馆最受欢迎的品牌活动之一。课程以学生热爱的种植活动为基础，引导和培养青少年对农耕文化和农业科技的兴趣。

二、课程目标

1. 知识目标：熟悉土壤的相关知识，理解土壤与农业、土壤与人之间的相互关系；了解农具基本类型和发展历程，明白农业生产的具体工序，并掌握犁的设计原理。

2. 技能目标：通过观察、实验、分析、归纳，进而撰写新闻稿件，训练学生发现、解决问题的能力。

3. 情感价值目标：学生能够通过对土壤的认知，逐步培养保护土壤、保护环境的意识；了解农具对提升古代农业生产效率的重要作用，养成热爱科学、扎实做事的工匠精神；能够认识到粮食生产过程中人们付出的劳动和资源，对粮食的价值有更深刻的理解，从而养成健康饮食、节约粮食的生活习惯。

三、授课对象

3 ～ 6 年级学生。

四、涉及学科

涉及科学、品德与社会、语文、地理。

五、设计思路

为引导和培养青少年对农耕文化和农业科技的兴趣，此课程以最受学生欢迎的种植活动为基础，以"基于实物的体验式学习、基于实践的探究式学习"为教学理念，以"感受、体验、分享"为特色，创新"线下学习 + 实践，线上交流 + 分享"的活动方式，结合博物馆参观、科普讲座、动手体验、新闻撰写、网络分享等形式，带领学生了解农耕文化，学习农作物生长的有关知识，培养学生的观察能力和研究能力，进而关注农业种植、绿色生态，激发学生热爱农业、探索自然的兴趣和信心，并且通过参与种植与分享等活动体会劳动的价值与艰辛，形成良好的劳动品质。

六、课程内容

1. 招募阶段

通过网络平台、中国农业博物馆官网、微信公众号、微信群等发布活动通知，招募 50 ～ 80 名 8 ～ 12 岁（3 ～ 6 年级）青少年参与活动。

2. 实施阶段

（1）博物馆展厅参观及研学活动

在科普工作人员的带领下，根据学习单参观中华农业文明陈列的古代馆和近现代馆，以农业历史为主线，了解贯穿我国农业科技、文化、经济和社会的农业文明演进。参观中国传统农具陈列馆，通过馆中陈列的上百件农具藏品，了解我国农业历史中历朝历代农具的不断创新、改造，感受我国劳动人民的智慧，感受我国农业历史的悠久和辉煌。参观中国土壤标本陈列馆，直观感受我国的土壤地貌特征，土壤与农业以及与人类活动之间的相互关系。通过丰富的馆内藏品和影像资料及科普工作人员的详细讲解，让学生们深切感受我国悠久的农业历史，几千年前辉煌的农业文明，感悟我国古老灿烂的农业文化，增强民族自豪感。

（2）种植知识讲座及种植体验

参观结束后，邀请专家为学生们进行有关种植的知识培训，通过 PPT 详细介绍种子的种植方式以及在种植过程中可能遇到的问题。现场发放种子、花盆、土、工具等种植所需要的材料及种植说明、生长手册等，并给学生示范讲解种植的程序、方法、种植小技巧和安全事项，要求学生将种子带回家进行种植。

学生们在博物馆参观

种植培训

（3）线上交流分享及中期讲座

学生们在家中种植和养护蔬菜，并在成长手册上记录蔬菜的生长过程，直至开花结果或者枯死。在种植过程中，积极引导学生细致观察，了解植物的生长规律，学会种植工具的使用，学会与家长团结协作完成种植活动，了解植物与环境的关系，树立环保意识。在体验种植乐趣的同时鼓励学生积极记录种子的生长状况和自身感受，鼓励撰写新闻并上传至网络活动专区，通过网络平台分享，获取点赞支持。

在蔬菜生长中期，邀请专家再次举办种植讲座，进行培训和现场答疑，解决种植过程中遇到的难点。此外，组建线上交流指导微信群，开展关于种植经验与种植方法的交流讨论，参与线上讨论的部分家长可以分享自己的种植经验，馆内科普工作人员也参与讨论，不仅是以教导者的身份去指导帮助，也会向有经验的家长学习，共同成长。

成果展示

3. 活动评比阶段

邀请种植专家和资深编辑记者共同参与评选工作，分别站在种植技术以及新闻稿件专业角度上，结合文章的累计点赞数量，评选出 10 位“种子达人”。最后，在中国农业博物馆举行总结与颁奖活动，并展出学生种植的成果。

七、课程特点

“种子达人”活动充分把博物馆资源、家庭资源、社区资源、网络资源进行了整合和利用，创新“线上 + 线下”的活动方式，活动涉及人与自然、人与社会、人与自我三个领域。

首先利用中国农业博物馆有效资源，带领学生们了解了我国悠久的农业文化，学习传统的农业生产流程及土壤知识，同时通过活动期间的各种讲座和微信群讨论，解决种植过程中的一些问题，培养了学生的社会实践能力。引导学生对种子的一生进行观察、实验、分析、归纳，进而撰写新闻稿件，提升学生发现、解决问题的能力，进一步锻炼了他们坚强的意志品质。最后通过网络平台上传种植成果和稿件，用学生的视角和笔触向社会公众做科学传播。微信交流群兼顾到了对学生和家长两方面的科普任务。课程在实践中启发学生、教育学生，达到“知行合一”的效果，与学校教育形成有力的补充。

课程从前期学习到播种、间苗，再到在线发布新闻稿件，学生们对产生的问题选择合适的方法去解决，每个环节都体现了一个完整的研学过程。在体验中，学生了解了种植的艰辛，体会到失败的痛苦与成功的喜悦，激发出学生内在的情感变化，让学生站到了更高的层面上看待事物，了解世界。

“种子达人”网上日记

八、课程效果及评价

以 2018 年为例，网络平台共收到近 300 份的新闻稿件，文章累计获赞及转发数量达到上千次，学生上传的植物各阶段生长照片以及植物生长手册也是多种多样。

通过种植活动的开展，使学生们不仅了解了悠久的农耕文化，学习了农业种植知识，通过线上撰写新闻稿件，又提升了学生的研究能力和文字采写能力，更重要的是，在亲身体验种植之后，城市学生们也学到了食物来之不易的道理，明白了尽管现代社会有科技辅助，但农业生产仍需付出辛苦，感知到了农业生产对于整个社会的重要意义，激发了学生们对农业历史和农业科技的兴趣。

活动为学生及家长都提供了一个学习交流的平台，家长也积极参与线上讨论，激发了大家对于种植的兴趣和热爱，开拓了农业科普活动的形式和内容，积累了大量的忠实粉丝，为科普活动扩大了影响力。活动还吸引了人民网、千龙网、光明网、北京科技周刊等多家知名媒体报道，提升了中国农业博物馆的社会影响力。

课程策划及实施团队

姓名	性别	工作单位 / 部门	职务 / 职称	活动分工
闫捷	女	中国农业博物馆 / 社教部	主任、研究馆员	总负责人，全面负责项目开发与实施
吴蔚	女	中国农业博物馆 / 社教部	馆员	案例策划人，负责执笔案例及现场授课
盖亮	男	中国农业博物馆 / 社教部	助理工程师	协助课程组织与协调

国之兴衰，实系于是——中国货币通史课程

中国钱币博物馆

中国钱币博物馆成立于 1992 年，是中国人民银行直属的国家级钱币专业博物馆，拥有藏品 20 余万件，其馆址为原北洋保商银行楼和原中央银行北平分行楼，属于全国重点文物保护单位北京西交民巷近代银行建筑群的一部分。

一、课程背景

货币是人类一项伟大的发明，是人类社会生产力水平提高和社会进步的产物。货币在促进生产分工和专业化，从而推动技术进步和社会发展方面发挥了巨大的作用。通过了解、认识货币的历史可以一窥人类的发展史。

中国钱币博物馆“中国货币通史陈列”展出历代各种材质货币 2900 多件，配以大量文字、图片和背景资料，完整再现了我国数千年货币发展的历史。依托博物馆的基本陈列和丰富的馆藏实物，博物馆特针对小学高年级学生以及中学生设置了“国之兴衰，实系于是”中国货币通史课程。

二、课程目标

引导具有一定历史知识的小学高年级学生及中学生，通过对中国 2000 多年货币史的了解来认识商周以来中国历史的方方面面，包括中国的社会发展史、文明进步史、王朝更替史、兴衰治乱史、技术演进史等，对钱币实物有初步的了解。

三、授课对象

小学高年级学生以及中学生。

四、设计思路

该课程可根据授课时间的长短以及授课对象的年龄段来选择授课知识量以及专业程度的深浅，短至 2 课时，长至 1 学期。

授课内容可分为三大部分：一是以时代划分的货币通史课程，二是与货币相关的专题课程，三是博物馆参观与实际操作。选修该课程的学生既能够了解中国货币史的全貌，又能够对其中一些重要的专题内容有所了解，还能够通过参观展览、接触钱币实物提升对货币史和钱币文物的直观认识和兴趣。

五、课程内容

1.“国之兴衰，实系于是”中国货币通史

中国有 2000 多年连续不断货币发展的历史，多姿多彩的中国货币具有丰富的历史文化内涵。中国货币从产生的时候起，就带着显著的中国文化特征，是东方铸造货币文化的源头和代表，迥然于西方贵金银打制货币。中国历史上丰富的货币思想，至今仍然闪耀着智慧的光芒，给我们以深刻的启迪。

（1）春秋战国至秦一统中国，多种形态的青铜铸币统一于方孔圆钱

春秋战国时期是中国历史上的黄金时期，生产力水平的极大提高带来了政治、经济和社会的巨大变革。这个时代产生了中国最早的金属铸币——青铜铸币，是中国商周时期发达的青铜文化的余续。在广袤的中国大地上，由于各区域生产方式和文化发展的差异，各个地区的铸币形态迥异，经过春秋战国时期数百年的民族融合和经济文化交流，中华民族大一统的条件逐步成熟，在列国争霸中崛起的秦国最终完成了国家统一大业。秦始皇将秦国的方孔圆钱推行全国，实现了货币的统一。

（2）大汉雄风，五铢钱的开创

在战争废墟上建立起来的西汉王朝，初期经济凋敝、币制混乱，在经过数十年休养生息后，国力在汉武帝时代达到了鼎盛。汉武帝一改汉初的无为政治，弃黄老而尊儒学，在政治上加强中央集权，对外开疆拓土，国内经济繁荣，文化昌盛，成为当时具有世界影响的大帝国，其加强中央集权的货币政策功不可没。汉武帝所开创的五铢钱流通数百年，五铢钱也成为汉朝强盛的象征。

（3）分裂与融合，魏晋南北朝的混乱币制

东汉之后，中国陷入了长达三百多年的分裂状态，三国两晋南北朝时期，政局动荡，战争频发，朝代更迭频繁，北方游牧民族内犯，人口大量减少，经济遭受严重破坏，商品经济的发展陷入低谷。这个时期币制混乱，货币品种繁多、铸造粗疏，正是当时分裂动荡局面的真实写照。

（4）盛唐气象，“开元通宝”开启的宝文时代

唐朝是汉代之后中国历史上又一个具有世界影响的帝国。在经过南北朝民族大融合之后建立起来的唐朝，国力强盛、疆土辽阔、文化繁荣，诗歌、书法、绘画、佛教造像都洋溢着华丽壮美的盛世气象。唐代货币以“开元通宝”命名，结束了货币以纪重命名的历史，开启了宝文钱的时代。“开元通宝”也成为盛唐气象的代表。

（5）发达的商品货币经济中的两宋货币

两宋时期，是中国历史上社会经济、文化艺术和科技高度发展的时代，也是春秋战国以来思想最为活跃的时期，人口在中国历史上首次突破一亿。宋代商品货币经济发达，铜钱铸造量为中国历史上最多。宋朝实行货币分区流通，划分专门的铁钱区，产生了世界上最早的纸币，白银在商品经济中也发挥着重要的作用。

（6）师法中原的辽、夏、金货币

两宋时期，我国北方和西北地区兴起了三个由少数民族建立的政权，分别是契丹人建立的辽、党项人建立的西夏和女真人建立的金。这三个少数民族吸收了汉民族的先进文化，社会经济实现了跨越式的发展，促进了边疆地区的开发和民族融合，开创中国历史上第二次民族大融合。三个政权境内流通的铜钱主要来自宋朝，也铸行本民族文字的货币。

（7）纸币为主的元朝货币

元朝是蒙古族建立的少数民族政权，是具有世界影响的大帝国。元朝通过草原丝绸之路和海上丝绸之路与欧亚大陆的其他国家有着频繁的商业往来与文化交流。元朝的货币制度以纸币为主，多数时期禁止铜钱流通，铜钱铸造很少，民间铸有佛教供养钱。政府虽然禁止白银流通，但白银进一步货币化。

（8）全球贸易背景下的明代货币

明朝初年，朱元璋建立了一套以征收实物和力役为主的赋税制度，商品货币经济陷于衰落。经过明初几十年的恢复，到明代中后期，商品经济有了很大的发展，江南地区出现资本主义萌芽。明代前期商品经济不发达，货币使用主要是纸币，铜钱很少。随着大航海时代的来临，大量白银通过民间海外贸易输入中国，中国经济与世界经济发生了紧密的联系，白银完成了货币化，成为明朝中后期主要的流通货币。

（9）历史巨变中的清代货币

清朝是中国最后一个封建王朝，社会经济在康熙、乾隆两代达到鼎盛。从鸦片战争的炮声开始，中国逐步沦为半殖民地半封建社会，开始了由古代到近代艰难痛苦的转型。随着西方近代工业和银行业的输入，中国的货币和金融业也开始了传统向近代的转变，传统的制钱银两与机制币、传统的钞票与近代纸币、古老的钱庄票号与近代银行并存，中西官民金融机

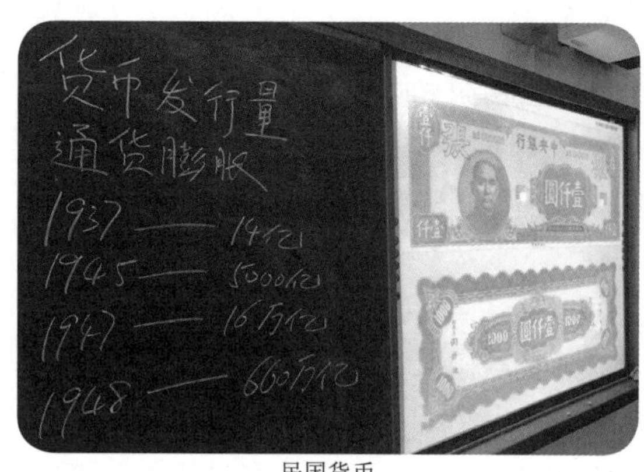

民国货币

构并立，中国的货币制度进入了一个复杂混乱的时期。

（10）由传统到民国货币

民国时期短短的几十年是中国历史上大动荡大变革的时期，是由传统走向近代的重要历史阶段。这个时期，充满了进步与保守，革命与反动的反复较量，政局变幻，军阀混战，经济凋敝，民生多艰。纷繁复杂、形形色色的货币就是这一时期历史面貌的写照。通过废两改元和法币改革，中国货币制度完成了近代化转变。日伪时期发行的各种货币则是日本帝国主义对华经济掠夺的罪证。

（11）星星之火可以燎原，中国共产党领导下的红色货币

新民主主义革命时期，中国共产党在坚持武装斗争的同时也十分重视金融工作。第一次国内革命战争时期、土地革命战争时期、抗日战争时期、解放战争时期，中国共产党领导下的革命政权建立银行，发行货币，积累了丰富的金融工作经验。这些货币在打破敌人经济封锁、发展经济、改善民生、支援革命战争中发挥了非常重要的作用。

2. 专题课程

（1）中国古代铸钱工艺。

（2）中国古代的金银货币及银锭铸造工艺。

（3）中国的钱文书法艺术。

（4）中国古代的货币反假。

3. 展览参观与钱币实物接触

（1）由专业讲解员带领学生参观800平米的“中国货币通史陈列”，并观看《清明上河图》中有关宋代社会经济生活的动画演示，以及观看《明代白银与海外贸易》短片。

（2）在报告厅由专家向学生们展示各个历史时期有代表性的钱币实物，学生们可上手触摸；博物馆提供相关钱币实物及操作工具，在专家的演示教学下，学生们可学习制作钱币拓片。

教学课件

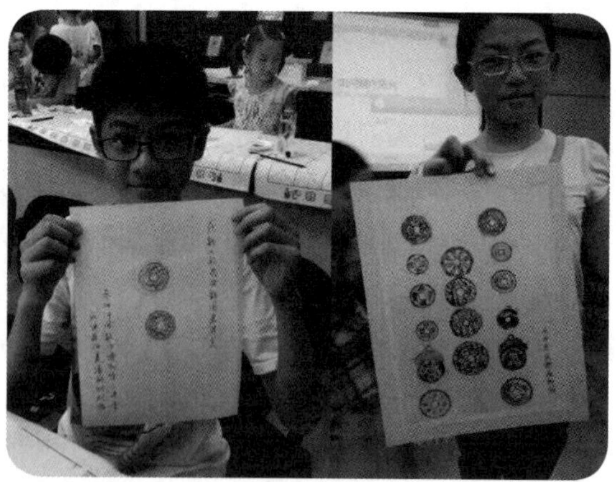
制作钱币拓片

六、课程特点

中国货币通史课程，既有通史又有专题，还可通过参观展览与接触实物，加深学生们对中国货币史进而对中国历史的了解和兴趣。课程内容丰富饱满、课时灵活多变、授课形式多样，能够充分照顾不同年龄段学生的接受能力并调动学生们的学习积极性。

"中国货币通史陈列"深入研究挖掘钱币背后的历史文化内涵，利用多种陈展手段，通过钱币实物讲述中国货币史。中国钱币博物馆先秦货币藏品丰富，清代雕母样币、晚清和民国时期的机制币样币金样等藏品更是博物馆的独特优势。学生们通过参观展览，既可以学到丰富的历史知识，又可以亲眼看见精美的稀世珍币。

七、课程效果及评价

中国货币通史课程，通过中国钱币向学生们讲述中国故事、中国历史，引导学生们了解中国 2000 多年的社会、政治、经济、文化的演变历史，弘扬中国文化，坚定文化自信。

课程策划及实施团队

姓名	性别	工作单位 / 部门	职务 / 职称	活动分工
王纪洁	女	中国钱币博物馆	研究员	授课
杨 君	男	中国钱币博物馆	副研究员	授课
秦慧颖	女	中国钱币博物馆	副研究员	案例执笔
田显豪	男	中国钱币博物馆	馆员	授课
任文彪	男	中国钱币博物馆	馆员	授课
孟祥伟	男	中国钱币博物馆	馆员	授课
马 静	女	中国钱币博物馆	讲解员	讲解

更多关注请扫下方二维码

微信公众号
中国钱币博物馆

官方微博
中国钱币博物馆

传承体育文脉，丰富时代内涵——“体育六艺”系列课程

中国体育博物馆

中国体育博物馆隶属国家体育总局，与国家体育总局体育文化发展中心是一个机构两块牌子，同时受中国奥林匹克委员会委托对外行使中国奥林匹克博物馆职能。博物馆收藏着中国古代至现代各时期体育文物藏品一万余件，类别涉及中国古代文物，奥运会等国际大型赛事的火炬、奖牌、吉祥物等纪念藏品，以及我国运动员在国际赛事中取得优异成绩及重大突破的见证物。博物馆在展览及教育工作中，立足藏品特点，配合国内外大型运动赛事活动，紧扣中国体育文化博览会等展示平台，推出种类多样、内容丰富的展览，内容涉及古代体育、奥林匹克文化、全民健身宣传、体育艺术等，具有广泛的社会影响力。

一、课程背景

“体育六艺”系列课程以中国体育博物馆藏品资源、文化研究资源为基础，结合全国各地体育、文化特色，采取政府主办、企业运营、社会支持的模式，充分发动社会各界力量，形成了政府与市场的投入产出良性互动。

二、课程目标

“体育六艺”系列课程以中国古代“六艺”为内涵，结合体育特色进行了延伸，以青少年为主要受众群体，包括但不限于赛事、论坛、展览、互动体验等，旨在促进中华优秀传统体育文化和运动项目文化的宣传推广，弘扬中华体育精神，促进青少年德智体美劳全面发展。

三、授课对象

面向中小学生，设计不同程度的体育比赛项目，在展览及互动体验活动中开展针对性的内容设计。

四、设计思路

六艺是中国古代儒家要求学生掌握的六种基本才能，包括“礼、乐、射、御、书、数”，是中国传统教育体系的重要组成部分，体育是古代六艺的重要组成内容，更兼具了文化、沟通、健身、娱乐等多元功能。

“体育六艺”是在传统六艺的基础上，根据现代体育的特点，将“礼、乐、射、御、书、数”进行了体育内涵的延伸，并将相关的赛事以及赛事文化融入其中。

礼：赛事礼仪、民族传统项目礼仪、现代项目礼仪等。旨在培养青少年爱国报国情感，养成懂礼知礼的习惯。

乐：体育音乐、体育影视、体育舞蹈等。旨在通过音乐、影视、舞蹈培养青少年健康爱好，陶冶情操。

射：射箭、飞镖等。旨在通过体育活动培养青少年沉着冷静的性格。

御：马术、自行车、汽车、摩托车、雪车以及部分极限运动等。旨在通过体育活动培养青少年驾驭自己以及外物的能力。

书：体育主题书法、绘画、雕塑等。旨在通过体育书画培养青少年艺术创造、美的鉴赏等方面的能力。

数：棋类、定向比赛等，智力支撑占比较大，需要进行逻辑运算推理或路径计算的项目。旨在通过活动培养计算、推理方面的能力。

五、课程内容

课程内容包括但不限于主题展览、趣味赛事、互动体验、文化论坛等。从 2018 年至 2019 年，在上海、北京、曲阜、南昌等地举办 5 期，受到社会各界的一致好评。

1. 驾御未来:古今座驾对比展演

2019 年 5 月 18 日,“驾御未来”体育六艺系列课程在上海开幕。该站活动将六艺中的“御”与现代汽车进行跨界融合。主题展览将古代车马、欧洲老爷车、现代体育赛事的马术器材、奖杯、奖章、赛马、赛车艺术品等共同展示,展示了“从马车到汽车”的演变历程,展示了马术运动和现代汽车运动的项目文化。同期内容包括定向比赛、排球课堂、马术培训、赛车体验、知识讲座、博物馆寻宝答题等活动,并出版科普读物。据统计,活动开展的 3 个月时间,参与人数超过 4 万人次。

主题展览

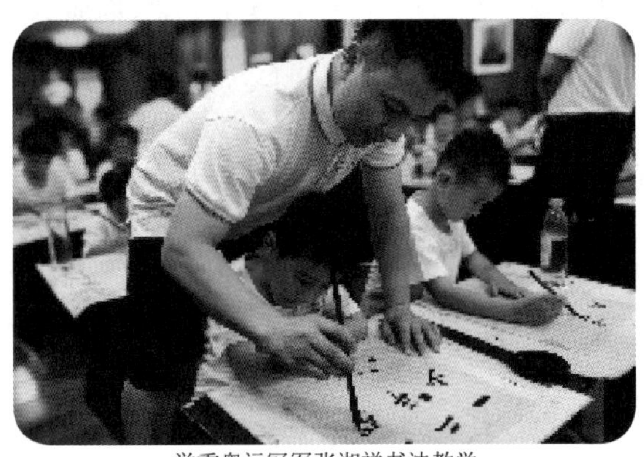

举重奥运冠军张湘祥书法教学

2.“体育六艺”走进曲阜

2019 年 7 月 27 日～28 日,“体育六艺”系列课程在山东曲阜市孔子六艺城举行。本次活动以儒家文化为基础,结合中国传统“六艺”文化内涵,突出传统体育文化与现代全民健身文化的融合发展。活动同期内容包括六艺互动体验、青少年武术精英赛、滑板精英赛、骑行、徒步等,共有 2000 余人参加。

3. 全民健身日“体育六艺”系列活动

2019 年 8 月 8 日是 2019 年全民健身日,“体育六艺”系列活动在国家奥林匹克体育中心举办。同期活动内容包括全国青少年体育艺术作品展、全国青少年滑步车表演赛、民族传统体育风筝的制作体验等。活动突出对青少年传统文化的熏陶、艺术的感染,让他们感受到体育精神和体育文化的正能量,共有 3000 余人参与。

4.“体育六艺”走进南昌

2019 年 11 月 24 日至 2020 年 3 月,“体育六艺”系列活动在江西省南昌举行,来自南昌市的高校学生、中学生、教职工、企业员工等 1000 余人参与了活动。本次活动将南昌的红色文化与体育文化融为一体,生动地展示体育文化及红色文化。通过沉浸式的赛事体验,让青少年以及广大群众在体育运动中追寻红色记忆、感受体育精神、坚定文化自信、凝聚奋斗力量。同期活动内容包括“体育历史上的第一”主题展览、许海峰捐赠仪式、红色运动会、“不忘初心”篮球赛、“打响第一枪”跑射比赛、红色展演民族传统体育文化体验活动等（涉及太极、健身气功、风筝、花样跳绳、武术、舞龙、射箭、射击、卡丁车等项目）。

体育文化展及跑射比赛

六、课程特点

1. 古今对比

“体育”一词虽为近代西方传入，但中国古代传统文化中的“六艺”中具有明显体育特色，通过体育文化的延伸，与现代体育项目的流变和发展建立联系，是“体育六艺”注重的现实表达。

2. 中西结合

中国传统体育根植于中华优秀传统文化的沃土，与发源于西方的奥林匹克文化不尽相同。注重中国与世界体育文化的历史发展、特色对比，注重中华体育精神与奥林匹克精神的弘扬与传播。

3. 寓教于乐

结合体育特色，举办射击、射箭、卡丁车、篮球、足球等赛事，使青少年在参与中感受体育魅力。同时开展艺术创作与教学、趣味知识答题等互动项目，强化知识输入，提升科普效率。

4. 榜样引领

奥运冠军、体育明星全程参与，通过“体育课”“艺术课”讲故事，传递中华体育精神，发挥“榜样力量”，养成青少年热爱祖国、坚持不懈、团结协作、自强自立的品格。

七、课程效果及评价

1. 深入挖掘中华传统文化，特别是中华传统体育文化的优秀内核，从古今对比、中西方文化交流的角度，向青少年展示现代体育运动项目的历史与文化，揭示体育运动项目的特色与原理。

2. 通过展览展示活动，展示体育历史发展脉络，诠释体育藏品故事，开展历史、人文、美育、德育教育。

3. 通过趣味赛事活动，充分调动青少年的参与热情，在参与体验中寓教于乐，从“被动”学习到“主动”参与的过程中，感知人文历史，认识运动项目，热爱体育运动。

4. 发挥体育明星的榜样作用，弘扬中华体育精神，强化社会主义核心价值观，教育引领健康生活。

5. 通过举办文化教育论坛，发布权威知识，提升家庭、亲子教育，树立体育、文化、素质教育的重要作用。

6. 得到国家体育总局、国家文物局、地方政府大力支持，形成了文、体、旅结合的示范项目。

7. 受到社会各界尤其是参与活动的青少年、家长的广泛好评。

8.“体育六艺”系列课程充分利用电视、纸媒、网络、自媒体等渠道资源，在活动举办前期、期间及后期开展预热、报道及持续跟踪，共有包括新华社、央视新闻频道、央视体育频道、北京卫视、旅游卫视、学习强国等在内的50余家媒体，新闻及专题报道500余条，辐射体育、文化、旅游、教育等多领域，对提升品牌影响力，提升社会效益效果显著。

课程策划及实施团队

姓名	性别	工作单位 / 部门	职务 / 职称	活动分工
黄金	男	中国体育博物馆	副馆长	总策划
赵卓	女	中国体育博物馆 / 人保处	副处长	统筹
覃琛	女	中国体育博物馆 / 文物部	馆员	策展、案例执笔
芦潇	女	中国体育博物馆 / 活动部	主任科员	宣传

博闻广见，卓有通识

中国铁道博物馆（东郊展馆）

中国铁道博物馆是中国铁路唯一的国家级专业博物馆，它的前身可追溯到1958年成立的铁道部中央技术馆，直到1978年重新成立了铁道部科学技术馆，2003年更名为中国铁道博物馆。博物馆的主要任务是负责铁路文物、科研成果等展品的收藏、保管、陈列、展示及研究工作，同时还是铁路及社会各界进行爱国主义教育和科学普及教育的基地。中国铁道博物馆有三个展馆：正阳门展馆、东郊展馆、詹天佑纪念馆。

一、课程背景

中国铁道博物馆东郊展馆位于北京市朝阳区酒仙桥北路1号院北侧，占地面积约6万平方米，其中机车车辆展厅面积16500平方米，于2002年正式对外开放。馆内收藏并展示了各种准轨、米轨、吋轨以及各种机车车辆百余台，均是来自不同历史时期我国铁路使用的代表性车型，是极具历史价值和科学价值的珍贵文物。同时东郊展馆又是全国科普教育基地和北京市科普教育基地，自开放以来，接待了近百万中外游客，特别是大批中小学校师生团体，社会影响与日俱增，已成为国内外公众参观游览的重要景点之一，也是行业和社会开展各种活动的重要场所。

一直以来，我国铁路都是国家经济和社会发展的主旋律，为我国的经济发展和社会进步做出了卓越贡献。尤其近年来，高铁已经成为人们出行最普遍的交通工具之一，与我们每个人的生活都息息相关。“博闻广见，卓有通识”课程的设置使观众更快地融入中国铁道博物馆铁路文化的参观体验中，了解铁路人的奋斗历史，学习铁路科普知识。

二、课程目标

1. 知识与技能：了解展馆内具有重要历史意义的机车车辆背后的故事；参观体验国家领导人公务车；学习高铁线路、动车组知识、清末铁路史、铁路人物故事、重载铁路车辆及线路、铁路行车信号知识等；锻炼动手能力，了解火车基本结构构造。

2. 过程和方法：通过讲解、动手操作、互动探究、讲座、自主学习等方式，激发参与者兴趣和求知欲，引导参与者主动学习探索、积极提问讨论，学以致用。

3. 情感态度与价值观：参与者通过课程体验感受中国铁路事业由小及大，由弱变强，由“万国陈列”到“中国制造”的历史进程，了解铁路人为梦想而奋斗的足迹，激发参与者的爱国热情，培养像铁路人一样默默无闻、吃苦耐劳的秉性。

三、授课对象

该课程以学习了解铁路历史知识、科普知识为主，辅以锻炼参与者独立思考以及动手制作能力，主要对象为具有一定学习、表达和动手能力的中小学生、大学生以及有相关教学要求的教师团体。

四、设计思路

作为收藏、保护、研究、展示中国铁路历史文化遗产的中国铁道博物馆，既是中国铁路的历史记忆，也是宣传铁路发展成就、展现铁路发展历程的重要窗口。为了充分发挥博物馆的教育职能，拉近观众与博物馆的距离，中国铁道博物馆利用丰富的馆藏机车资源，开发以铁路知识为主的“博识课”课程资源。在馆内尝试开展多种教学模式，使中国铁道博物馆铁路教育科普与学科教育紧密结合；将学习融入博物馆参观中，注重学生和教师的深度学习；在组织形式上根据不同群体的兴趣设计不同的活动方案，根据自身情况，课程从内容到形式都可选择，为学生和教师个性化培养提供创新型学习平台。

五、课程内容

1. 活动流程介绍及发放学习任务单

首先组织参与者来到学习课堂，由组织者向大家介绍活动的基本流程，了解每个活动模块的主要学习任务，然后发放“中国铁道博物馆任务单”，任务单上有一些关于铁路的相关知识需要参与者在参观实践过程中完成，最后统一收取打分。

2. 参观体验

在博物馆工作人员的带领下参观机车车辆展厅，了解每台机车背后的故事。展厅内设有8条轨道线，主要展示了不同历史时期我国铁路使用的各种机车车辆百余台，其中包括我国现存最早的“0”号蒸汽机车，以党和国家领导人名字命名的、具有重要纪念意义的“毛泽东号”和“朱德号”蒸汽机车，被誉为机车“时装模特”的KF1型蒸汽机车，新中国成立后自行设计制造的第一代内燃机车和电力机车，以及各种客货车辆。然后参与者可以登上毛泽东主席、周恩来总理以及第一任铁道部部长滕代远的公务车，触摸体验。在参观这些极具历史价值和科学价值的文物的过程中，可深切感受到我国铁路机车车辆装备的发展历程，见证中国铁路从无到有、从落后到先进的历史变迁。最后参观室外展区（面积33500平方米），设有老式站台、铁路线路、雨棚、机车车辆等展示项目，紧邻中国铁道科学研究院东郊环线高铁实验基地，参与者在馆区内即可看到实验高铁列车运行。

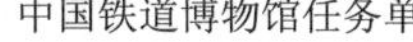
中国铁道博物馆任务单

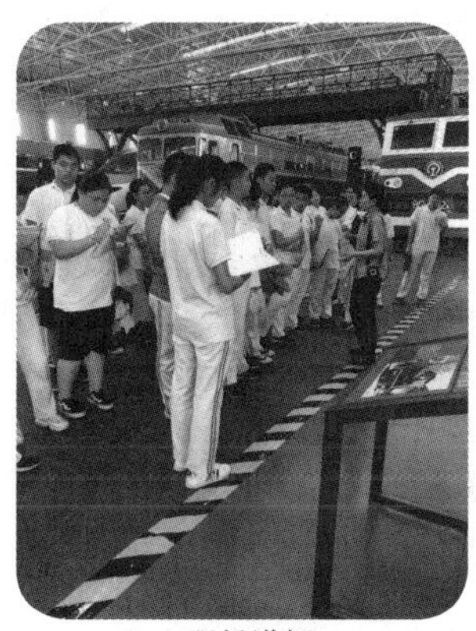
现场讲解

3. 手工制作

在博物馆学习课堂，组织参与者进行雕版印刷以及火车模型拼插活动。雕版印刷项目是结合中国铁道博物馆特色火车资源，将传统雕版印刷技艺与火车文化结合，既能让参与者近距离了解雕版印刷传统技艺，推动中华优秀传统文化的传承与发展，又能通过印刷技术体会中国铁路机车日新月异的发展，感受中国铁路文化的特殊魅力。活动中由工作人员讲解雕版印刷知识，并演示雕版印刷方法，参与者现场体验了解雕版印刷技艺，选择自己喜欢的火车图案亲手印制一幅雕版画。

手工制作

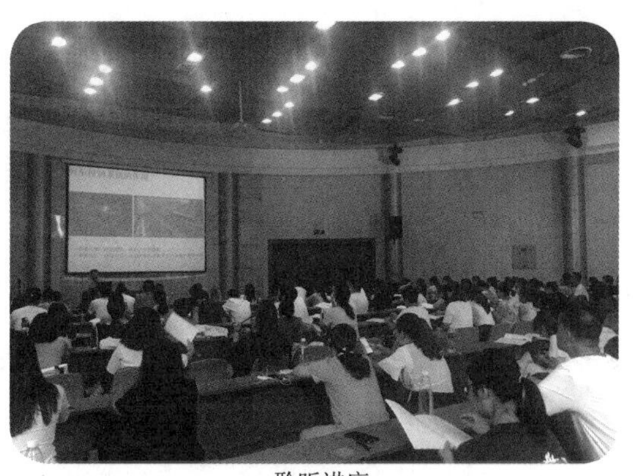
聆听讲座

3D 模型拼插活动是以激发青少年的兴趣爱好、培养其博物馆意识为主导，立足于提高他们的动手能力，培养创新精神，同时满足青少年个体可持续发展所需要的空间思维能力、力学、美学等多种知识和技能，参与者在动手动脑的过程中，不仅了解火车的基本结构，还潜移默化地提高了综合素质能力。

4. 专家讲座

为进一步引导参与者了解中国铁路历史，感受现代高铁成就，激发爱国情怀，提升科学素养，中国铁道博物馆的老师接下来会组织进行铁路科普讲座，内容涵盖高铁线路、动车组知识、清末铁路史、铁路人物故事、重载铁路车辆及线路等，以深入浅出、通俗易懂的方式激发参与者亲近博物馆，崇尚科学的热情，使中国铁路历史、科普文化深入每个参与者的内心，在科普教育中迸发活力。

5. 总结

统一收取参与者填写的“中国铁道博物馆任务单”，由中国铁道博物馆的老师进行全天活动的讲评，引导参与者回顾知识重点，号召大家将这些铁路知识带回家同家人分享，也便于日后在学习历史以及日常乘坐火车高铁的过程中学以致用，最后带着自己制作的火车模型和雕版印刷的作品合影留念。

六、课程特点

参与者在参观实践的过程中根据学习任务单发现问题、解决问题，增长铁路科普知识，这种创新的实践学习注重知识和技能综合运用，在实践学习中获得积极体验和丰富经验，形成对学习内容的整体性认识。同时课程调动了参与者“看”“做”“听”三种感官体验，看展览了解铁路历史；做手工锻炼动手能力，了解机车结构；听讲座学习铁路科普知识，三种体验的有机结合，使课程更加寓教于乐，深入人心。

七、课程效果及评价

“博闻广见，卓有通识”课程体验是中国铁道博物馆社会教育职能的实践探索。自活动开设以来，各个年龄段的参与者在有声有色的教育教学体验中学习了优秀铁路传统文化，感受到了中国铁路人的工匠精神，潜移默化地提高了铁路科学知识素养。

课程的设置拉近了博物馆与学校、社会之间的距离，激发了观众参观博物馆的兴趣，加深了观众对博物馆以及铁路文化的了解，同时也丰富了中国铁道博物馆作为教育基地的内容，为新形势下博物馆多方位、多渠道地开展互动教育项目增加了新的活力。中国铁道博物馆（东郊展馆）在活动中不断创新、补充和完善教育活动方案，加大研究力度，力争以后在与学校和社会团体合作中为其带来更多更好的互动体验式教育活动。

课程策划及实施团队

姓名	性别	工作单位 / 部门	职务 / 职称	活 动 分 工
荀艳红	女	中国铁道博物馆（东郊展馆）/ 业务部	部门负责人	全面负责项目开发、实施
胡博文	男	中国铁道博物馆（东郊展馆）/ 业务部	馆员	现场授课
李静	女	中国铁道博物馆（东郊展馆）/ 业务部	馆员	现场授课
白颖然	女	中国铁道博物馆（东郊展馆）/ 业务部	助理馆员	现场授课
刘虹岐	男	中国铁道博物馆（东郊展馆）/ 业务部	助理馆员	现场授课

更多关注请扫下方二维码

微信公众号
中国铁道博物馆东郊展馆

中国人的光荣——爱国工程师詹天佑和京张铁路

中国铁道博物馆(詹天佑纪念馆)

一、课程背景

1. 詹天佑纪念馆简介

詹天佑纪念馆坐落在举世闻名的八达岭长城风景区，建于中国人自己勘测、设计、施工和运营管理的第一条国有干线铁路——京张铁路八达岭隧道上方，是为了纪念中国民族铁路事业的奠基人、杰出的爱国工程师——詹天佑先生所建造的一座专题纪念馆。纪念馆建筑面积2800平方米，陈列面积1850平方米，收藏反映中国早期铁路和詹天佑生平业绩的珍贵文物2000余件。基本陈列“詹天佑生平事迹展”通过器物、图片、图表、沙盘模型、场景复原及多媒体视频、触摸屏等，翔实生动地展示了詹天佑先生光辉的一生。最新布展的京张高铁展厅通过大型沙盘、电子屏等展览手段介绍了京张高铁的最新建设成就。

多年来，詹天佑纪念馆积极将场馆丰富的科普教育资源以展览、讲座、活动、观影等形式推送给学校、社区，受到广大师生和社区居民的普遍欢迎。詹天佑纪念馆现为国家三级博物馆，隶属于中国铁道博物馆，自开馆以来，累计接待观众300多万人次，成为宣传詹天佑及中国铁路史的重要窗口，先后被评为全国科普教育基地、全国爱国主义教育基地、北京市科普教育基地、北京市爱国主义教育基地、北京市青少年学生校外活动基地、科学和平教育基地。

2. 课程设计背景

近年来，中国高速铁路取得了举世瞩目的发展，已经成为中国的一张亮丽名片。2019年年底，北京冬奥会重要交通保障项目——京张高铁建成通车，京张高铁是第一条智能高铁，也是被誉为中国高铁新标杆。110年前，在同样的路线上，我国第一条由国人自主设计、自主建造的铁路——京张铁路建成通车，这条铁路的建成在中国铁路的发展历史上具有里程碑意义，它的设计者和总工程师就是有“中国铁路之父”之称的詹天佑先生。从京张铁路到京张高铁，见证了中国铁路从落后到追赶再到超越的历程。这包含了丰富的人文科学知识和精神养料，体现了科学精神和科学方法，詹天佑先生爱国、创新、自力更生、艰苦奋斗的精神具有穿越时代的能量，对现在的学生具有很强的启发和教育意义。

二、课程目标

1. 知识与技能：了解詹天佑生活的时代背景、主要经历。了解京张铁路的工程难点以及詹天佑如何克服困难、大胆创新解决了这些工程技术领域的难题。通过参观京张高铁展厅了解高铁和普通铁路的区别，感受中国高铁的发展历程和京张高铁的智能化设计。

2. 过程和方法：通过互动问答、手工制作、自主讨论等环节，让学生深度参与课程，激发兴趣、促进思考，锻炼他们的表达能力、合作能力。

3. 情感态度与价值观：通过詹天佑的经历激发学生的爱国情怀；通过詹天佑艰苦奋斗克服困难的事迹为学生提供不畏困难、勇于挑战的榜样；通过展示中国高铁建设成就，激发学生努力学习、投身祖国建设的热情。

三、授课对象

小学高年级学生、初中生。

四、设计思路

以“报国”为主题解读詹天佑精神的内涵。詹天佑从年幼赴美留学，到回国之后为国效力，再到后来投身铁路，最后临终仍不忘建设祖国，“报国”的主题贯穿了他的一生。在参观展厅讲解詹天佑生平的过程中，始终围绕这种精神来展开，使学生获得代入感和精神上的触动。

以铁路为主线，串联适合学生年龄阶段的科技知识和历史知识。铁路的修建属于工程技术领域知识，其中又涉及地理、物理、数学等多种学科的交叉应用领域，同时詹天佑也经历了中国近代历史上的多个重要事件。本课程致力于将这些知识点有机结合起来，在串联学生已有知识的同时，拓展他们综合运用知识的能力。

通过手工制作、实地参观、小组讨论增加活动的参与性和体验感。铁路的修建具有很强的实践性，本活动设计致力于引导学生深度参与、积极思考。通过手工拼插培养动手能力，通过小组讨论提炼观点，实地参观感受工程建设真实情景，切实增加学生对工程师这种职业的理解。

五、课程内容

1. 准备阶段

设计手工制作的材料和微讲座，讲解手工制作活动体现的知识点；准备《詹天佑与京张铁路》图书作为拓展阅读材料；设计制作学习单，方便学生随时记录学习到的知识和感受。

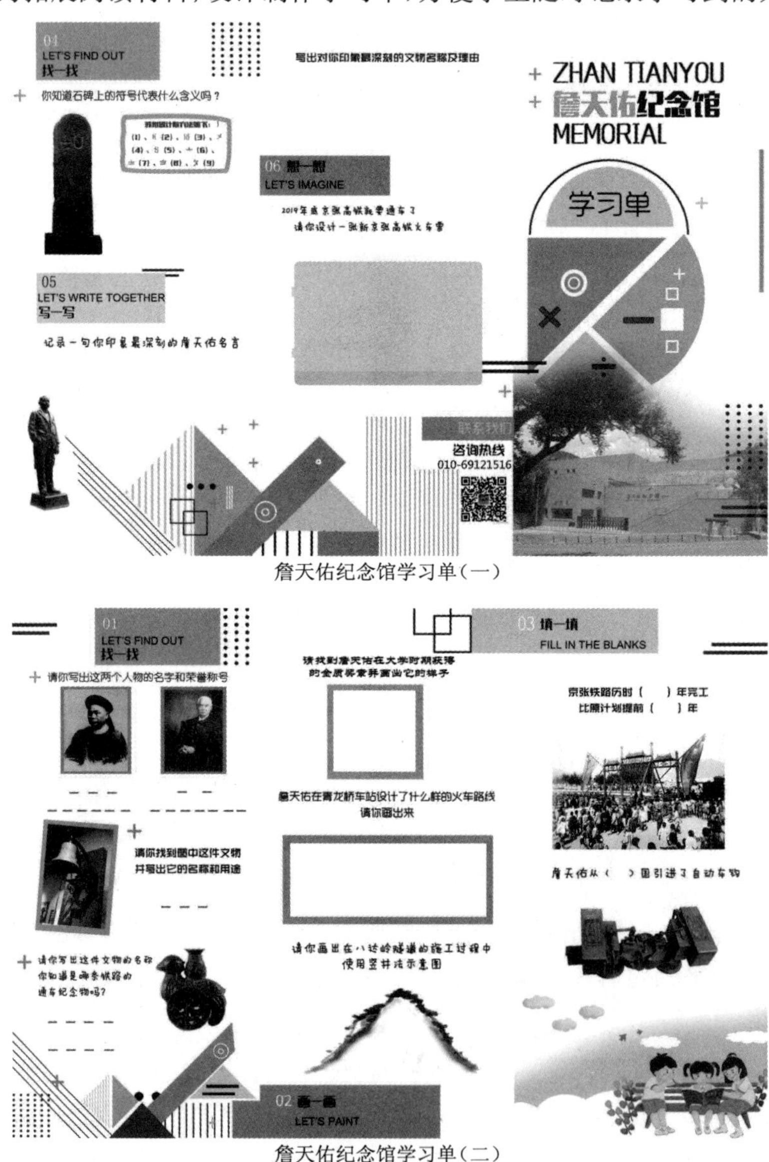

詹天佑纪念馆学习单（一）

詹天佑纪念馆学习单（二）

2. 实地参观和展厅讲解

参观青龙桥车站。参观顺序及重点为:“之”字形线路交汇点,讲解其原理;詹天佑铜像、碑亭,讲解它们的落成时间和由来;青龙桥车站站房,站匾、装饰、站内设施等。讲解中向学生提问:“之”字形线路的设计是为了解决什么工程技术难题?这种设计有什么局限性?京张高铁在穿越关沟段时采用了隧道的设计,为什么这样设计?青龙桥车站站房的设计样式可以让你联想到什么?

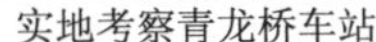
实地考察青龙桥车站

实地考察青龙桥车站“之”字形线路

詹天佑纪念馆(第一展厅、第二展厅)。参观重点:詹天佑留学美国的经历奠定了他一生报国的人生基调;詹天佑在美国学习了铁路专业,回国之后最开始没能从事铁路工作,但仍然在自己的岗位上兢兢业业,体现了他无私报国的情怀;詹天佑投身中国铁路事业后,从最基层的技术岗位做起,脚踏实地做好每一项工作,用实际行动报效祖国;詹大佑在滦河大桥和京张铁路等工程中取得了令世界瞩目的成就,为中国工程师赢得了国际声誉;詹天佑在京张铁路之后从事全国铁路重要工程的管理工作,在铁路标准化、人才培养等领域取得了开创性成就,书写了报国的新篇章;詹天佑在临终前仍然不忘祖国的铁路事业,再一次体现了他一生报国的情怀。讲解中向学生提问:詹天佑留学美国和现在留学生有什么不同?詹天佑为什么有底气担任京张铁路的设计和修建工作?詹天佑为什么极力推动中国铁路采用统一的标准?在詹天佑生活的时代修铁路会遇到什么困难?詹天佑如果看到今天中国高铁的发展成就,他会有什么感想?

展厅讲解

填写学习单

3. 参观京张高铁展厅,参与微讲座和手工制作活动

参观京张高铁展厅并观看京张高铁宣传片(第三展厅)。参观重点:京张高铁全线沙

盘、京张高铁重点工程。讲解中提问：说一说你们乘坐高铁的感受？

听取专题讲座，组织手工拼插“电力机车3D车模”活动。听取纪念馆老师“走进电力机车”科普讲座，在课程中引入中国铁路发展成就，为学生们介绍目前中国高铁的建设发展情况，并介绍中国铁路机车车辆发展史，重点讲授电力机车的基本工作原理。随后指导学生们一起动手实践，拼插机车车模，在锻炼同学们手工制作能力的同时，巩固讲座的科普知识。

展厅手工制作活动

展厅微讲座

4. 阅读分享和反馈

集体阅读《詹天佑与京张铁路》图书第五章“京张高铁助奥运”并交流读书体会。

通过阅读，让同学们感受京张高铁在“精品工程，智能京张”方面的科技创新；通过互相交流阅读的体会及收获，深化了同学们对新时代“京张铁路精神”的认识。

为学生们布置参观后的作业：阅读《詹天佑与京张铁路》，谈谈文中让你最有感受的某一件事或某一物品，写一篇读后感。

六、课程特色

1. 跨学科内容设计。本活动设计以人文历史领域和铁路科普知识为背景，突出多学科、跨领域课程的设计原则，以铁路工程师詹天佑的生平为线索，让学生能够在展厅参观、实地调研、自主学习、小组交流等项目中全面感受中国铁路的历史发展脉络。

2. 实地调研考察。本活动特别设计了青龙桥车站实地考察环节，使学生能够亲自体验真的京张铁路是什么样的，将间接经验转化为直接经验，得到更好的学习效果。

3. 引导学生自主学习。活动中设计了学习单和读书交流环节，帮助学生自主思考，按照兴趣扩展学习。学习单和课后总结作业还能够成为课程效果评估的重要依据，帮助课程设计人员不断改进课程设计细节。

4. 设计动手实践环节。本活动方案设计了手工制作环节，完成手工制作的同时提高了学生的参与感和成就感。

七、课程效果及评价

通过詹天佑纪念馆和青龙桥车站的参观，让学生们加深对詹天佑精神的理解。通过参

观京张高铁展厅并观看宣传视频，让学生们对中国速度和中国高铁有更加深刻和全面地认识。此次活动，以“詹天佑精神”和“京张铁路精神”为指引，激励学生们努力学习科学文化知识，长大后成为建设祖国的有用之才。

该活动于2019年开始至今已经开展10余场，参与学生超过500人。詹天佑纪念馆针对不同年龄段学生团体的不同需求，调整学习单和讲解内容，对课程进行个性化定制服务，受到了老师和学生的一致好评，现已初步在延庆区中小学课外教育领域形成品牌效应。

课程策划及实施团队

姓名	性别	工作单位 / 部门	职务 / 职称	活动分工
杨溪	女	詹天佑纪念馆	副馆长、副研究馆员	课程设计
张波	男	詹天佑纪念馆	助理馆员	课程设计、现场组织、讲解授课
赵又霖	男	詹天佑纪念馆	馆员	现场组织、讲解授课
李猛	男	詹天佑纪念馆	馆员	现场组织、讲解授课
贾丰源	女	詹天佑纪念馆	助理馆员	现场组织、讲解授课

更多关注请扫下方二维码

微信公众号
中国铁道博物馆（詹天佑纪念馆）

读懂文物，争当欢乐解说家——学生志愿者培育活动

中国铁道博物馆（正阳门展馆）

一、课程背景

中国铁道博物馆正阳门展馆隶属于中国铁道博物馆，位于天安门广场东南侧，由具有百余年历史的原“京奉铁路正阳门东车站”改建而成，正阳门展馆常设展览为“中国铁路发展史”，分为蹒跚起步、步履维艰、奋发图强和阔步前行的中国铁路四个部分，通过运用丰富、翔实的图片史料、实物展品以及先进的展陈技术和手段，生动和系统地展示了中国铁路从无到有、从落后到先进的140余年的发展历程，帮助孩子们加深对中国铁路的认识。

7～14岁中小学生是中国铁道博物馆的主要参观群体，这个年龄段的孩子是口头语言、书面语言发展的关键时期；在能力方面需要进一步激发学习的兴趣、发展学习的能力；在认知方面，想象力丰富，观察能力提升、记忆力增强，思维从具象思维向逻辑思维过渡，比较、分类、判断、推理能力逐渐增强；开展小小讲解员培训活动可以在语言、能力和认知层面培养学生的科学素养。

二、课程目标

1. 知识与技能：从知识方面，通过学生志愿者培训活动，使孩子们了解中国铁路140多年以来的发展史以及现代中国铁路的科技知识。

从技能方面，通过学生志愿者培训活动，让孩子们知道“如何去做”，有能力涉猎尝试新的内容，提升社交能力以及沟通能力。

2. 情感态度与价值观：通过学生志愿者讲解员培训，使孩子们在内容表达、语言能力以及外在形象方面有进一步提升。

①内容表达：主题鲜明，层次清楚，重点突出，语言简洁，感情真挚。

②语言能力：声音高低适中，吐字清晰，语气贴切，节奏适宜，普通话标准。

③外在形象：仪表端庄，举止大方，表情自然，精神饱满。

3. 通过学生志愿者培训工作，形成中国铁道博物馆特色志愿者培训模式。

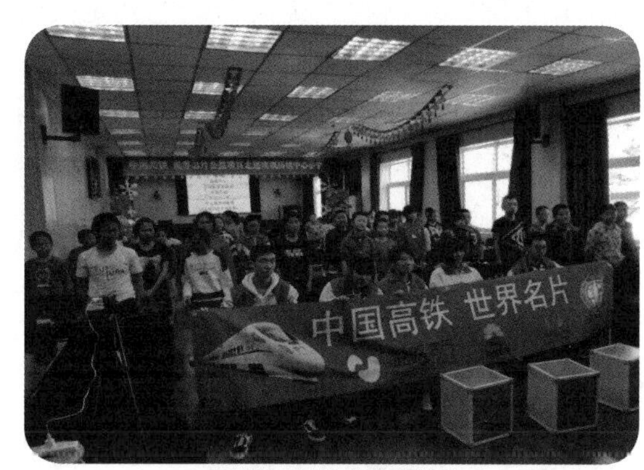

志愿者走进京郊中小学校

①志愿者服务+“校—馆—校”模式=资源的互惠共享。

②志愿者服务+爱心支教项目=爱心奉献精神。

③向“共创式”志愿讲解服务转换。

三、授课对象

7～14岁中小学生。

四、设计思路

通过中小学生志愿者的面试、培训、考核、岗位服务等培育活动，拓宽学员的知识面、构建知识体系、增强学生自我表达能力和自信心同时培养学生志愿者的自主学习能力和社会服务精神，最终实现“知识与技能”“过程与方法”“情感态度与价值观”三层次教学目标。

通过与北京交通大学志愿者团队合作开发适合中小学志愿者的“高铁背后的科学”辅导项目，加强在中小学志愿者人才队伍培养上的共建共享，成功开创以中国铁道博物馆为桥梁纽带的“校—馆—校”互联互通的共建模式。另外，通过开展“铁博志愿者进校园”试点工作，拓宽了志愿者的服务平台，实现馆与校，展厅与教室相结合的培育模式。

五、课程内容

中国铁道博物馆积极响应中小学生对博物馆的需求，引领学生成长的需要，通过“学生志愿者”培训活动，为学校开展实践教学改革提供支撑，开拓青少年教育的新方法，具有与时俱进及前瞻意义的积极作用。此次学生志愿者培育项目依托馆藏铁路文物历史资源和稠人广众的展览环境，秉承知识、能力、情感态度和价值观的基本纲领，提供了锻炼自身综合素质的平台。

具体内容包括：

1. 中国铁道博物馆是向公众尤其是向未成年人普及铁路科学知识、传播铁路科学思想和方法，弘扬铁路科学精神的重要场所，是重要的校外教育资源，是学校科学教育的有效拓展，在课程设置上，除对学生进行形体礼仪、语言基础培训外，重点加强对铁路专业知识等方面的培训。

2. 通过展厅讲解的方式对学员进行考核，考核过程分为现场观众考核以及中国铁道博物馆专业辅导组成员考核，通过之后，组织学员在展厅为公众开展志愿讲解。

志愿者讲解的态势语言练习

志愿者展厅讲解

3. 组织学员走出博物馆，走进学校课堂，为更多的公众提供志愿讲解服务。

4. 组织学员赴其他科普场馆、铁路知识相关机构开展业务培训学习。

5. 从学员的讲解水平、学员队伍的建设角度对项目进行评估。

六、课程特点及亮点

1. 志愿者服务 +“校—馆—校”模式 = 资源的互惠共享

中国铁道博物馆与北京交通大学志愿者团队及北京交通大学物理老师一起合作，以馆内的常设展览及展品为切入点，结合初中物理重点知识梳理展品，推出适合中小学生志愿者的“铁路背后的科学”系列科学教育活动，真正发挥志愿者的传帮带作用的同时实现利用中国铁道博物馆搭建“学校资源—博物馆资源—学校资源”的互惠共享平台。

2. 志愿者服务 + 爱心支教项目 = 爱心奉献精神

通过开展“铁博志愿者进校园”试点工作，与学校一起组织志愿者学生走进郊区中小学校，为郊区县的中小学生开展“中国高铁，世界名片”公益科普品牌活动。

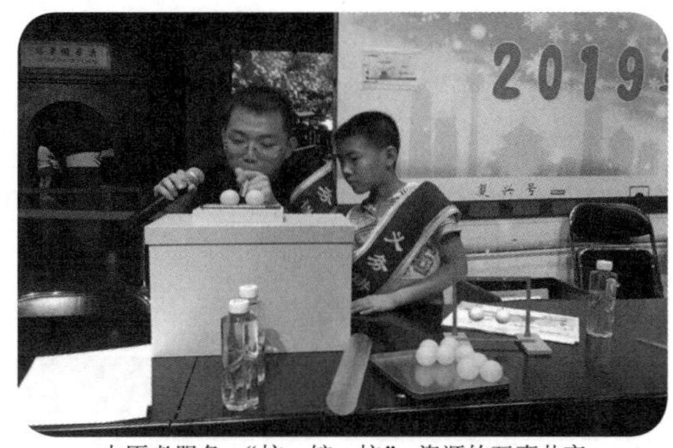

志愿者服务 +“校—馆—校”= 资源的互惠共享

3.“共创式”志愿讲解服务转换

中国铁道博物馆组织优秀志愿者开展“京张铁寻踪之旅”“中国铁路源头博物馆考察活动”志愿者培训活动。通过实地的观察、触摸、感受、了解，帮助志愿者还原一个系统的知识链条，进一步促进了博物馆与志愿讲解员之间的“共创模式。

4. 创新培育方式，为自主探究性学习提供支撑

根据志愿者自身特长，基于学生志愿者培育项目“蓝天说火车”科普系列讲座，志愿者们不再只是通过培育面对观众讲解，而是发挥自身特长积极思考、主动学习，创新思维。

七、课程效果及评价

志愿者培育活动的效果不仅仅体现在学生的讲解情况，还体现志愿者队伍的稳定性。

1. 志愿者培训效果

在方法上，将问卷、观察、访谈、记录相结合，从观众对于志愿者的评价、学习小结的设计、志愿者完成学习单情况、志愿者获得荣誉、家长对于学生参加志愿者培育工作的感想等等，多方面综合收集反馈信息。活动受到来馆公众、学员、学员家长的一致好评。

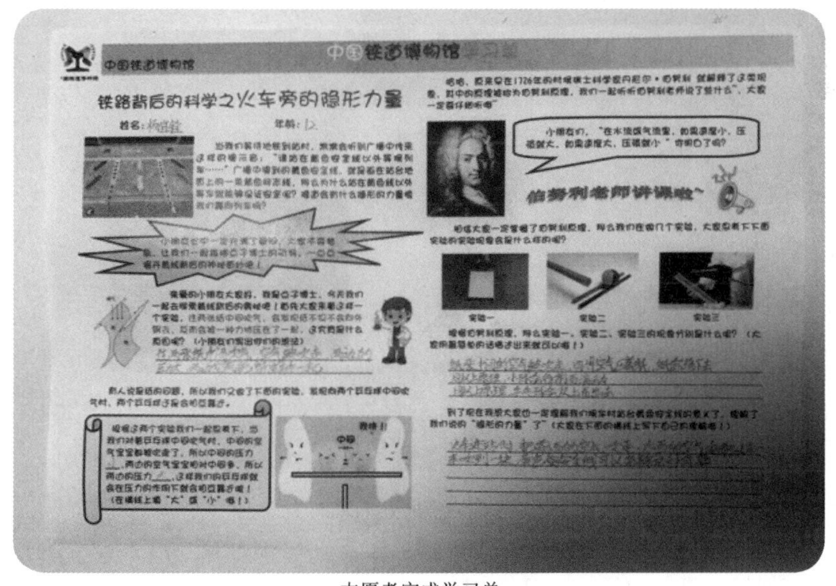

志愿者完成学习单

2. 建立了一支稳定、高效的志愿者服务队伍

为了增强志愿者工作的稳定性和可持续性，我们建立和完善了必要的激励机制。例如与学校签署志愿服务合作协议；制定中国铁道博物馆志愿服务手册、建立行之有效的志愿者资源库；组织志愿者开展活动、维护志愿者的合法权益，根据志愿者的工作表现进行适当奖励等。

课程策划及实施团队

姓名	性别	工作单位 / 部门	职务 / 职称	活动分工
杜媛	女	中国铁道博物馆正阳门展馆	馆员	项目设计、执行、执笔
陈思粤	女	中国铁道博物馆正阳门展馆	助理馆员	项目执行

更多关注请扫下方二维码

微信公众号
中国铁道博物馆
正阳门展馆

“消防安全大课堂”开讲啦

中国消防博物馆

中国消防博物馆作为国内首家全国中小学生消防安全教育基地，立足基地平台向中小学生提供内容丰富的消防安全素质教育活动，成为学校课堂教学的重要补充。“消防安全大课堂”社教品牌活动，充分整合了展馆的优质展陈和专业资源，科学设计了课程内容，主推“沉浸式”授课，注重宣教效果，增强中小学生的互动参与兴趣，让学生们学有所得、学有所用。

一、课程背景

针对中小学校火灾防范重点和学生受众特点，发挥展馆优势，积极引导中小学生接触消防、认知消防、学习消防，能够了解火灾危害，发现身边的火灾隐患，掌握火灾应急处置和逃生自救等基本技能，着重提升中小学生们的消防安全意识，让他们远离火灾危害并以学生带动学校和家庭，共同提升消防安全素质。

二、课程目标

引导学生认识火灾危害，发现火灾隐患，掌握火场疏散逃生、火灾报警、常见灭火器使用、现场紧急救护等基本技能。

三、授课对象

中小学生及家长、老师为主要群体。

四、设计思路

针对中小学生成长特点和接受特性，从激发学生的学习兴趣入手，避免照本宣科式的授课形式，充分发挥中国消防博物馆集历史知识和消防体验为一体的展陈模式，通过举办有针对性的展览、流动消防博物馆进学校消防科普冬 / 夏令营等活动，将消防安全大课堂宣教知识寓教于实操，寓教于场景，寓教于生活。

五、课程内容

1. 举办社教主题展览

（1）“消防安全大课堂——开讲啦！”展览。展览以学校课堂形式为主线，开设学习火灾隐患、消防安全知识、火场逃生知识和突发灾害事件自救逃生四门课程，课后以消防安全拼图、体验穿消防服和拨打 119 报警电话等互动项目辅助，寓教于乐，让观众在体验中学习消防安全知识。课程同时设置了体验式随堂测验，能够检验观众的学习成果。

（2）“消防安全大课堂·家庭消防达人集训营”社教展览。展览以“集训营”形式，引入与安全出口标志人形图案相仿的电影动漫形象“大白”作为教官，专门设置“家在燃烧”国内外重大住宅火灾警示展区，并围绕家庭消防安全重点，设置了“消防设施专家”“疏散逃生大师”“火灾处置勇士”“安全住宅规划师”4 个专题课程展区，通过展板、场景和视频等手段，详细讲解住宅小区及住宅楼消防设施、常用逃生自救设施和家用火灾探测报警及扑救设备等知识点，并设置了烟雾疏散通道、灭火器模拟灭火等体验展项，进一步让观众熟悉掌握火场逃生、初起火灾扑救等必备技能。整个展览图文并茂，展示形式丰富，突出体验感和互动性，以展代教，让观众在沉浸式参观体验中学习掌握家庭火灾隐患自查和火灾逃生自救等基础知识。

消防安全大课堂互动交流

2. 组织流动博物馆进学校活动

（1）参加“流动科技馆进基层”大型示范活动。连续 7 年参加科技部、中宣部“流动科技馆进基层”大型示范活动，先后赴河北、陕西、黑龙江、四川等省市偏远地区，深入乡镇、社区、学校，面对面地向群众和中小学生服务，以地震模拟体验车、火灾逃生帐篷和电子灭火器为宣教主体，并联合当地消防部门组织灭火救援车辆装备展示、穿着消防服装体验等项目，以生动活泼的活动形式，从必备的基本常识技能入手，对火灾报警、火场逃生、初起火灾扑救、地震应急避险等方面进行集中宣传讲解，为开展防火防灾教育、普及消防知识和宣传消防救援队伍的良好形象发挥了积极作用。

（2）举办“全国中小学生安全教育日”主题活动。中国消防博物馆连续9年举办“全国中小学生安全教育日”主题活动，始终把中小学生消防安全教育作为展览、社教工作的重中之重，优先向学生观众开放，不断丰富和完善针对学生观众的知识点、教育点，积极创新社教活动形式，激发学生参观兴趣，有效吸引广大中小学生学习掌握基本的火灾防范常识，增强消防安全意识。先后赴冬奥会举办地张家口市及崇礼区的中小学校、北京市青年湖小学及三里河三小等20余所学校开展消防安全科普宣教活动，连续3年联合湖南卫视“新闻大求真”栏目录制“消防安全大课堂”特别节目。

流动博物馆进校园

3. 举办主题夏令营和冬令营活动

为了使广大中小学生度过一个愉快有意义的假期生活，增强中小学生的消防安全意识和防灾自救能力，激发学生们学习探索消防科普知识的兴趣。中国消防博物馆紧抓寒假、暑期重要时间节点进一步在深化“消防安全大课堂”社教活动品牌上做文章，策划举办主题夏令营和冬令营活动。活动主推消防科普知识，特别是假期火灾预防的内容，形式新颖活泼，内容生动有趣，吸引800余个家庭近2000人报名参加。

活动贴合少儿观众特点，综合运用社教新形式、新手段，注重活动内容的整体规划和编排。活动在《小小消防员》舞蹈中开场，在消防科普舞台剧《我也想当消防员》中讲解消防常识，通过剧中穿插的“掌中火”“面粉爆炸”“干冰灭火”小实验激发学生们的参与兴趣，能积极参加后续“火的燃烧速度有多快”“燃烧需要哪些条件”“为什么浓烟都往高处走”“小苏打加白醋可以灭蜡火是真的吗”“家庭用电哪些故障会引发火灾”等6个互动实验展项，并配合参观防火防灾体验馆，观摩流动博物馆的地震车体验，寓教于乐，让学生们在游戏、实验和参观体验中学习燃烧、爆炸和逃生疏散等消防科普及火灾预防知识，让学生们真正掌握火灾自救技能。

消防安全大课堂知识讲座

4. 全媒介宣传手段融入“消防安全大课堂”

中国消防博物馆紧抓传统媒介和新媒介二大宣传阵地不放松。在传统媒介方面，设计制作了《中小学生消防安全知识读本》《家庭消防常识》和《家庭火灾隐患自查表》等各类读物10余种，累积免费发放20余万册，拍摄了《消防安全大课堂》等视频课程，并将读物可印刷的源文件和视频资料免费提供给学校、科协等单位，专门用来补充学校课堂消防安全教学使用。在新媒介方面，中国消防博物馆上线的微信语音导览系统中，设计制作了100余种卡通形象，通过少儿喜闻乐见的形式宣传消防历史和防火防灾知识。近期，中国消防博物馆针对低年级儿童设计制作的AR绘本《小火苗》也将出版发行，绘本通过科幻故事将火灾、火的起源、火的功能和防火防灾自救等知识点串联起来，让“娃娃”们从小树立正确的消防安全观念。

六、课程特点

“消防安全大课堂”社教活动形式多样，内容丰富，受众广泛，始终坚持“请进来 走出去”的科普社教模式，静态展示和动手操作相结合，通过举办消防科普展览，开发消防舞台剧和小实验等学生们喜闻乐见的科普活动形式，引入模拟电子灭火器、地震模拟体验车等优质高效、可移动式的互动体验项目，将消防安全知识通过各种趣味、易懂的手段，教授给中小学生观众群体，提升学生们的火灾防范意识和消防安全素质。

七、课程效果及评价

“消防安全大课堂”社教品牌系列活动，得到央视、省市级电视台及人民网、新华网等主流媒体大力宣传，相关活动信息刊发在各类报纸、杂志等媒体，同时也在微博、微信及抖音等新媒体广泛宣传，受到社会各界一致好评。活动创办以来，举办各类科普活动50余场次，累计接待中小学生参与体验活动10余万人次，免费发放消防科普读物7万余份，将消防科普服务送到孩子们身边，培养中小学生消防安全意识，建立良好的消防安全习惯，学习基本的防火逃生技能，最大限度避免灾害事故带来的伤害。教育一个学生，影响一个班级、一个家庭，带动整个社会，努力营造安全、稳定、和谐的社会环境。

课程策划及实施团队

姓名	性别	工作单位 / 部门	职务 / 职称	活 动 分 工
周海滨	男	中国消防博物馆	副馆长	课程总策划
张捷	男	中国消防博物馆	参谋	课程推广执行
王冰	男	中国消防博物馆	策展人	课程推广执行

微信公众号
中国消防博物馆

园林小讲师——园林启蒙教育课程

中国园林博物馆

一、课程背景

“园林小讲师”科普活动是中国园林博物馆科普教学体系中园林启蒙类青少年教育课程。自2015年开始，博物馆通过挖掘馆内展览及特色实景园林资源，调研博物馆相关课程内容，在结合园林历史、艺术与中小学生学习能力及方法后进行不断讨论及改进，设计了园林启蒙课堂、园林素养课堂、园林历史课堂、园林故事课堂及园林游学课堂、游学实践和情景演剧等多种形式和内容的教育活动。通过角色体验式的教学方式使青少年学生在园博馆中探求中国园林悠久的历史、灿烂的文化、辉煌的成就以及与园林相关的自然科学知识。

二、课程目标

在园林科普和博物馆教育双职能要求下，本项目是基础性的实践，是有利于以家庭为单位的观众，通过学习园林历史了解中国历史、社会、政治、经济综合发展维度的切入点，使观众从了解认知到探究热爱，引导观众关注当下国家绿色生态发展，关注环保绿色生活，提升园林绿化科普公民素质。

同时，通过园林小讲师课程的学习，有利于一线讲解岗位、一线科普教育岗位的人才队伍建设，有利于教学人员进一步了解和深入探究科普对象，有利于增加职业自豪感，加深对投身园林事业建设的思想认识。

三、授课对象

6～14岁中小学生。

四、涉及学科

涉及历史、语文、道德与法治。

五、设计思路

以中小学生为主要受众，根据不同素养基础分为初、中、高三级六段阶梯序列，结合博物馆园林展陈知识体系、特色资源与馆外游学课程等实景教学，通过讲解素养课堂、园林知识课堂、园林游学课堂等内容的设置，提升青少年对园林历史、园林艺术、园林美学等内容的认知，持续普及中国园林的历史、传播园林科学智慧、提升学员的科学传播素养。同时，园博馆为学员提供实践平台，通过志愿服务的形式学以致用，不断巩固提升园林知识文化，增强社会责任感。

六、课程内容

1. 破冰、课前教育

教师与学员进行简短的自我介绍，开展简单的集体互动游戏，增进学员们之间的了解，同时调动学员们的专注或兴奋的程度，强调课程期间的注意事项。

2. 园林启蒙课堂（初识园博馆）

通过“园林探索之旅”参观的方式，由专业讲解员带领小学员了解园博馆的整体构成，进行园林文化的启蒙。

3. 素养课堂

素养课堂是每日课程的第一课，教授小学员们讲解员的服务礼仪、吐字发音和态势语言等基本讲解素养，为他们进行讲解职业的专业启蒙，使学生掌握有声语言技巧、态势礼仪及语言表达，增强学员讲解礼仪的运用能力及交流能力，同时也可以提高学员们的身体素质与文明素养。

4. 园林历史课堂

教师带领学员来到园博馆展厅（展园）深入学习中国园林在历史各个朝代、各个阶段的发展与艺术特色及代表作品，并在此环节掌握园博馆珍藏展陈文物知识、历史背景及艺术特色。

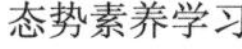

态势素养学习

园林历史课堂学习

5. 园林故事课堂

将园林中的历史故事或园林建筑、楹联匾额中隐含的历史典故，通过故事讲述的方式让学员了解园林中的人文历史知识（知鱼桥·古代哲人的辩论、清晏舫·水能载舟亦能覆舟、扇面建筑·扇扬仁风、闻木樨香·禅宗悟道），并采用园林故事演剧的形式加深小学员的理解与创造能力。

6. 园林游学课堂

教师带领小学员前往恭王府、颐和园、北海及故宫博物院等进行游学，通过实地参观学习皇家建筑体制、建筑彩画类型等了解文化内涵。

在园博馆特色展园内学习园林历史故事

园林游学课堂，赴抗战馆学习党史课程

7. 园林笔试问答

教师带领小学员解析百道园林知识题重点、难点，加强园林知识的理解，并通过笔试加强小学员对所学知识的掌握。

8.“园林小讲师”成果展示

通过实地风采展示考察授课教育质量、检验学员学习成果，帮助学员在知识和实践两方面进行结合。在展示环节中，家长见证孩子的成长与进步，提升小讲师们的讲解兴趣、业务水平及自信心。

课程开展过程中，园博馆通过镜头记录了小讲师学习、成长的过程，从最初面对镜头的胆怯与不安，到最后给观众姿态礼仪标准的讲解，“园林小讲师”课程带给学生们的收获显而易见。

9.“园林小讲师”志愿服务

为使园林小讲师掌握并发挥所学文化知识和讲解技能，园博馆为小讲师们提供志愿讲解服务平台，志愿服务的形式使小讲师学有所用。

七、课程特点

“园林小讲师”园林科普教育特点在于教学形式、内容多样化。中国园林凝聚的是中国千年传承的经典文化，园林中的环境，是中国人对自然天地的热爱；园林中的文化，是中国人的生活哲学，想要学习中国园林文化，死记硬背是远远不够的，只有置身园林，融入园林诗情画意的美景中多学多看，才能将园林文化内涵及园林所表达的生活情趣全面了解。所以“园林小讲师”在中级班课程中增加“园林探索课堂”，学习“扬仁风”“濠濮间想”等园林故事使学员了解园林景观中的文化内涵；“园林游学课堂”则是深入皇家园林探寻园林极盛时期的造园手法，深受广大学员和家长的欢迎。

除了课程的特点与创新，园博馆使“园林小讲师”结业的学员学以致用，服务社会，成为园博馆的小志愿讲解员，使“园林小讲师”园林文化教育不再是短期内提高语言、肢体表达能力、学习园林知识、体验讲解职业的培训，而转变成为长期的培养园林小讲师的讲解实践技能、拓展园林知识及全面发展素质品质的教育活动。

八、课程效果及评价

园林小讲师活动有利于促进学生快速了解园博馆展陈体系，从园林历史发展角度对园林学科基本知识快速认知；有利于学生锻炼口才、强化记忆力、激发查阅资料自主学习热情；有利于提升学生在公开场合发表意见，主动开展人际交流，培养基本逻辑思维。本课程不仅是课程的学习与讲解体验，更是注重长期效果的延伸性项目。通过考核的小讲师会在园博馆进行长期的志愿讲解服务，而没有通过考核的学员也会计划性进行补录，培养了小讲师们服务社会、乐于分享的意识。对掌握内容较为全面，涉猎内容较深的园林小讲师，有利于在学校、班级树立学习和志愿服务的典型，面向家庭，有利于培养学生的社会责任感和公益奉献精神，有利于提升家庭心理沟通和增进家庭幸福。

园博馆在开展“园林小讲师”园林科普教育的同时，也推进了公众服务职能建设，对于博物馆来说，“以人为本”是我们的工作理念，而让更多的公众参与到社会服务，搭建沟通的平台则是博物馆作为文化服务行业推动和谐社会的基础。

课程策划及实施团队

姓名	性别	工作单位 / 部门	职务 / 职称	活动分工
刘明星	女	中国园林博物馆 / 宣传教育部	部长	课程总策划指导
王歆音	女	中国园林博物馆 / 宣传教育部	副部长	组织策划
庞森尔	女	中国园林博物馆 / 宣传教育部	科员	课程实施

更多关注请扫下方二维码

官方网站
中国园林博物馆

仲夏夜之梦，夜宿最美博物馆——园居生活体验课程

中国园林博物馆

一、课程背景

中国园林博物馆是我国第一座以园林为主题的国家级博物馆，全面展示了我国的园林发展历史、园林园居文化、传统造园技艺及自然生态科普，同时，结合园博馆的资源文化特点，为重点突出园居环境与园居文化特色，于夏季开展晚间园居文化体验课程，通过园林文化、艺术、科技不同类别的体验课程，使青少年在晚间园林环境当中感受园林的生命力。

二、课程目标

在科普、文化知识方面，通过讲解和体验相结合的方式，帮助学员了解古代文人雅士园居生活及园林美学，认知园林中动、植物的生活习性、生长规律，通过走入实景园林感受大自然对人类社会的重要性，通过走近展品学会观察文物感受文化。

在劳动技能素质提升方面，通过科技类（拼搭山石盆景、拼插榫卯模型、观察动植物记录自然笔记）、文化类（彩绘青花瓷盘、品茶闻香识礼仪、捏制花艺软陶）、艺术类（制作传统非

遗插花、创作园林立体书）丰富的活动形式及内容，作为校外补充提升学员的动手实践能力，丰富学员课余生活。

在思想品德提升方面，园博馆始终秉持以爱国教育、价值观教育、行为礼仪教育为教育重点，促使学员全面发展，提高综合素质能力。

三、授课对象

每期 7 ～ 14 岁中小学生 40 人。

四、涉及学科

涉及语文、历史、美术、自然、劳技等。

五、设计思路

中国园林是自然与人文、环境与艺术的完美融合，是人类追求与自然和谐的理想家园。可居者为“家”，可赏可游者为园。园博馆收藏真山真水，收纳中国园林，是我们的理想家园。

随着北京市大力推行“中华传统节日”节俗文化和“夜间经济”政策，园博馆向广大青少年观众推出系列“仲夏夜之梦 夜宿最美博物馆”活动，使青少年走进晚间园林，感受晚间园林生态、文化景观。

园博馆立足自身教育职能定位，深挖馆内丰富的园林与展陈资源，围绕园林自然科学、建筑、艺术、文化及专题展览开展暑期特别夜宿活动，带领中小学员走进夜色下的园林博物馆，通过夜宿、课程、实践的形式与趣味性，感知自然与人类密不可分的联系，感悟园林重要人文内涵，提升创新精神、实践能力、艺术素养等。

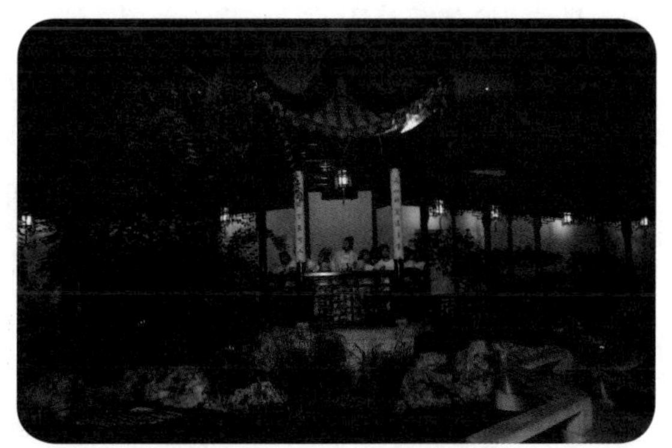

夏季晚间，感受夏季园林静谧美景

六、课程实施

活动场地：公众教育中心、室内 / 外实景园林、馆内青少年劳动实践基地——秘密花园、馆内植物科学探索实验室、多功能厅等。

活动时长：每年暑期举办，共举办 6 期，每期早 9:00 至次日早 8:30（活动为一天一晚）。

活动过程：立足馆内公众教育职能定位，深挖馆内丰富的园林与展示资源，策划三大类专题科普课程：园林文化类、园林艺术类、园林科技类，每类开展 2 期，通过不同主题的活动形式突出展示园林科技、文化、艺术特色。

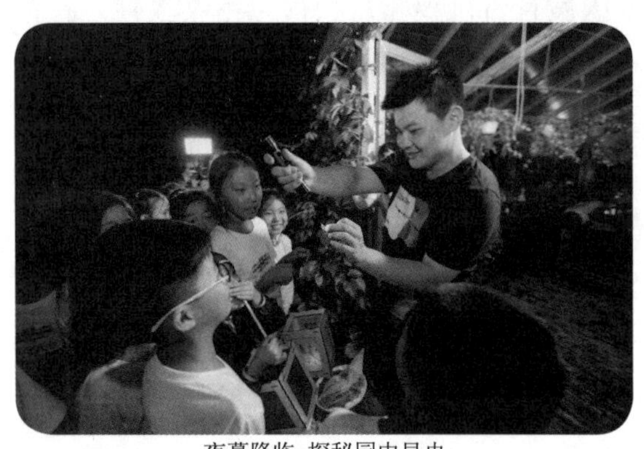
夜幕降临，探秘园中昆虫

（一）科技篇——古典园林造园师

1. 夜访秘密花园，揭秘昆虫奥秘

时间：晚间 30 分钟。

地点：室外秘密花园。

内容：夏季是昆虫最为活跃的季节，在园博馆的室外秘密花园内，夏季的植物景观也最为繁茂，当夜幕降临，昆虫科普教师通过灯诱的方式，带领学员们了解不同种类的昆虫对灯光的敏感程度，近距离接触昆虫，辨识昆虫的种类、习性，感受晚间的暗夜精灵。

2. 置身实景园林，解锁园林山石

时间：参观 20 分钟 + 课堂教学 50 分钟。

地点：室内展厅、公众教育中心。

内容：科普教师带领小学员们走进园博馆室内展厅，结合馆内固定展陈中的山石陈设（太湖石、黄石、灵璧石等不同类别的山石），探究我国的山川地质，解锁有趣的园林山石科普。

3. 了解古人匠心，领略建筑智慧

时间：课堂教学 30 分钟 +DIY 制作体验 40 分钟。

地点：公众教育中心。

内容：在园博馆科普教师的带领下，了解中国传统古建筑雕梁画栋的特色，了解古建筑彩画知识，并通过精心设置的拍打铺子、彩画涂色等环节，带领学员亲自动手仿照古人制作彩画的步骤，体验古建筑彩画制作乐趣，探秘园林古建筑之美。

4. 品仲夏园林，享造园乐趣

时间：参观讲解 60 分钟。

地点：室外展园、秘密花园。

内容：园林因有了山水和花草树木而愈发生机勃勃、情趣幽逸。小学员们在老师的讲解下认识园博馆中常见北方园林植物，通过眼看、手摸、鼻嗅等多种形式，了解植物的生态特点，通过自然笔记的方式记录植物的特性。小学员们在老师的带领下亲自动手种植一盆植物，体验劳动乐趣，激发热爱自然、保护自然的热情。

双语科普，在外教老师的帮助下观察植物生长习性

(二)文化篇——园林文化小博士

1. 曲水流觞,体验文人雅事

时间:参观 20 分钟 + 情景式体验教学 50 分钟。

地点:室内展厅、公共区域。

内容:自东晋王羲之兰亭修禊之后,曲水池边话流觞的雅集活动广为流传,临流宴饮的禊赏文化逐渐深入人心,并渗透到园林建筑中,演变出流杯渠、流杯亭等。结合馆内展陈场景,小学员们在老师的带领下了解供人们享"曲水流觞"之乐的建筑形式及文化寓意,围坐一团,手提花枝,学古人吟诵诗词歌赋,品味文人之雅。

2. 隔火熏香,初探香境

时间:课堂教学 30 分钟 +DIY 体验 50 分钟。

地点:公众教育中心。

内容:"香之为用,从上古矣"。香文化的历史渊源与园林发展相辅相成,更是皇家礼仪文化的见证。课程通过香的历史、文化、礼仪、芳香植物的自然形态等内容,以五感中的嗅觉为切入点,引领学员多方面了解园林、感知园林,体悟园林芳香植物,并通过制作香品感受香事礼仪。

幽静的苏州园林中体验香境之趣

3. 静心品茗,修习品德

时间:课堂教学 60 分钟。

地点:公众教育中心。

内容:在中国几千年的社会发展之中,茶和中国古典园林之间,无论是生活情境中,还是其相关的文化性质,都有着千丝万缕的关系。小学员们通过老师的讲述,学习品茶礼仪,感受园林佳景,端坐持杯,静心品茗,感受古人谦虚礼让的君子之风,修习尊重与感恩的良好品德。

4. 品匠心营造,画瓷上园林

时间:课堂教学 30 分钟 + 制作体验 50 分钟。

地点:创艺工坊。

内容:本活动以园博馆馆藏外销瓷及展陈体系中的陶为依托,结合园居生活中香器、插花器皿等陶艺作品的学习,了解中国陶瓷的悠久历史与多种应用形式,并通过欣赏陶瓷作品讲述陶瓷与人类文明的密切关系。在老师的指导下学习传统书画执笔晕彩、构图配色,在空白的瓷盘上以园景入画,描绘山光水色,感悟瓷文化与园林文化的交融之美。

(三)艺术篇——传统园林艺术家

1. 探花史,知花事,习花艺

时间:课堂教学 40 分钟 + 插花制作体验 50 分钟。

地点:公众教育中心。

内容:结合插花文化意象,通过了解传统插花文化在园林中的重要地位,引导学员充分了解传统花卉器型和传统插花中花卉的文化内涵及属性,了解中国传统插花的发展历史及艺术风格,与美学教育相结合,进一步提升学员对中国传统文化的认同感。

2. 制作立体园林,感受文化氛围

时间:园林实景参观 20 分钟 + 制作体验 50 分钟。

地点:室内展园、公众教育中心。

内容:"山、水、植物、建筑"组成了园林的四个基本要素,为中国传统园林的建造提供了各种可能。通过对实景园林四要素艺术化的运用,引导学员感知古人造园的艺术表达与美学匠心,并在老师的指导下,化身造园匠人,利用苔藓植物、微型植物及建筑山石模型等,领悟园林造园中的艺术手法,亲手制作自己心目中的园林景观。

3. 展传统国风,感古琴文化

时间:临展参观 20 分钟 + 书法绘画 50 分钟。

地点:古琴专题展览、公众教育中心。

内容:中国古典园林着意追求天然林泉风致之美。古琴与园林,是文人共同的精神家园。老师带领小学员们参观馆内专题"临展古琴文化艺术展",领略传统国风,感受古琴文化的魅力。在老师的指导下小学员们手持毛笔,书写琴谱,于笔墨丹青间感受书法特有的艺术魅力,同时观摩、欣赏、涵泳、寻味书法的文化美学韵味。

4. 画心中园林,品山水魅力

时间:园林实景参观 20 分钟 + 绘画 50 分钟。

地点:室内展园、公众教育中心。

内容:中国园林大多出乎文人、画家与匠工之合作,与中国山水画亦是相辅相成,互为启发。课堂上老师带领小学员们看自然山水与传统建筑的巧妙融合,观察构图笔法和空间布局,创作出一幅独一无二的园林奇妙之旅山水画。

七、课程特点

1. 三类别系列课程,德智体美劳全面发展

活动按年龄分设不同种类课程,结合实地探究、科普讲座、动手实践等形式,围绕园林课程体系,开展涉及园林科技、园林文化、园林艺术三类别系列课程,使学员化身古典园林造园师、园林文化小博士、传统园居艺术家,是开展德、智、体、美、劳全面发展的园林启蒙教育。

2. 融入园居晚间生活,感受有生命的博物馆

活动在策划时抓住北京市发展夜间经济的"夜"间活动,加之青少年热捧的"宿"的形式,使博物馆晚间夜宿活动更为新颖有趣。一是让学员在夜幕降临后走进真实的园林当中,感受晚间园林中的点点灯光,并在实景园林当中体验古代文人插画、品茶、焚香、挂画的园居生活。二是满足学员们对晚间博物馆的好奇,夜探秘密花园,"拜访"夜间绽放的植物、聆听

昆虫的鸣叫声，走入室内展园苏州畅园，以不同于白天游赏的模式跟随讲解员老师的脚步，深度追溯园林的悠久历史。

八、课程效果及评价

1. 通过园博馆微信公众号面向全社会发布招募信息，每期活动招募40人，直接参与活动人数为240余名青少年学员，同时通过微信公众号及微博发布活动相关信息，间接受益近万人次。

2. 此项活动受到了北京电视台北京新闻、首都经济报道、北京日报、北京晚报、新京报、北京青年报头条客户端、首都建设报、劳动午报北京工人客户端等都市媒体，以及中国文物报、文博圈等行业媒体发布相关报道共计13篇条，园博馆官方自媒体微信公众号发布相关报道39篇条，引起社会舆论关注，并收获多方好评。

课程策划及实施团队

姓名	性别	工作单位 / 部门	职务 / 职称	活动分工
刘明星	女	中国园林博物馆 / 宣传教育部	部长	课程总策划指导
王歆音	女	中国园林博物馆 / 宣传教育部	副部长	组织策划
殷伟超	女	中国园林博物馆 / 宣传教育部	科员	艺术篇——传统园林艺术家板块策划
庞森尔	女	中国园林博物馆 / 宣传教育部	科员	文化篇——园林文化小博士板块策划
刘冰	女	中国园林博物馆 / 宣传教育部	科员	科技篇——古典园林造园师板块活动策划

园林植物种植劳动实践

中国园林博物馆

一、课程背景

自然教育是重新连接人与自然的活动。通过参与自然劳动体验教育，能够让青少年切实的接触自然，在自然劳动以及和周围环境的互动中主动探索自然，发展创新意识和实践能力。

中国园林博物馆依托青少年自然科普教育基地“秘密花园”，以青少年作为主要活动对象，结合义务教育课程标准，通过开展自然劳动体验活动，使青少年接触自然、参与自然劳动实践，引导青少年积极探究自然、热爱自然，增强自然认识能力，培养对自然的欣赏，增进对自然环境的关注，促进青少年身心健康的成长，从而全面提升青少年素质。

二、课程目标

1. 认知目标

认知北京地区常见乡土乔灌木以及花卉植物，学习北京地区乡土园林植物生长习性，感受自然环境与生活的联系。

2. 实践目标

通过知识讲解、动手操作、观察记录等方式，学习园林植物种植基本方法、绘制种植设计

平面图、使用常见园林植物种植工具、肥料等。

3. 素质培养目标

乡土植物的识别种植，增加对家乡自然环境的了解，激发爱国爱家乡的情怀；强化劳动意识，树立正确的劳动观点和劳动态度，养成自觉劳动习惯；观察学校、社区生活范围内环境，分析直接或间接影响环境的原因，思考有效改善方法，倡导绿色生活方式。

三、授课对象

8 ～ 12 岁学生。

四、涉及学科

涉及生物、地理、历史、文学、美术。

五、设计思路

当今青少年与自然之间有着明显的断裂，自然劳动也随之减少。园林，作为人与自然相互交融的体现和古代匠人劳动智慧的结晶，为青少年复归自然，体验劳动提供了良好的空间。

本课程根据青少年心理特征和认知规律，由园林专业教师带领学员参与园林营建活动，通过园林设计课程、园林植物种植及养护课程引导学员综合感受园林行业的魅力。课程中学员不仅可以参与园林设计，还可以参与造园活动，亲自种植和养护乡土植物，以劳动实践形式走进园林，走进自然。园林营建劳动实践课程让学员在掌握园林基础知识的同时，增加学员接触自然，参与自然劳动实践的机会，提高了个人的综合能力和核心素养。

六、课程实施

1. 前期准备

（1）人员准备

园林专业教师 1 人、助教 1 人、志愿者助教 2 人。

（2）物资准备

学习单、轻黏土、模型、小铲子、无刺月季苗、水壶、缓释肥、手套，画板、自然笔记画纸、彩笔、铅笔、塑料布、铁丝、草绳、造园小达人奖章。

（3）教具准备

学员签到表、物资发放表、访问单、观察表、问卷调查表。

（4）场地准备

在公众教育中心和秘密花园摆放活动所需要的黑板、桌椅等。

（5）安全预案准备

主讲教师强调安全使用工具，助教注意加强巡视；与安保部门做好事前沟通，如遇突发事件，及时辅助活动的安全进行。

2. 教学过程

（1）行前教育

教师活动：介绍活动背景，强调课程期间安全问题。

学生活动：聆听并记录相关注意事项。

设计意图：让学生初步了解活动目的及内容，并注意自身财产及人身安全。

（2）园林设计知识课堂

教师活动：讲授园林设计原理，并通过带领学员参观展厅中的园林沙盘介绍国内外园林历史、园林特点以及设计图的绘制方法。

学生活动：聆听并记录老师所讲知识。

设计意图：让学员对园林设计的概念有基本认知，为沙盘制作提供理论基础。

（3）园林设计实践之沙盘制作

教师活动：带领学生进行园林沙盘模型制作，讲解制作过程的注意事项。

学生活动：利用轻黏土和模型制作园林沙盘。

设计意图：让学生了解园林空间概念，提升美感，并增强动手实践能力。

园林设计知识课堂

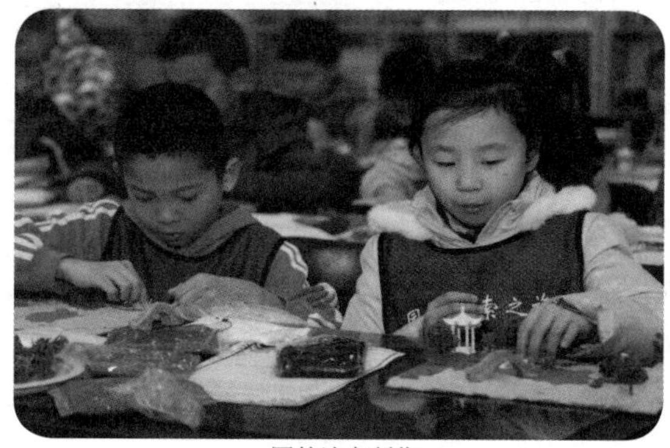
园林沙盘制作

（4）认知园博馆乡土植物

教师活动：发布探索博物馆植物的任务，让学生识别白皮松、玉兰、迎春、月季等乡土植物。

学生活动：在园博馆室内外进行植物探索、记录等活动。

设计意图：学生可以初步了解植物的种类与价值，学会自主探索，并激发学生对乡土园林植物的重视，增强“爱家乡”意识。

（5）乡土植物知识课堂

教师活动：为学生讲授园林乡土植物选择的要求和标准，以及植物生长所需要的条件。

学生活动：聆听并记录老师所讲知识。

设计意图：使学生了解乡土园林植物的生长习性，为后续花境设计与种植做铺垫。

（6）园林植物种植之花境种植

教师活动：讲授无刺月季苗种植过程，并在学员实践过程中给予帮助与指导。

学生活动：分组进行无刺月季的种植。

设计意图：使学生获得种植技能的同时，巩固理论知识，加强亲子感情。

（7）植物养护之花卉养护知识

教师活动：重点讲解无刺月季的养护知识，例如培土增温、防风防寒等。

学生活动：聆听并记录老师所讲知识。

设计意图：熟悉园林植物养护工作流程，增强学生保护园林植物的意识。

（8）园林植物养护之“穿衣防寒”

教师活动：带领学生搭建防风障，用塑料布等遮盖园林植物。

学生活动：在老师的指导下实现对无刺月季的防寒养护。

设计意图：增强花卉养护技能，提高实践动手能力和劳动意识。

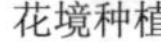

花境种植

园林养护之“穿衣防寒”

（9）绘制自然笔记

教师活动：介绍自然笔记的绘制方法，指导学生完成自然笔记。

学生活动：通过五感观察植物，采用文字、图画等方式完成自然笔记。

设计意图：以绘画和文字的形式，让学生记录对大自然的感受，巩固课堂知识，落实劳动教育意义。

（10）分享课程体会

教师活动：引导学生介绍课程成果，表达学习感悟，为完成课程任务的学生颁发“造园小达人”奖章。

学生活动：与其他成员进行经验分享与交流，并展示完成的园林沙盘模型、自然笔记和实践成果。

设计意图：使学生学会经验总结，增强学生成就感，并加深对园林，对家乡的热爱。

3. 课后评估

（1）助教在活动过程中记录学生参与活动的状态，完成观察评价表。

（2）教师针对有代表性的学员进行访问，完成访问评价表。

（3）助教协助参与者填写园博馆课程活动问卷调查。

七、课程特点

1. 结合馆内资源，丰富课程内容和内涵

依托中国园林博物馆现有资源，包括“秘密花园”自然科普教育基地的场地资源，中外园林沙盘模型资源，以及丰富的园林植物资源，充分挖掘与梳理园林营建课程内容，形成较为系统的包括园林植物识别、园林设计、园林植物种植及养护的实践课程，以实物、实景为学生传授园林行业知识。

2. 突出主题教学，注重培养青少年综合能力

每一个学习模块的设置，在突出园林营建主题的前提下弱化具体知识点的罗列，将传统造园流程简化、凝练，以青少年可以理解的方式传播园林知识。通过园林营建劳动实践课程，引导青少年自主思考、学习、探索和实践，在传授科学知识的同时融入劳动教育，从而全面提升青少年综合素质、素养。

3. 立足亲子家庭，促进家庭、社会和谐发展

本次课程面向亲子家庭，意在改变现阶段青少年接受科普教育而家长参与程度不高的现状。亲子家庭共同参与园林营建劳动实践课程，促使园林专业知识普及到更广泛的社会群体，也为亲子之间创造互动机会，增进亲子感情，有利于青少年身心健康发展，以及家庭、社会的和谐发展。

八、课程效果及评价

（一）活动效果

1. 通过园林设计课程了解到园林设计的基本要素，可以区分国内外园林的风格与特点。在园林沙盘制作的过程中提升了个人鉴赏美、创造美的能力，加深了对园林专业的认知程度，引发对园林专业浓厚的兴趣。

2. 基本认知北京地区常见乡土乔灌木以及花卉植物，了解北京地区乡土园林植物生长习性。同时，掌握了基础的园林植物种植方法、养护方法，学会使用常见园林植物种植工具、肥料等。

3. 通过对乡土植物的识别和种植，增加对家乡自然环境的了解，激发了爱自然、爱家乡的情感。此外，学生和家长在课程实践过程中不仅强化劳动意识，树立正确的劳动态度，同时还增进了亲子感情，促进家庭和谐。

（二）活动评价

1. 园林营建劳动实践课程使社会公众走进园林，走进自然，通过亲身体验，团结合作促进社会公众“德智体美劳”全面发展。以乡土教育形式激发社会公众爱祖国、爱家乡、爱自

然的情怀，从而愿意贡献自己的力量改善家乡，发展家乡。

2. 园林营建劳动实践课程以造园流程贯穿主线，向社会公众传播园林行业的科学知识，将园林专业知识和社会公众生活紧密结合，在丰富社会公众业余生活的同时展示出园林行业文化，从侧面对我国园林行业的发展起到推动作用。

3. 园林营建劳动实践课程具有多学科性和跨学科性的特点，涉及美术、历史、生物、地理等学科知识，因此，课程内容的设置和传播对提高国民生活质量，提升国民科学素养，增强国家综合实力起到重要作用。

课程策划及实施团队

姓名	性别	工作单位 / 部门	职务 / 职称	活 动 分 工
刘明星	女	中国园林博物馆宣传教育部	部长	课程总策划指导
王歆音	女	中国园林博物馆宣传教育部	副部长	组织策划
刘冰	女	中国园林博物馆宣传教育部	科员	课程实施

开学第一课——“我和我的祖国”系列课程

中国邮政邮票博物馆

一、课程背景

邮票——方寸之间，铭记历史，见证沧桑，具有政治宣传、文化教育、艺术欣赏、文物收藏等文化价值，被誉为“国家名片”。为庆祝中华人民共和国成立 70 周年，让广大青少年通过邮票，了解新中国成立以来取得的伟大成就，2019 年中国邮政邮票博物馆精选了一批反映我国在政治、经济、文化、生态文明、国防建设及外交等方面取得重大成就的邮票，并以此为核心精心设计了“我和我的祖国”系列课程。

二、课程目标

1. 知识技能：增长邮票基础知识、了解国旗国徽国歌诞生的故事、见证国家的建设与发展。

2. 过程与方法：通过讲座、讲解、体验、展览和个人演讲等方式，激发学生对邮票知识的求知欲、培养青少年自主学习能力和创新意识，促进其身心健康、和谐发展。

3. 情感态度价值观：弘扬爱国主义精神，树立民族自尊心、自信心和自豪感。

三、授课对象

北京市小学生。

四、涉及学科

涉及语文、数学、英语、美术等。

五、设计思路

课程以新学期开学为契机，将“第一课”和“邮票知识”相结合，设计了主题讲座、寒暑假学习单、汇报演讲等内容，通过学习邮票上“我和我的祖国”相关内容，介绍国旗、国徽和国歌诞生的故事，见证新中国成立以来国家的建设与发展。

六、课程内容

1. 与学校对接，确定主题和方案（2019 年 1 月、2019 年 7 月）

“开学第一课”初步确定的时间是 2019 年两个学期开学时，即 3 月和 9 月。为深入了解学校诉求和学生能力提升的具体方法，博物馆在 2019 年寒暑假前（1 月和 7 月）与学校多次沟通，并邀请学校老师到馆实地考察。双方就学生特点与博物馆展陈内容进行商讨，最终确定以“我和我的祖国”为主题开展邮票基础知识讲座。讲座时间定为开学典礼或开学第一周，地点为北京市东城区的 4 所小学内。

2. 活动预热，博物馆承接学校寒暑假作业（2019 年寒暑假期间）

为开展好“开学第一课”，博物馆特别设计了预热环节，即由学校设计、博物馆专家审议，确定的学生寒暑假学习单。寒暑假期间，家长可以带着孩子在博物馆进行参观，并由博物馆专业讲解员对“学习单”上的问题给予学生指导，让学生们提前做好预习。

3. 活动实施

活动开始前，博物馆工作人员和志愿者们提前到学校对活动场地进行布置。学生们在开学典礼之后，到教室聆听由博物馆老师带来的讲座，部分学校对讲座进行了全校直播。博物馆老师分享多套以“开国大典”为主图的邮票、港澳地区发行的邮票、妙趣横生的异形异质邮票和馆藏珍邮，讲述邮票基础知识，介绍邮票上的国家象征。通过内容丰富的邮票向学生们展示了中华人民共和国的发展历史和光辉成就，诠释了“我和我的祖国”这一爱国主义教育主题。活动最后，学生代表接受博物馆工作人员的采访，并饶有兴致地向工作人员展示自己收藏的邮票，分享集邮过程中的有趣故事，表达了爱家爱国之情。

4. 活动巩固阶段

在“开学第一课”讲座之后，博物馆与学校继续合作，设计制作了多幅主题海报，放置在学校自设的“邮票博物馆”中，这些海报与学生们手绘的邮票构成了“我爱你，祖国”邮票展。在这个“搬”进学校的“邮票博物馆”中，每个学生通过购买门票、了解参观须知、领取学习单和参观积分卡，自主参观，寻找答案，累积积分。“邮票博物馆”里还设置了串字游戏、吟古诗、话成就等小活动，锻炼同学们的语文基础知识和表达能力。其中“小小邮递员”让同学们通过计算体验送信、邮票形状分类等活动，提高学生们数学知识的灵活运用；英语学科则通过“邮票馆里对对碰”让学生选择喜欢的明信片回答问题；“小小邮票设计师”情景问答体验，让学生们身临其境地感受到祖国的富强和伟大，在方寸之间体会邮票的艺术之美和人民的聪明智慧。

邮票博物馆进校园

5. 活动总结

此次活动时间跨度大，包括的子项目多，博物馆工作人员细致策划内容，精心组织实施，扎实有效推进，得到了学校、家长的大力支持和学生的高度认可。活动结束后各方媒体也进行了宣传报道，社会反映良好，活动取得了预期效果。博物馆共与北京市东城区 4 所小学进行了合作，2000 余名学生参与了此次课程。课程结束后，博物馆工作人员分别与老师、家长和授课对象进行了不同程度的讨论和交流，收到了众多的好评反馈以及对博物馆的建议，为博物馆今后实施科普活动提供了很好的经验借鉴。

七、课程特点及亮点

1. 高唱主旋律，弘扬爱国主义精神

少年兴则国家兴，少年强则国家强。此次活动博物馆以“我和我的祖国”邮票主题讲座为重点，在多种方式配合下，把学校的“第一课”与人生的“第一课”结合起来，将爱国主义这一中华民族兴国强国的魂魄注入学生们的心灵。通过活动的开展，增强了广大学生对中华民族伟大复兴的责任感和使命感，营造了浓厚的文化氛围，让学生明确新学期奋斗目标，以良好的精神风貌投入到学习中。

2. 利用自身特色优势，科普“邮”文化

随着科技的发展，人与人之间的距离无论是时间还是空间都在不断缩短。曾经“大有作为”的邮票离学生们的生活也越来越远。作为中华民族优秀传统文化的一部分，“邮”文化其实是独具特色也饱含优势的。邮票涉猎主题丰富，科普“邮”文化可以与各个学科、各个时间节点和各种内容进行有效结合。此次课程，博物馆在时间上结合了新学期开始，在内容上结合了新中国成立70周年，有效地进行了爱国主义教育。

3. 形式多样，提升青少年群体自主学习能力

为了使整个课程更加完整、课程效果更加扎实，这次课程集合了参观、做学习单作业、班级展示假期作业、主题讲座、“画”邮票、逛校园“邮票博物馆”等融合多学科多形式的体验，增加了课程的趣味性，也提升了学生们的创新意识和自主学习能力。

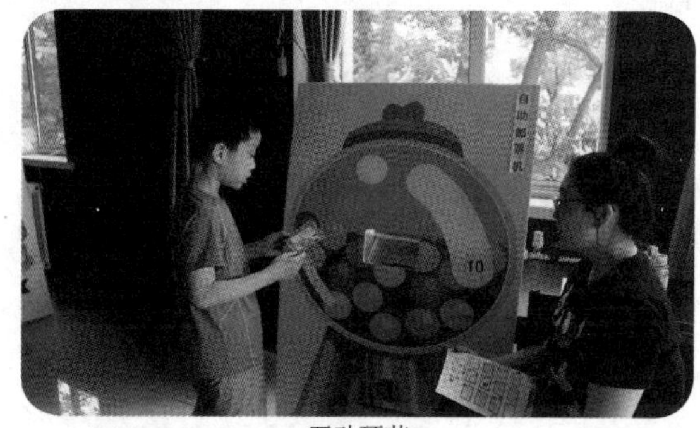
互动环节

八、课程效果

此系列科普课程得到了老师、家长和学生们的一致好评。在寒暑假期间的亲子课程环节，还出现了家长辅助讲解员一同给孩子普及邮票知识和书信知识的美好景象。通过多种形式的体验，既有效传播了邮票文化，又加深了学生们对祖国建设成就的认知，增强了爱国之情，为博物馆打造精品科普系列课程打下了坚实的基础。

九、课程效果

通过邮政专业杂志公众号和教育部门的公众号进行推广，同时博物馆录制相关视频，制作主题小短片向社会公众展示，取得了良好的社会宣传效果。

课程策划及实施团队

姓名	性别	工作单位/部门	职务/职称	活动分工
李亚静	女	中国邮政邮票博物馆	副研究馆员	总策划
魏静	女	中国邮政邮票博物馆	馆员	组织实施、案例执笔
杨华	女	中国邮政邮票博物馆	馆员	案例执笔
杨米娜	女	中国邮政邮票博物馆	馆员	组织实施
赵梓彤	女	中国邮政邮票博物馆	讲解员	组织实施
刘斯琦	女	中国邮政邮票博物馆	馆员	海报设计

小小讲解员

中国邮政邮票博物馆

一、课程背景

教育职能是博物馆职能的重要组成部分，博物馆作为公共文化资源，为大众提供各类教育活动。为实现与学校基础教育需求的有效衔接，提升青少年核心素养，中国邮政邮票博物馆充分运挖掘自身潜力，设计实施了“小小讲解员”教育培训课程。

二、课程目标

1. 知识技能：学员在实践中学习中国历史文化和邮政邮票知识。
2. 过程与方法：提升沟通能力、语言表达能力等综合素质。
3. 情感态度与价值观：磨炼个人意志、树立自信心。

三、授课对象

8～15 岁学生。

四、涉及学科

涉及语文、历史、口才、艺术等。

五、设计思路

“小小讲解员”培训以青少年为目标群体，由博物馆专业讲解员在固定周期内对学员进行规范化职业培训，并实施结业考核。

六、课程内容

1. 前期准备

“小小讲解员”培训开班时间为每年的寒暑假，博物馆工作人员会在寒暑假前 1 ～ 2 周敲定课程方案、与各学校对接、确定参加培训的学生名单（为保证活动质量，每期 10 ～ 25 位学员）以及完成“小小讲解员”胸卡制作等相关事宜；根据培训对象年龄段（目前此活动可细分为 8 ～ 12 岁与 12 ～ 15 岁两个不同的年龄组）与博物馆现有展陈内容，确定培训内容及撰写培训讲解词；根据培训时间（一般在 5 ～ 14 天），设计每日培训计划、培训签到表、考核评分表和考核号码牌等，主持人则需提前拟好开班和结业主持词。

2. 开班仪式

培训第一天在博物馆内举行开班仪式，仪式由博物馆工作人员担任现场主持人。第一项内容是介绍博物馆及“小小讲解员”培训的基本情况。第二项内容是学员自我介绍，以 20 人一期为例，参与学校可达 7 ～ 8 所，自我介绍环节的设置，一方面增进了学员间的相互了解，另一方面也为接下来的培训做铺垫。最后由培训老师代表（博物馆专职讲解员，具有多年从事专业讲解的经验）详细说明培训安排并在展厅示范讲解，最后将学员分组（一般为 3 组），各组培训老师将组员带到指定位置发放讲解词，开始进入正式培训。

讲解培训

3. 培训期

（1）理解消化期。

邮票对大多数孩子来说可能是一个陌生事物，讲解词发放之后，培训老师不会急于让学员直接进入角色，而是会和学员一起聊聊邮票，讲解邮票基础知识，让学员熟悉培训讲解词，有问题现场答疑。在这个时期，培训老师会鼓励学员在不改变原意的基础上，将讲解词换成

模拟讲解

自己的语言。改词是发挥学员主观能动性一个很好的方式，能改词的学员，说明他理解了所讲内容并能进行创造性发挥。

（2）熟记期。

熟记讲解词是作为讲解员的硬性指标，能否成功熟记讲解词也是事关讲解成功与否的关键。这一阶段，大概会占到整个培训时间的1/2。在此过程中，每组老师会采用背词—现场模拟讲解（老师纠错）—背词—现场模拟讲解（组员互相纠错）—背词等环节进行。在模拟环节，培训老师会纠正讲解词和讲解礼仪不合适的地方。

（3）熟练运用期。

这一个阶段，大多数学员对所讲内容已经相当熟悉，培训老师在这个阶段里，更注意的是讲解礼仪的规范使用和学员之间的配合互助。因为对讲解词已熟练，所以纠正讲解礼仪（如站姿、表情、手势等）在这个阶段会比上一个阶段效果更好。另外，培训老师也会继续给学员们一些价值观的输出，希望学员们可以在互帮互助中共同成长，例如博物馆设计的结业考核中会有一个整体讲解的环节，这里就需要学员们默契配合，一个接一个地衔接下去。

4. 结业考核

“小小讲解员”培训的最后半天是结业和考核期，培训老师会在前一天告知学员考核时的发型、服装等要求。为保证考核的公平公正，培训组会邀请每位学员的1名家长、各学校的1名老师与博物馆老师若干名组成考评小组。考核前，博物馆工作人员会为每位学员贴上专属于自己的号码牌。考核开始后，学员们轮流讲解，考评小组根据学员们现场表现在考核评分表上打分，现场工作人员最后进行统分，分数排名前几位（一般5～10位）的学员获评“最佳小小讲解员”并现场颁奖，其余的学员则获博物馆赠送的精美小奖品。

5. 活动总结

中国邮政邮票博物馆“小小讲解员”培训自2010年开班以来，历时十年，共成功开办九期，史家胡同小学、汇文一小、实验二小、银河小学、二十四中学和六十五中学等30余所北京市中小学校200余名学生参与了培训，小学员们为故宫博物院单霁翔院长、各学校师生、博物馆观众提供了精彩的讲解服务。

七、课程特点及亮点

1. 公益先锋，备受欢迎

博物馆是社会公益机构，这一性质决定了博物馆的一切资源都应以服务社会为出发点。自2007年开馆以来，博物馆一直秉持着服务至上、社会效益第一的原则，均以满足社会公众需要为出发点举办各项活动。对于“小小讲解员”培训，博物馆也坚持一贯的做法，整个培训全部免费。该课程自开班以来，受到了社会各界广泛的好评。

2. 形式多样，不断创新

由于博物馆受众的不同需求，决定了博物馆社会教育不能只是一种套路，一个模式。因而博物馆在开展社教活动上也要更加灵活，不时加入新发现、新观点，不断创新和丰富活动形式，例如博物馆课程设计人员在第三期中加入了学员朗读以及表演节目的环节；在第六期中邀请了家长参与统分和评奖工作等。

3. 尊重个性，育人为本

“育人”是博物馆社会教育职能的重要组成部分，“小小讲解员”学员大多数是 4 年级以上的小学生，处于 10 ～ 12 岁的童年期，和幼儿相比更重视他人对自己的评价，情感开始复杂化，同时具有很强的吸收能力。在日常的培训当中，博物馆工作人员尊重每位学员的个性，学会用各种方法对他们进行鼓励，肯定他们的点滴成功，不断激发其探寻新知的兴趣。

八、课程效果及评价

“小小讲解员”培训是博物馆的精品课程之一，博物馆工作人员精心设计了课程前期、中期和后期三个阶段的完整课程体系，对参与目标人群的不同，有不同的方案考量；对突发情况也有心理准备和提前预案。每期活动之后，课程设计人员与培训老师会不断地讨论、总结经验和不足并不断修改、补充，使活动方案日益完善、成熟。

故宫博物院单霁翔院长在聆听“小小讲解员”的讲解后评价很高，希望博物馆多多举办这样的活动。

家长、学校参与积极性高，参与活动的学生有着十分明显的蜕变成长。这符合课程设计人员的预期效果，也是博物馆开办“小小讲解员”培训的目的所在。同时课程后期有评估环节，这份评估通过学员们一份特殊的“家庭作业”来实现的。在这份“作业”中，四期学员小张写道“通过这期‘小小讲解员’培训活动，我要感谢我的老师，是她扳掉了我‘脖子歪’的小毛病，让我渐渐开朗和乐观起来”。家长也主动跟博物馆工作人员表达感受，三期学员小段的妈妈曾兴致勃勃地对工作人员说，“他第一天回来跟我做演示的时候，我觉得讲邮票要一直手指展品，谁知道，他告诉我说，那样不规范，手势太多。我想了想，孩子是对的，你们真是专业”。一些家长带孩子在馆里参观时，也常会咨询馆内工作人员是否可以增加培训名额。

课程策划及实施团队

姓名	性别	工作单位 / 部门	职务 / 职称	活动分工
李亚静	女	中国邮政邮票博物馆	副研究馆员	总策划
魏静	女	中国邮政邮票博物馆	馆员	组织实施、案例执笔
杨华	女	中国邮政邮票博物馆	馆员	案例执笔
杨米娜	女	中国邮政邮票博物馆	馆员	组织实施
赵梓彤	女	中国邮政邮票博物馆	讲解员	组织实施

青少年邮票绘画比赛

中国邮政邮票博物馆

一、活动背景

邮票被美誉为“国家名片”，方寸之间既有古代精品留香，又有现代科技融入，堪称一座小型的艺术宝库。每一枚小小的邮票都是一扇文化展示的特殊窗口，是艺术设计和印制工艺完美结合的产物，极具欣赏价值。青少年是祖国的希望，也是集邮的未来。中国邮政邮票博物馆作为一家以邮政、邮票为内容进行展示、学术研究与交流的国家级专业博物馆，利用自身特色，设计了青少年邮票绘画比赛。

二、活动目标

1. 知识技能：了解邮票基础知识。
2. 过程与方法：邮票设计师职业体验。
3. 情感态度与价值观：提高审美情趣，增强爱国之情。

三、活动对象

全国中小学生。

四、涉及学科

涉及美术、艺术设计等。

五、设计思路

博物馆通过整合多方资源，联合教委、北京市校外教育协会以及邮票印制局等多家单位，将博物馆特色“邮票”融入学生日常绘画当中，在每届不同的主题下，以邮票设计的形式展开比赛。

六、活动内容

1. 准备阶段

青少年邮票绘画比赛时间一般定在每年暑假期间，博物馆工作人员会在活动正式举办之前的 1 ～ 2 周梳理整个活动流程、确定活动方案，并与参与单位进行对接。此活动会选择 4-5 所学校作为活动对象，每所学校 25 ～ 35 人，为保证质量，整场不超过 200 人。同时，博物馆工作人员需要提前布置场地并准备好活动中用到的物品，如绘画用纸、裁剪工具以及相关教具。

2. 实施阶段

（1）一层大厅集合

活动一般安排在上午进行，8:50，由各学校领队老师带领参赛学生在博物馆一层大厅集合、存包，做赛前准备，博物馆志愿者与赛场老师会在现场协调和维持秩序。9:00，各学校选手到赛场按赛前安排就座。

（2）启动仪式（时长 20 分钟）

9:10，由博物馆工作人员担任主持人介绍到场嘉宾，安排与会领导讲话，并讲解邮票知识、设计要点及注意事项，宣布比赛正式开始。

（3）参赛选手现场绘画（时长 90 分钟）

9:30，绘画比赛正式开始，在此环节中，学生们可以通过绘画的方式，围绕博物馆拟定的主题现场作画，博物馆多位老师会在现场协助，并进行实时答疑。绘画比赛期间会有 3 次时间提醒，分别是距离绘画比赛结束半小时、10 分钟和 5 分钟时，其中在第 2 次和第 3 次提醒时，博物馆工作人员会重点提醒参赛选手将绘画作品翻到背面，用铅笔在右下角写上各自的学校、年级与姓名。11:00，主持人宣布绘画比赛结束。

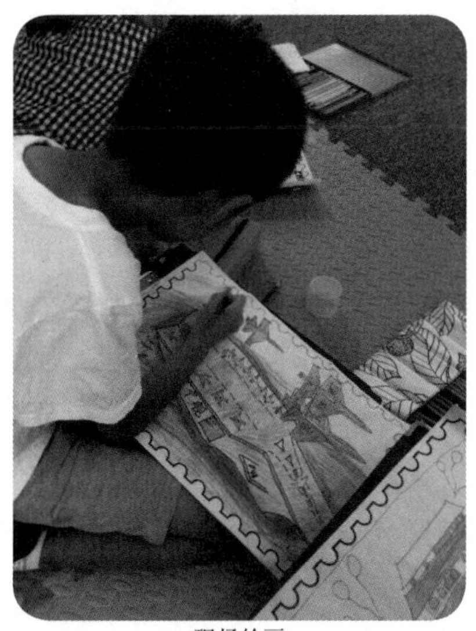
现场绘画

（4）评委评分（时长 20 分钟）

现场绘画比赛结束后，赛场和展厅分两路进行。博物馆讲解员根据现场情况将参赛学生分组带入博物馆展厅参观，绘画比赛现场则由邮票印制局专业邮票设计师、各学校特、高级美术教师和博物馆专业老师组成的评委团对邮票设计作品进行评分。每位评委拥有 10 票选择权，统计员现场统分，择优胜出，最终评选出一等奖、二等奖、三等奖和优胜奖若干名。

（5）现场颁奖、专业邮票设计师点评（时长 10 分钟）

11:20，将参观学生带回比赛现场，主持人邀请领导宣布获奖名单，嘉宾现场为各名次获奖选手颁奖并合影留念。颁奖结束后，进入点评环节，邮票印制局专业邮票设计师现场点评获奖作品，同时也为同学们介绍邮票设计中的趣味故事和特色印制工艺。

（6）活动结束

11:30，主持人宣布活动结束，组织现场人员有序离场。

3. 活动总结

青少年邮票绘画比赛自 2009 年举办第一届以来，已成功举办八届，来自美术馆后街小学、府学胡同小学、精忠街小学和方家胡同小学等 40 余所院校的近千余名中小学生参与了活动。多年的经验累积和总结，该活动已成为中国邮政邮票博物馆最具代表性的精品系列活动之一。

七、课程特点及亮点

1. 邮票设计师职业体验

职业体验作为中小学生综合实践活动开展的基本方式之一，对于培养学生综合素质，发展学生核心素养体系具有重要的作用。青少年邮票绘画比赛是博物馆依托本馆特色，整合资源，搭建平台，展示邮票设计师职业特性的创新实践，为学生贴近社会，树立理想埋下艺术的种子。

2. 以常见绘画形式科普不常见的邮票

教育，提倡春风化雨，润物无声。绘画是每一位学生的必修科目，而邮票对于大多数学生来说是个不常见的事物，即使它已经有 180 余年的历史了。青少年邮票绘画比赛以学生们熟悉的绘画形式带入，一点一滴进行邮票知识、国家政策要点的渗透，普及“邮”文化，让学生们通过邮票设计表达热爱祖国热爱家乡之情，传承中华优秀传统文化。

3. 与美术学科深度融合，开发青少年想象力和创造力

邮票设计是一门艺术，连接古今，贯通中西，散发着方寸间的独特魅力。青少年邮票绘画比赛是与学校美术学科的深入融合，青少年在设计时发挥想象力和创造力，提升感知能力和动手能力，注重作品色彩搭配，大胆创作，展现艺术魅力，极大地提高青少年自信心和鉴美能力。

八、课程效果及评价

中国邮政邮票博物馆青少年邮票绘画比赛紧跟国家大政方针，契合时事热点，同时也与学校需求相结合，先后举办了以“我爱祖国”“党在我心中”“致敬最可爱的人”“我的北京”等为主题的八届邮票绘画比赛。比赛中，同学们在实践中运用绘画的形式学习邮票知识，并将两者融合转化成邮票设计作品，一方面有利于博物馆普及邮票知识，另一方面也使参赛学生在实践中获得知识，增加审美情趣，陶冶情操，取得了很好的活动效果。

该活动曾于2011年成为全国中小学德育交流实地参观交流（此次活动地点为中国邮政邮票博物馆内）现场展示活动之一、2012年成为“北京阳光少年行项目”的启动活动和2017年集邮周“拥军邮情”主题日活动，活动受到了北京市教委、北京市校外教育协会及全国集邮联合会等社会各界的好评。

课程策划及实施团队

姓名	性别	工作单位 / 部门	职务 / 职称	活 动 分 工
李亚静	女	中国邮政邮票博物馆	副研究馆员	总策划
魏静	女	中国邮政邮票博物馆	馆员	组织实施、案例执笔
杨华	女	中国邮政邮票博物馆	馆员	案例执笔
杨米娜	女	中国邮政邮票博物馆	馆员	组织实施
赵梓彤	女	中国邮政邮票博物馆	讲解员	组织实施

天车是怎样站起来的——盐博课堂

自贡市盐业历史博物馆

自贡市盐业历史博物馆是我国最早建立的专业博物馆之一，系自贡世界地质公园的核心景区。1959 年，在邓小平同志倡议下，以清代建筑西秦会馆为馆址正式对外开放，目前拥有“西秦会馆”“吉成井盐作坊遗址”两个全国重点文物保护单位和“王爷庙”一个省级文物保护单位。

一、课程背景

自贡因盐设市，盐是自贡的灵魂，而天车是自贡盐场的标志，据不完全统计，自贡历史上累计出现了 13000 多座天车，但现在完整保留下来的仅有 18 座，天车现在不仅是盐场标志，更是历史的见证，被誉为四川自贡盐场奇观之一。天车将若干杉木连结，以竹篾绳捆扎成巨大的支架，竖于井口，用于采卤、淘井、治井，不管从采卤或者古建筑角度来说，都是盐都自贡特有的、不可多得的文物。博物馆利用自身场地、资源等优势，组织策划开展具有盐文化特色、内容新颖的盐博课堂——“天车是怎样站起来的”系列教育项目，向广大青少年学生宣传家乡历史和自贡传统文化，让他们了解自贡辉煌的盐业历史，激发他们对家乡热爱之情。

二、课程目标

“天车是怎样站起来的”系列教育项目是以采卤井架天车为基础，让学生能积极地参与到科普活动中，通过亲手捆扎天车模型进行，体会它所承载的古代劳动人民巧夺天工的技艺与智慧，引导学生形成学科学、爱科学、用科学的良好习惯，养成积极动手、动脑的好习惯，提高创新能力，推进素质教育，了解自贡井盐文化知识，增加家乡自豪感。

三、授课对象

8 ～ 16 岁学生。

四、涉及学科

涉及物理、历史、数学、美术、力学。

五、设计思路

天车——承载着悠久的盐业历史、见证了盐都的辉煌崛起、衍生了丰厚井盐文化，是自贡人民的精神支撑和精神寄托，同时也是中国盐都的历史标签和文化内核。盐都的天车如同历史的丰碑，既铭刻着历代劳动人民的聪明才智，又记载了井盐科学技术的发展。历经时光流逝、岁月沧桑，天车成为盐都的象征、城市的标志、自贡人民的骄傲，现在的天车已不仅仅是一种历史遗存，更是一种文化符号，它标识了盐都的历史辉煌，激励着盐都人民奋发向上，向全世界展现了千载盐都的挺拔身影。

“天车是怎样站起来的”系列教育项目是自贡市盐业历史博物馆以自贡厚重的盐文化为支撑，为弘扬自贡井盐文化，所推出品牌教育，目的是为了让年轻一代了解认识天车这一历史产物，体会古代盐工的卓越智慧。

六、课程内容

1. 前期准备

由自贡市盐业历史博物馆宣教人员布置“天车是怎样站起来的”系列教育项目实施场地，并准备天车知识讲座课件、天车模型捆扎材料及学生服装等所需要的各种物资。

2. 活动实施

包括走进清代古盐井作坊遗址和自贡市盐业历史博物馆“中国井盐科技史”基本陈列、天车知识讲座以及天车模型捆扎四个环节。

(1)参观清代古盐井作坊。实地参观井灶、天车,深入了解天车的制作工艺、捆扎方式及技巧。

(2)参观"中国井盐科技史"基本陈列。纵向了解自贡的盐业历史,了解什么是天车,以及天车在自贡近两千年的盐业生产过程中,为地区盐业辉煌发挥的独特且重要的作用。在"中国井盐科技史"陈列厅的参观过程中,学生们可对自贡市盐业历史博物馆馆内天车模型进行操作,通过使用天车模型模拟井下落物的打捞过程,感受在井盐的实际生产过程中天车是如何运用的。

(3)天车知识讲座。将学生桌上的天车模型和已准备好的天车捆扎材料进行对比、介绍,让学生们辨识各材料之间的区别、捆扎顺序及使用方法。通过这些介绍学生们可以全方位的了解天车,为随后天车模型的捆扎打下理论基础。

(4)天车模型捆扎。由宣教老师带领学生按顺序一步一步捆扎天车模型;然后组织作品展示,合影留念;活动结束,指导学生将零件完整的放回指定位置。

捆扎天车模型

3. 活动总结

对参加活动同学们进行现场访问,收集同学们和家长的意见,作为活动改进的参考依据。整理收集相关活动资料,开展总结会议,工作人员相互交流,总结经验,以便下次能更好地开展活动。

七、课程特点及亮点

天车是自贡盐场的标志,城市的象征,通过活动让当代青少年了解古代盐场天车的用途及捆扎原理,学习古代传统技艺和传统文化,丰富盐博馆社教活动内容,现已形成独具盐博特色、深受广大学生欢迎的教育活动,活动不仅能培养青少年学生的素质教育和动手协作能力,还可以提升盐博馆在社会上的知名度和美誉度。

八、课程效果及评价

盐博课堂——"天车是怎样站起来的"系列教育项目是自贡市盐业历史博物馆为普及

盐文化、自贡的井盐历史自主创办的青少年教育项目，活动内容丰富独特，形式新颖，许多家长和学生表示，参加活动让他们了解到了自己的家乡文化，非常有意义。“天车是怎样站起来的”系列教育项目一经推出，深受青少年学生和家长、老师的欢迎，在社会上引起了不小的反响。

课程策划及实施团队

姓名	性别	工作单位 / 部门	职务 / 职称	活动分工
李貌	女	自贡市盐业历史博物馆 / 宣教部	宣教部副主任	策划、执笔、工作部署、现场授课
廖雪薇	女	自贡市盐业历史博物馆 / 宣教部	讲解员	策划、执笔、现场授课、现场布置、物资采购
邵梓洋	男	自贡市盐业历史博物馆 / 宣教部	讲解员	现场布置、活动宣传、活动报名
王菁佳	女	自贡市盐业历史博物馆 / 宣教部	讲解员	现场布置、活动报名、资料收集整理
熊瑶	女	自贡市盐业历史博物馆 / 宣教部	讲解员	现场布置、活动报名、课程辅助
李洣倩	女	自贡市盐业历史博物馆 / 宣教部	讲解员	现场布置、课程辅助、反馈意见收集

更多关注请扫下方二维码

微信公众号
自贡市盐业历史博物馆

中国之美·榫卯技艺大比拼——盐博课堂

自贡市盐业历史博物馆

一、课程背景

在华夏文明的历史长河中，榫卯是肇始于我国古代七千年前的一项重大发明，上至巍峨宫殿，下至草房瓦舍，大到舟船车辆，小到桌椅板凳，都离不开榫卯技术的应用。在漫长的工艺探索中，我国古代工匠不断创新，创造出样式繁多、精巧无比、适用于不同器具的榫卯结构，显示了古人的匠心与智慧。

自贡市盐业历史博物馆（简称“盐博馆”）的馆址是具有280多年历史的古建筑西秦会馆，且也是一座榫卯结构建筑，为更好地传播中国传统文化，培养匠人精神，盐博馆结合自身古建特点组织策划开展具有特色的盐博课堂——“中国之美·榫卯技艺大比拼”科普活动，为同学们揭开中国传统结构榫卯的神秘面纱，了解中国古代劳动人民发明创造的智慧。

二、课程目标

活动的主要目的是弘扬传统技艺、普及榫卯结构的科学性。“榫卯技艺大比拼”这个项目是希望青少年能够在亲身体验榫卯技艺的过程中了解中国传统文化，既获得把玩的乐趣，又感受到古人的智慧，既启蒙了空间想象能力，又在潜移默化中，感受到了“内蕴阴阳、相生相克、以制为衡”的中华民族传统哲学理念。同时，他们可以明白一些建筑上的奥秘和家具结构知识，大家亲自动手拼装榫卯模型的过程不仅开发了小朋友的动手动脑能力，也能感受传统古建结构的魅力，激发大家热爱中国传统文化的心。

三、授课对象

6 ～ 12 岁学生。

四、涉及学科

涉及历史、物理、建筑、哲学、数学。

五、设计思路

榫卯，是中国工艺智慧的结晶，蕴含着中国阴阳之道、以柔克刚的哲学，经由木工祖师鲁班改造，蕴含了力学、数学、美学和哲学的智慧，数千年来多用于建筑、手工艺、家具等制作，为中国工艺技术奠定了深厚的文化底蕴，榫卯不仅连接着木头，更连接的是中国的人文智慧与创造力，以木头为主的结构代表了我们中国人对生生不息的向往。“中国之美•榫卯技艺大比拼”这是青少年儿童对数学、三维空间思维的一次应用，通过活动让青少年儿童学会专注和耐心，是青少年儿童动手能力、想象力和创造力的一次挑战，这也是童年时代最具智慧的一个礼物。

六、课程内容

1. 组织报名

自贡市盐业历史博物馆通过平面媒体和自媒体（官方微信公众号、官方网站、官方微博）发布报名信息，学生和家长通过线上报名或电话报名的方式进行报名。

2. 比赛准备

由博物馆工作人员布置比赛场地，准备榫卯技艺大比拼所需的榫卯富贵凳和小木槌，检查榫卯富贵凳是否完好，以及比赛所需要的各种物资。

3. 活动实施

活动设置科普讲座、参观“西秦会馆建筑艺术”和“中国井盐科技史”基本陈列、分组进行互动问答以及进行榫卯技艺大比拼四个环节。

（1）科普讲座。同学们走进盐博课堂教室，由科普老师通过 PPT 的形式，详细地向同学们介绍什么是榫卯。

（2）参观“西秦会馆建筑艺术”和“中国井盐科技史”基本陈列，让同学们了解古代建筑的灵魂——榫卯，了解中国两千年井盐历史。

（3）分组进行互动问答。由博物馆讲解员组织，优先答对3题的同学，可开始进行拼接富贵凳的比赛。

（4）进行榫卯技艺大比拼。全场同学们和家长开始组装榫卯富贵凳，全场完成得最快最好的家庭将获得一、二、三等奖以及优秀奖。

（5）展示完成作品，合影留念。最后把榫卯富贵凳零件拆卸下来，完整地放入指定的盒子内，活动结束。

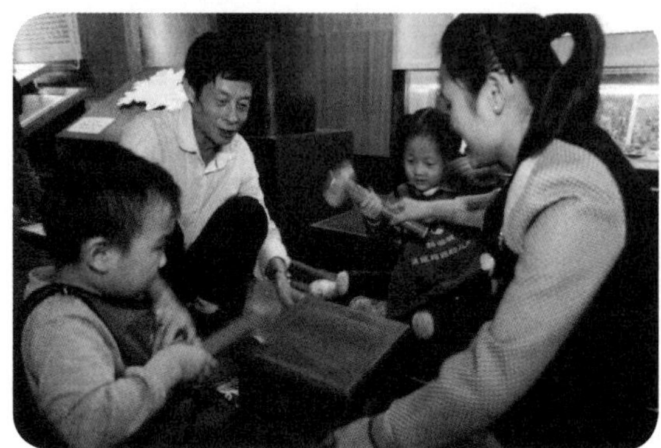

榫卯技艺大比拼

合影留念

4. 活动总结

对参加活动同学们进行现场访问，收集同学们和家长的意见，作为活动改进的参考依据。整理收集相关活动资料，开展总结会议，工作人员相互交流，总结经验，以便下次能更好地开展活动。

七、课程特点及亮点

本次活动让青少年学生可以走出教室，走进博物馆，与古建筑西秦会馆零距离接触，打破传统教育较为枯燥的方式，了解中国古建筑之灵魂——榫卯结构，从直观上感受了古代榫卯结构的巧夺天工，了解古人的智慧，了解藏在木头里的灵魂——榫卯以及中国井盐历史，利用寓教于乐、动手动脑的方式，孩子们和家长相互协作完成榫卯拼接，不仅促进了亲子感

情，锻炼了动手能力，还能让更多的人了解到和合文化和非遗技艺，吸引更多青少年学生的加入，弘扬优秀传统文化，传承工匠精神，领略古代榫卯技艺的精髓。

八、课程效果及评价

本次活动旨在培养孩子执着进取、精益求精的工匠精神，促进家庭成员之间的默契合作，在欢乐有趣的活动中增进每一个家庭的和谐幸福感。许多家长对博物馆教育活动的形式内容都非常满意，并且希望博物馆能够多举办类似的教育活动，能给予青少年儿童更多参与机会，孩子们则表示参加活动让他们收获满满，学习到了学校里学不到的知识和精益求精的工匠精神，不虚此行。

盐博馆开展各类丰富多彩、喜闻乐见的青少年科普活动，激发了广大青少年“爱科学、讲科学、用科学”的热情，有效提高了广大青少年的科技文化素养，在社会上获得广泛好评，盐博课堂系列教育活动现已成为盐博馆一张闪亮的名片，许多活动报名信息推出后，不到一小时名额就已报满，受到了家长和孩子们的喜爱。

课程策划及实施团队

姓名	性别	工作单位 / 部门	职务 / 职称	活动分工
李貌	女	自贡市盐业历史博物馆 / 宣教部	宣教部副主任	策划、执笔、工作部署、现场授课
廖雪薇	女	自贡市盐业历史博物馆 / 宣教部	讲解员	策划、执笔、现场授课、现场布置、物资采购
邵梓洋	男	自贡市盐业历史博物馆 / 宣教部	讲解员	现场布置、活动宣传、活动报名
王菁佳	女	自贡市盐业历史博物馆 / 宣教部	讲解员	现场布置、活动报名、资料收集整理
熊瑶	女	自贡市盐业历史博物馆 / 宣教部	讲解员	现场布置、活动报名、课程辅助
李泚倩	女	自贡市盐业历史博物馆 / 宣教部	讲解员	现场布置、课程辅助、反馈意见收集

航天科学秀之宇宙日课程

中华航天博物馆

一、课程背景

“航天科学秀”是由两名老师在舞台上为学生进行故事演绎，学生通过观看以及与老师进行现场互动，从而了解宇宙知识的互动课程。科学秀利用新颖、独特的表现形式，带领青少年探索未知的宇宙空间。

二、课程目标

知识与技能：帮助青少年了解太阳系，地月系等理论知识，掌握太阳系八大行星构成，以及日食与月食形成的原因等。

过程与方法：通过观看表演、视频、实验等综合演出形式，与青少年一同探索浩瀚宇宙。

情感、态度与价值观：引导青少年培养想象力，发挥创造力。

三、授课对象

4～12 岁青少年。

四、涉及科学

涉及航天科普知识。

五、设计思路

科学秀每场时长 1.5 小时，内容包括航天领域涉及科学知识、科学原理应用、科学原理分析，以及利用已知科学原理进行创意制作四个环节。

教学重点：宇宙基础知识。

教学难点：三球仪制作。

教学方法：讲授法、纪录片观看、实践法。

教具：教学 PPT、投影仪、三球仪、地月模型等设备。

知识链接：宇宙基础知识、日食与月食形成。

六、课程内容

1. 了解神秘的宇宙（老师演绎）

第一阶段开场：关闭灯光，播放星空照片，手持望远镜。

甲：博士，你在干什么？

乙：我在遨游宇宙，浩瀚的宇宙可以让人感到心旷神怡！

甲：遨游宇宙？什么是宇宙？不就是挂在天上的几颗星星嘛，那么小看它干啥？

乙：你看不懂了吧，问你个问题，你在高楼上往下看人群，是不是感觉人非常小？其实道理相同，只是星星距离咱们实在是太遥远了，其实它很大。

第二阶段：知识点讲解。

甲：真的这么神奇吗？你给我讲讲呗！

乙：想了解宇宙呀，你得先了解光的速度，光速是光波或电磁波在真空或介质中的传播速度。真空中的光速是目前所发现的自然界物体运动的最大速度。那在座的同学中，有没有哪个知道光速有多快的？

（光速：299792485m/s，太阳光到达地球要经历 8 分 20 秒）

甲：等等！你是说咱们现在所看到的光，是八分钟以前的？

乙：是的，现在看到的太阳光，的确是八分钟前太阳所发出的，为了帮助同学们更容易理解，我们先来做个小实验吧。

甲：啥实验？我也想试试。

乙：请问大家会不会憋气？你能憋多长时间？

（同学们回答……）

乙:好,那现在咱们一起试试。

(30 秒 ......50 秒 ......)

乙:同学们怎么样?

甲:我不行了,憋死我了! 博士,我憋的时间够长吧?

乙:你呀,憋了不到 50 秒的时间。

甲:什么? 不是吧!

乙:大家在憋气的时候,是不是感觉 1 分钟非常久呢? 那现在大家对时间这个概念,有了更加直观的认识吧,这还只是太阳光到达地球的时间,如果是比地球更远的行星,就需要更长的时间。

甲:原来地球不是唯一的行星呀,那其他行星都有哪些呢?

乙:说到其他行星,我们首先需要知道什么是太阳系,太阳系是指以太阳为中心,和所有受到太阳引力约束的天体集合体。太阳系中 99.86% 的质量都在太阳上,它的体积大约是地球的 130 万倍。太阳系里有八大行星。

甲:什么? 130 万倍?

乙:而且太阳还只是宇宙中一个中小型恒星哦。地球是太阳系八大行星之一,按离太阳由近及远的次序排为第三颗,也是太阳系中直径、质量和密度最大的类地行星,距离太阳 1.5 亿公里。地球自西向东自转,同时围绕太阳公转,现在已经有 40 亿 ~ 46 亿岁了。

甲:啊! 比地球大这么多,还只是颗中小恒星。

乙:是的,下面我们来观看一个关于恒星的小视频。

(播放视频)

乙:那么现在,你还觉得太阳很大吗?

(学生互动)

乙:接下来,我来具体讲讲太阳系的另外七颗行星天体。

水星是最靠近太阳,也是最小的行星(0.055 倍地球质量)。它没有天然卫星,仅知的地质特征除了撞击坑外,只有皱褶山脊。

金星的体积尺寸与地球相似(0.86 倍地球质量),也和地球一样有厚厚的硅酸盐地幔包围着核心,还有浓厚的大气层和内部地质活动的证据。但是它的大气密度比地球高 90 倍,而且非常干燥,也没有天然卫星。它是炙热的行星,表面温度超过 400℃。

火星比地球和金星小,只有以二氧化碳为主的稀薄大气,它的表面例如"奥林匹斯山"有密集与巨大的火山,"水手号"峡谷有深邃的地堑,显示不久前仍有剧烈地质活动。

木星主要由氢和氦组成,质量是地球的 318 倍,也是其他行星质量总和的 2.5 倍。木星已被发现卫星有 79 颗,最大的四颗分别是"木卫一""木卫二""木卫三"和"木卫四",显示出类似类地行星的特征,"木卫三"比水星还要大,是太阳系内最大的卫星。

土星因为有明显的环系统而著名,它与木星非常相似,例如大气层的结构,土星质量是地球的 95 倍,它有 62 颗已知卫星,"土卫六"比水星大,而且是太阳系中唯一实际拥有大气层的卫星。

天王星是最轻的外行星，质量是地球的14倍。它的自转轴对黄道倾斜达到90度，因此是横躺着绕太阳公转，在行星中非常独特。在气体巨星中，它的核心温度最低，只辐射非常少的热量进入太空中。天王星已知卫星有27颗，最大的是“天卫三”“欧贝隆”“乌姆柏里厄尔”“艾瑞尔”和“天卫五”。

海王星虽然看起来比天王星小，但密度较高，质量仍有地球的17倍。他虽然辐射出较多的热量，但远不及木星和土星多。海王星已知卫星有14颗，最大的“海卫一”仍有活跃的地质活动，也是太阳系内唯一逆行的大卫星。

乙：看，这就是完整的太阳系行星构成了。

甲：太厉害了！一个完整的恒星系统包括太多东西了，那这就是宇宙的全部吗？

乙：不不不，这只是宇宙中微不足道的小角落。

乙：经过科学家不断研究发现，宇宙的产生可能来源于一次大爆炸，而且还在不断膨胀，但从理论上来说，它应该是有边界的，只是目前我们还无法测量出来，而且宇宙是在不断变化的，星体也在不断地诞生和死亡。

甲：星体也有寿命吗？

乙：是的，比如说恒星，它从星云中诞生……（吵闹声）

甲：咦？外面怎么这么吵，我去看一看。

乙：哎哎，还在上课呢，现在的年轻人就不能稳重点吗？

2. 探秘日食的形成（老师演绎＋视频）

甲：博士，不好了！

乙：别急别急，怎么了，让你如此害怕？

甲：快点走吧，太可怕了！

乙：冷静点！到底怎么了？

甲：太阳都快被“天狗”吃掉了。（播放视频）

乙：这是正常的天文现象，来，我给你讲讲。

甲：啊，这是天文现象！真的假的？

乙：我们来看一个关于日食记载的小视频。（播放视频）

看完视频不知道你有没有明白，为了更直观的理解呢，咱们请同学们上来一同做个实验好不好？

（实验过程）

乙：好，实验做完了，咱们的课程也过去一大半了，你们都学到什么了？

（学生互动）

3. 制作三球仪

课程进入下一个环节，学生在老师的指导下，制作三球仪模型，进一步了解太阳系运转规律。

装上泡沫球（太阳 地球 月亮）

收好导线完成

三球仪制作

七、课程特点

为学生提供身处剧场般的全新学习体验，通过观影、互动、动手制作等环节，充分调动学生学习热情，将理论知识以轻松活泼的形式传授给学生。

八、课程效果及评价

航天科学秀课程通过新颖、代入式的体验方式，为青少年带来一场生动精彩的科学之旅。

课程策划及实施团队

姓名	性别	工作单位 / 部门	职务 / 职称	活 动 分 工
陈青	女	中华航天博物馆	馆长 / 高级工程师	总策划
马朋	男	中华航天博物馆	课程设计	策划、执笔
杨茜	女	中华航天博物馆	科普工作负责人 / 工程师	工作部署
陈晟	男	中华航天博物馆	讲解员	执笔、现场布置、课程辅助
晏子	女	中华航天博物馆	讲解员	现场布置、反馈意见收集

“玉兔号”月球车手工制作

中华航天博物馆

一、课程背景

本课程以中国探月工程为基础，通过观看视频和讲述的方式，让学生逐步了解月球知识与探月工程发展。课程着重带领学生了解“玉兔号”月球车相关知识，并在老师的指导下共同完成月球车模型制作。

二、课程目标

知识与技能：通过讲解与实践，帮助青少年了解“玉兔号”月球车基本结构、系统构成、电源分系统等相关知识，熟练掌握齿轮传动，电路基础等知识。

过程与方法：通过观察月球表面照片，引入“玉兔号”月球车课程要求及设计目标；通过了解月球车基本机构、供电系统构成，让学生能够动手完成月球车模型制作。

情感、态度与价值观：通过本课程提高青少年逻辑思考能力、动手能力以及主动思考能力，为青少年打开探索浩瀚宇宙的大门。

三、授课对象

8 ～ 12 岁学生。

四、涉及科学

涉及光学、电学、机械结构等知识。

五、设计思路

教学重点：月球车结构、组装。

教学难点：供电系统组成、电路组装。

教学方法：讲授法、实践法。

教具：教学 PPT，投影仪、月球车模型。

知识链接：电路。

授课时长：1.5 小时。

六、课程内容

1. 认知“玉兔号”（教案）

2004 年，中国正式启动月球探测阶段，并命名为“嫦娥工程”。嫦娥工程分为“无人月球探测”“载人登月”和“建立月球基地”三个阶段。

“玉兔号”是我国首辆月球车，它与着陆器共同组成“嫦娥三号”探测器。“玉兔号”月球车质量为 140 千克，能源为太阳能，能够耐受月球表面真空、强辐射以及摄氏零下 180 度至零上 150 度极端环境。月球车同时还具备 20 度爬坡及 20 厘米越障能力，并配备全景相机、红外成像光谱仪、测月雷达、粒子激发 X 射线谱仪等科学探测仪器。

2013 年 12 月 2 日，中国成功将“嫦娥三号”探测器送入轨道。

2013 年 12 月 15 日，“嫦娥三号”与巡视器分离，“玉兔号”月球车顺利抵达月球表面。

2013 年 12 月 15 日，“玉兔号”月球车完成围绕“嫦娥三号”旋转拍照工作，并传回照片。

2014 年 1 月 25 日，“玉兔号”月球车进入第二次月夜休眠，由于受复杂月面环境影响，月球车机构控制出现异常。

2014 年 2 月 10 日，“玉兔号”月球车第一次唤醒失败。

2014 年 2 月 12 日，“玉兔号”月球车全面苏醒，状态趋于好转。

2016 年 7 月 31 日，“玉兔号”月球车超额完成任务，状态良好。

月球车在月面预期服役 3 个月，而实际工作达 972 天，超长服役两年多，也是中国在月

球上留下的第一枚“足迹”。

2. 系统组成（教案）

“玉兔号”月球车由移动、导航控制、电源、热控、结构机构、综合电子、测控数传、有效载荷8个分系统组成。

移动分系统：采用轮式、摇臂悬架方案，具备前进、后退、原地转向、行进间转向、20度爬坡、20厘米越障能力。

导航控制分系统：携带相机及大量传感器，在得知周围环境、自身姿态、位置等信息后，可通过地面或车内装置确定速度、规划路径、紧急避障、控制运动和监测安全。

电源分系统：由两个太阳电池阵、一组锂离子电池组、休眠唤醒模块、电源控制器组成，利用太阳能为车上仪器和设备提供电源。

热控分系统：利用导热流体回路、隔热组件、散热面设计、电加热器和同位素热源，可使月球车工作时，将舱内温度控制在+55℃～-20℃之间。

结构与机构分系统：由结构和太阳翼机械部分、桅杆、机械臂构成，主要为各种仪器、设备、有效载荷提供工作平台。

综合电子分系统：将中心计算机、驱动模块、处理模块等集中一体化，采用实时操作系统，实现遥测遥控、数据管理、导航控制、移动与机构的驱动控制等功能。

测控数传分系统：保证月球车与地球之间38.4万公里的通信及与着陆器之间的通信。

有效载荷分系统：月球车配备的科学探测仪器包括全景相机、红外成像光谱仪、测月雷达、粒子激发X射线谱仪等。

3. 电源分系统（教案）

此模型采用与真实“玉兔号”模型车相同原理的双供电系统，一种是太阳能电池板供电，一种是干电池供电。

太阳能能源是来自地球外部天体的能源，是太阳中氢原子核在超高温时聚变释放的巨大能量，人类所需能量的绝大部分，都直接或间接地来自太阳。太阳能电池是利用半导体材料的光电效应，将太阳能转换成电能的装置。

光生伏特效应的基本过程：假设光线照射在太阳能电池上，并且光在界面层被接纳，具有足够能量的光子可以在P型硅和N型硅中，将电子从共价键中激起，致使产生电子—空穴对。界面层临近的电子和空穴在复合之前，将经由空间电荷的电场作用被相互分别。电子向带正电的N区，而空穴向带负电的P区运动，经由界面层的电荷分别，将在P区和N区之间将形成一个向外的可测试电压，此时可在硅片的两边加上电极并接入电压表，对晶体硅太阳能电池来说，开路电压的典型数值为0.5～0.6V，经由光照在界面层产生的电子—空穴对越多，电流越大，界面层接纳

动手制作“玉兔号”月球车

的光能越多，界面层即电池面积越大，在太阳能电池中形成的电流也越大。

碳性电池的全称应该是碳锌电池，也称为锌锰电池，它价格低廉、使用安全可靠，基于环保因素考量，由于仍含有镉之成份，因此必须回收。若长时间不使用，不宜将碳性电池置于机器内，如长时间不使用机器，碳性电池内部会流出具有腐蚀性的液体，极容易造成元件损坏。

4. 动手设计、制作月球车

带领学生认识模型原材料，并根据老师指导逐步完成组装，需要提醒学生注意齿轮安装方法与精度配合。

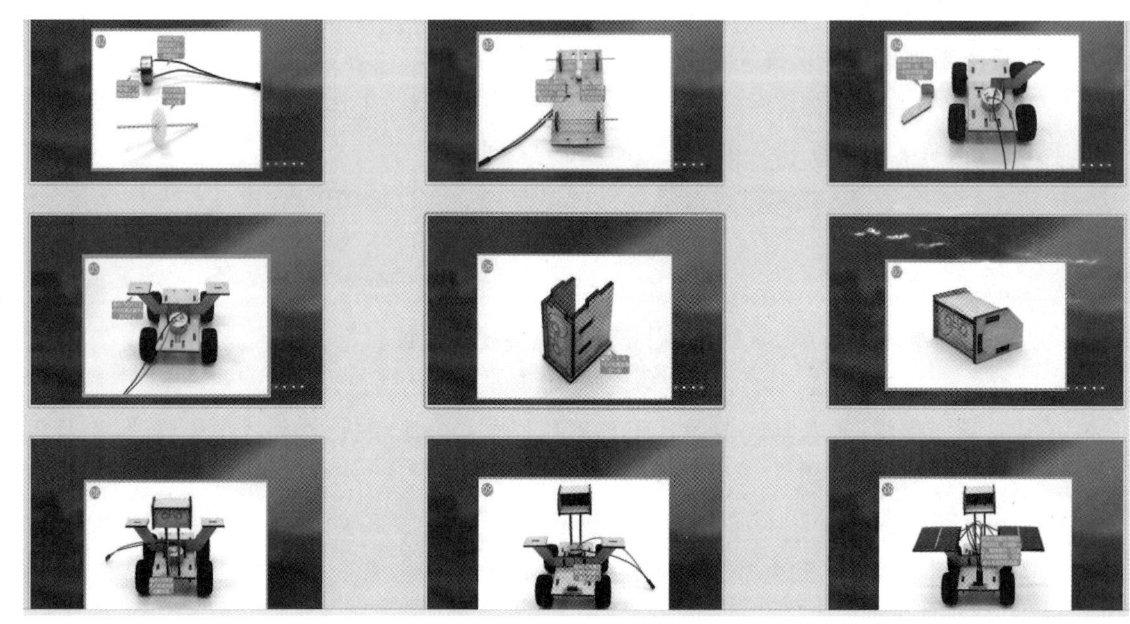

“玉兔号”月球车制作流程

5. 成品检测

通过两种方式检测月球车是否正常运行，一是安装电池，二是利用太阳能；在检验过程中需要注意电路连接是否正确，如果连接不正确，会出现不转或倒转的情况。

七、课程特点

通过观看视频的方式，为学生提供沉浸式的教学体验。

八、课后小故事

月球车“玉兔号”名称的由来，充分体现了中国人民乃至全球华人的意愿。据相关负责人介绍，对于征集到的月球车名字，我国组织了科技专家和文化专家共同组成评委会进行评选，在收到的 344.52 万张有效投票中，“玉兔”号排名第一。

九、课程效果及评价

课程通过时间与空间多维度设置，将中国传统文化与航天科技发展相融合，在为青少年传播科学知识的同时，鼓励他们不忘中国传统文化。

课程策划及实施团队

姓名	性别	工作单位 / 部门	职务 / 职称	活 动 分 工
陈青	女	中华航天博物馆	馆长 / 高级工程师	总策划
马朋	男	中华航天博物馆	课程设计	策划、执笔
杨茜	女	中华航天博物馆	科普工作负责人 / 中级工程师	工作部署
陈晟	男	中华航天博物馆	讲解员	执笔、现场布置、课程辅助
郑翔宇	女	中华航天博物馆	讲解员	现场布置、课程辅助

中国航天精神讲座

中华航天博物馆

一、课程背景

伟大的事业孕育伟大的精神，伟大的精神推动伟大的事业。60多年来，中国航天事业从无到有、从小到大、从弱到强，走出了一条具有鲜明中国特色的发展道路。在出成果、出人才的同时，航天科技工业培育形成了航天传统精神、“两弹一星”精神和载人航天精神。航天“三大”精神是航天文化在不同历史时期的具体体现和继承发展，是伟大的民族精神与航天实践相结合的产物，是中国航天事业之魂，也是中国航天企业文化之魂。

中华航天博物馆坐落在中国航天事业发祥地，作为国家国防教育示范基地、全国科普教育基地、全国首批中小青少年研学实践教育基地、航天精神教育基地，在28年的探索实践中，开发出了以中国航天事业发展为脉络，涵盖历史事件、重要型号成就、功勋人物事迹为教育内容的“航天精神”精品系列课程，实现了“积淀组织智慧、传播最佳实践”的目标，让伟大的精神“看得见、摸得着、薪火相传”！

二、课程目标

知识与技能：通过直观的实物性知识传播，让青少年与航天器零距离接触，感受航天科

技成果的无穷魅力。

过程与方法：通过观看纪录片、聆听讲座、专家答疑解惑等方式，让青少年深刻领悟航天精神内涵。

情感、态度与价值观：让青少年树立正确的人生观、价值观，激发广大青少年崇尚科学、探索未知、敢于创新的热情。

三、授课对象

5 岁以上青少年。

四、涉及科学

涉及历史、思想品德等课程。

五、设计思路

教学重点：学习航天知识、了解中国航天事业发展史。

教学难点：向航天人物学习，寻找到自己的人生目标。

教学方法：讲授法、展示法、互动法。

教具：教学 PPT、投影仪等。

课程时长：1 ～ 1.5 小时。

知识链接：航天、科技、科学家、思维方法。

教学过程：明确讲座主题，简述思维方法，开启心灵叩问之旅，了解中国航天精神，师生共同歌唱祖国。

六、课程内容

1. 讲座主题——让我们从这里出发，走向星辰大海！

引导式导入课程内容——航天人的星辰大海，是广袤、深邃、神秘又慷慨的宇宙。我们人生的星辰大海又在哪里？

2. 思维方法——体察外物，叩问内心。

课程将围绕“体察外物，叩问内心”为核心思维方式，让学生通过发现身边的故事得到启发，萌发体察外物的思想意识，并通过聆

听讲座中主人公钱学森等老一辈航天人的真实故事去叩问自己内心，帮助学生开启心灵成长的大门。

3. 叩问之旅。(教案)

(1)我们身处什么地方？

1964年4月，进入了中国首颗原子弹研制工作的关键阶段，国家领导人周恩来对此更是高度重视，提出了试爆要“保响、保测、保安全、一次成功”的要求，同时，提出了“严肃认真、周到细致、稳妥可靠、万无一失”这“十六字方针”。

(2)到底何为航天？

航天又称空间飞行、太空飞行、宇宙航行或航天飞行。是指进入、探索、开发和利用太空以及地球以外的各种天体活动总称。航天活动包括航天技术(又称空间技术)、空间应用和空间科学三大部分。

(3)我国为什么要不遗余力地发展航天？

帮助学生从时间角度剖析，我国不遗余力发展航天事业的根本原因和初心。

(4)我们的航天是如何发展起来的？

通过“一个人”“三件事”了解中国航天事业艰辛的发展历程；

“一个人”是指钱学森。他在美国拥有最高级别的安全通行证，参与绝密的军事项目研究，在五角大楼出入自由时间达8年之久，34岁时钱学森作为美军上校赶赴德国提审纳粹科学家普朗特和"火箭之王"冯·布劳恩。他年仅35岁就成为美国麻省理工学院的终身教授，而大多数教授都要从事20年以上的教学、咨询和管理工作才能获得这样一个教职。钱学森在25岁时加入加州理工大学的"火箭俱乐部"，是5位创始人之一，这个俱乐部就是如今NASA旗下著名的喷气推进实验室(JPL)的前身。这个实验室主导了NASA包括月球和火星探索在内的诸多项目。

时间回到1934年，钱学森毕业于国立交通大学(上海交通大学前身)，同年6月考取清华大学赴美留学。

1950年，钱学森准备回国前，被美国非法扣留。

在二战期间，钱学森和导师冯卡门先生为美国的导弹研制做出重要贡献，这为美国扭转二战战局起到重要作用。因此，当钱学森对美国提出归国要求后，立即被美国军事部门吊销了参加机密研究的证书，正当钱学森准备回国时，却被美国官员拦住，送进了监狱。美国海军次长丹尼·金布尔说了这样一段话：“钱学森无论走到哪里，都抵得上5个师的兵力。”

钱学森受到美国政府的迫害，失去了人身自由。他在短短的一个月内瘦了三十斤。美国移民局不仅抄了他的家，并将他转移到米那岛上拘留，直到美方收到由加州理工学院送去的1.5万巨额保释金后才同意释放钱学森。

1955年6月，回国心切的钱学森写信给全国人大常委会副委员长——陈叔通同志，请求党和政府能够帮助他早日回到祖国的怀抱。1955 年 9 月 17 日，钱学森在周恩来总理等国家领导人的帮助下，终于登上了回国的邮轮。

1955 年 10 月 8 日，历尽千辛万苦的钱学森及家人，回到了祖国。

1956 年 10 月 8 日，中国第一个火箭导弹研制机构——国防部第五研究院成立，钱学森任院长。

“三件事”是指在当时特定历史时期下，中国经济薄弱、技术匮乏与三年困难时期。

经济薄弱——搞“两弹”研究是尖端科技。1956 年 10 月，聂荣臻在国防部第五研究院成立大会上确定了建院方针，并主张要自力更生。

技术匮乏——导弹研究所需要的仪器设备必须是极其精密的，尤其是在耐高温、耐潮湿材料方面，误差都是用头发丝的几分之一来计算，但当时的中国并不具备这样精密的仪器设备。

三年困难时期——1959 年至 1961 年，国内出现全面经济困难的严峻局面，很多人都吃不饱饭，即使是航天专家也有很多出现了营养不良的状况。

我们所处的环境如何？哪些需要特别珍惜？

4. 了解中国航天历程

通过参观中华航天博物馆，带领青少年了解航天发展历史背景、发展现状及未来发展方向。通过聆听航天人物代表——钱学森等科学家背后故事，感受“以身许国”的爱国情怀。

5. 精神总结

历经一代又一代航天人的不懈奋斗，提炼、总结出三大航天精神，分别如下。

航天传统精神——自力更生、艰苦奋斗、大力协同、无私奉献、严谨务实、勇于攀登。

“两弹一星”精神——热爱祖国、无私奉献、自力更生、艰苦奋斗、大力协同、勇于登攀。

载人航天精神——特别能吃苦、特别能战斗、特别能攻关、特别能奉献。

6. 歌唱祖国

师生同唱《我和我的祖国》。

七、课程特点

1. 深度总结提炼“航天精神”内涵，将“三大精神”与青少年未来发展紧密结合。

2. 将我国航天事业历史文化篇、人物成长规律、型号研制攻关等成功关键要素通过精神理论篇、人物风采篇、产品成就篇、精神之旅篇组合应用，通过现场教学、实践体验以及与航天专家互动等方式完整呈现。

八、课程效果及评价

1. 通过从浅到深、由近及远的阶梯课程设置，让青少年逐步了解中国航天的辉煌成就，感受航天精神。

2. 通过课程开办，将航天博物馆打造成为中、小学生思想、社会实践教育的第二课堂，从而实现航天博物馆“科教育人”的载体作用，践行社会职能。

3. 逐步完善专业讲师、专家顾问团队建设，为继续深入研究课程内涵奠定基础。

课程策划及实施团队

姓名	性别	工作单位 / 部门	职务 / 职称	活 动 分 工
陈青	女	中华航天博物馆	馆长 / 高级工程师	总策划
马朋	男	中华航天博物馆	课程设计	策划、执笔
杨茜	女	中华航天博物馆	科普工作负责人 / 中级工程师	工作部署
陈晟	男	中华航天博物馆	讲解员	执笔、现场布置、课程辅助
肖媛丽	女	中华航天博物馆	讲解员	现场布置、课程辅助反馈意见收集